知青文化与广西实践

李建平等 —— 著

GUANGXI NORMAL UNIVERSITY PRESS
广西师范大学出版社
·桂林·

图书在版编目（CIP）数据

知青文化与广西实践 / 李建平等著. —桂林：广西师范大学出版社，2017.11
ISBN 978-7-5598-0192-0

Ⅰ. ①知… Ⅱ. ①李… Ⅲ. ①上山下乡知识青年－文化研究－广西 Ⅳ. ①D652

中国版本图书馆 CIP 数据核字（2017）第 206248 号

广西师范大学出版社出版发行
（广西桂林市五里店路 9 号 邮政编码：541004
网址：http://www.bbtpress.com）
出版人：张艺兵
全国新华书店经销
衡阳顺地印务有限公司印刷
（湖南省衡阳市雁峰区园艺村 9 号 邮政编码：421008）
开本：720 mm × 990 mm 1/16
印张：15.5 字数：270 千字
2017 年 11 月第 1 版 2017 年 11 月第 1 次印刷
定价：46.00 元

《知青文化与广西实践》课题组

组　长：

李建平，广西社会科学院文化研究所研究员，广西知青文化研究会副会长。

成　员：

王建平，广西社会科学院文化研究所所长，教授。

卢芳明，广西社会科学院当代研究所副研究员。

任旭彬，广西社会科学院文化研究所副研究员，博士。

程启原，广西社会科学院农村发展研究所副研究员，硕士。

黄　璐，广西社会科学院文化研究所副研究员，硕士。

农燕鹏，广西民族大学讲师，硕士。

邢　李，齐鲁理工学院讲师，硕士。

李闻闻，山东省济宁市嘉祥县人民政府秘书科科员，硕士。

下篇 广西知青文化实践

口号。从这一年开始共青团开始组织农场，鼓励和组织年轻人参加垦荒运动。美术家朱宣咸1958年创作的作品《知识青年出工去》，就非常典型生动地记录了那个特定时代知识青年的画面。从1962年开始，中共中央提出要将上山下乡运动全国化地组织起来，1964年中共中央为此特别设立了一个领导小组。1966年，在"文化大革命"的影响下高考停止，到1968年为止，许多中学毕业生既无法进入大学，又无法被安排工作，此外1966年至1968年"文化大革命"的动乱使得各级政府意识到他们需要寻找一个办法将这批年轻人安置下来，以免情况失去控制。1968年12月22日《人民日报》发表了题为《我们也有两只手，不在城里吃闲饭》的文章，其中引用了毛泽东"知识青年到农村去，接受贫下中农的再教育，很有必要"的指示。1969年许多年轻人因此下乡去农村，全国也开始有组织地将中学毕业生分配到农村去。从1971年开始至1976年粉碎"四人帮"，知识青年在农村的许多问题开始不断暴露出来，同时中共中央开始在城市中将部分工作分配给下放的知识青年，形成知青"回城"潮，并终止了这一全社会集体行动的活动。

研究知青文化，如何评价我国上述声势浩大的"知青"运动，还需要全面、客观、历史地思考，深入持久进行下去。客观地说，四十多年前大规模的知识青年上山下乡运动，毕竟是一千多万人的经历，是曾经牵动着成千上万的家庭、震撼着整个中国大地的大事件。尽管结果是"四不满意"，但作为知青一代人，他们确实是为国家分担了困难，做出了贡献。而今，知青作为一段历史已渐行渐远，但是作为每一位知青来说，无论当时是以怎样的形式下乡，也无论后来的生活状况如何，对于那段知青生活的记忆，无不刻骨铭心。因为，那段经历浸透着他们在广阔天地付出的青春和汗水，记录着他们面对现实不屈不挠的奋斗历程，承载着他们的苦乐年华。正是这段经历，锤炼了他们的意志，造就了他们的艰苦奋斗、自强不息的精神。可以毫不夸张地说，是千百万知青用青春和热血铸就的"知青精神"构成了中华民族精神的重要组成部分，正是靠着这种精神，使我们这代人义不容辞地成为撑起共和国大业的钢铁脊梁。

二、面对现实思考我国改革开放的新问题

光阴荏苒，特定历史阶段的"知青"已进入中老年。当年意气风发的热血青年，如今都已两鬓斑白，步入老年的行列，其中已经有不少知青淡出了社会活动，还有不少知青因病或意外离开了人世。为此，留存一段知青的历史，弘扬一代知青的风貌，发扬知青敢于思考和进取的精神，推动我国改革开放的深

入,不仅是仍然健在的知青刻不容缓的责任,更是国家、政府和社会的责任。下面是中共中央党校、国家行政学院公共行政教研部主任竹立家教授提出的目前中国社会存在的五大颠覆性问题。[①] 实现中国梦,匹夫有责,值得我们研究和思考。

第一,贫富差距持续扩大。2000 年,我国的财富分配是“二八开”,即 20%的人占有 80%的财富,80%的人占有 20%的财富;2010 年一个联合调查显示,我们的财富分配变成了“一九开”,中国现在是世界上贫富差距最大的国家之一。

第二,“三农”问题日益突出。我国在抓城镇化,大批农民进城的法律成本、安全成本、财政成本都很高。“三农”问题搞不好,也是中国未来发展的一个重要隐患。

第三,腐败问题趋于恶化。现在的反浪费也好,改作风也罢,都是治标不是治本。先治标后治本,就是先止血后治疗,这是正确的。可怎么止血呢?各级主要领导干部要向中央常委学习,公开家庭信息,主要就是三样:有几套房子,妻子干什么,孩子做什么。不要光把党章、社会价值挂在嘴上,要落实在行动上。新一届中央领导上任后,首先改变作风,反对特权,抑制公款吃喝,已经初见成效。

第四,就业问题非常严重。我国每年约有 700 万大学毕业生,近 800 万职业院校毕业生,农村非农就业人口年均增加 500 万。按照我国每年 8%-10%的经济增长速度,每年的就业能力大约是 900 万-1200 万。每年几乎有一半的人不能就业,要直面这些问题,采取解决措施。

第五,社会信任出现危机。有人说,啥都靠不住,这话恐怕太邪乎,但不少人却在理论上认同它。还有毒牛奶、地沟油等,诸如此类,已经形成了一条相互伤害的链条。

三、着眼未来引导广大青年实现新时期的中国梦

首先,中国梦凝聚着中国人民共同坚守的理想信念。中国大地是中国人民生于斯、长于斯的永久家园,国家统一是各族人民国家认同、民族自尊、合力同心的强大根基,盼望国家好、民族好,成为普遍的爱国主义情怀,成为共同的理想信念。就此而言,中国梦的动力来自广大人民,是凝聚全民族全社会、凝

---

① 见竹立家《中国社会的五大颠覆性问题及其改革路径》,《京华时报》2013 年 8 月 12 日。

二、知青文化定义与构成

关于“知识青年”概念，我们认为有广义与狭义两种。广义的“知识青年”，指的是由1955年毛泽东在为《中国农村的社会主义高潮》中的一篇文章写的按语中说到的“农村是一个广阔的天地，在那里是可以大有作为的”[①]，之后，许多在城里读书的农村青年返回自己的家乡参加劳动生产，代表性人物有邢燕子、侯隽等，也包括后来六七十年代由城里下到农村劳动的插队青年。1974年6月12日《人民日报》发表的短评《大有希望的事业》里就说到知识青年“有的集体插队，有的到‘国营农场’，有的回乡，有的到生产建设部队……”，这里就说到了回乡知青。因此，知识青年包括回乡知识青年和插队知识青年两部分人。狭义的“知识青年”，特指1968年12月以后到1978年这十年里由城市中学毕业下放到农村（农场）的插队（插场）青年。[②]

知青文化，其实是前后两个时期里在知识青年群体中形成的特有的文化现象和文化形态。前期指的是由五六十年代到1979年知识青年在农村、农场里形成的文化，后期指的是1979年“知识青年上山下乡运动”停止后到今天这30多年里返城知青在城市里形成的文化，两个阶段共有约60年的历史。其中，由1968年12月毛泽东发出“知识青年到农村去”的指示后大批城市青年开始上山下乡到1979年停止上山下乡为止，这十年由于涉及的人数最多、影响更大，其文化也更具代表性。

关于“知青文化”概念，我们认为也有广义和狭义两种。狭义的“知青文化”，指的是知识青年在农村生活生产中产生的文化活动和文化形态，一般指的是1979年以前形成的文化；广义的“知青文化”，还包括1979年以后至今，返城的知识青年在城里和返回乡村开展的与知识青年历史相关的活动所形成的文化。本书论述的知青文化，一般用的是广义的概念。为了表述更为简洁

---

① 《毛泽东选集》第五卷，人民出版社，1977年，第254—255页。

② 有研究者认为，1968年下放到农村的1962—1965届大学毕业生也属于知识青年，其根据是毛泽东1968年12月22日的指示：“知识青年到农村去，接受贫下中农的再教育，很有必要。要说服成立的干部和其他人，把自己初中高中大学毕业的子女送到乡下去，来一个动员。各地农村的同志应当欢迎他们去。”这段话说到了“大学毕业”，如郭小东《中国知青文学史稿》的“绪论”第一节所认为的。我们认为，这批人当时已带薪并明确是要分配工作的，属于短期下放性质，他们与中学毕业生下乡是要“扎根农村一辈子”不可同日而语，与干部下放到“五七干校”类似，不应归入知识青年群体。

清晰,本书在运用广义概念的基础上,将1979年以后的知青文化特以“后知青文化”一词替代。

知青文化由六种文化形态构成:政治宣传文化、教育科技文化、艺术文化、娱乐体育文化、军事文化和精神文化等。其文化现象可分为以下七种:政治文化活动、宣传文化活动、军事文化活动、读书与自学活动、写作与文艺创作活动、科技教育和医务活动、娱乐体育活动。它还以1979年为界,分为前后两期,一般统称为知青文化,对后期的知青文化,称作后知青文化。

关于知青文化的定义,我们认为,它是一代中华青年儿女在特殊年代特殊环境里生发出来的特殊文化,它具有爱家爱国、艰苦奋斗、联系群众、励志奋发、张扬青春等精神内涵,由上述六种文化形态构成了具有中华民族文化内质的正能量文化种类。正如一位老知青所说:“千百万知青用青春和热血铸就的‘知青精神’构成了中华民族精神的重要组成部分。”[①]我们没有理由不对这段历史及其所形成的文化予以关注和加以重视。

三、知青文化研究的意义

目前,关于知青文化研究,在北京、上海、黑龙江、广东、江苏、陕西、河北等地开展时间较长,形成成果多,资料收集整理也较丰厚,研究程度较深。不仅形成大量有影响的论文,也出现了多部有分量的专著,如郭小东的《中国当代知青文学》《中国知青文学史稿》、火木《光荣与梦:中国知青二十五年史》、李建中《中国知青文化概论》《论中国知青文化价值意识建构》、定宜庄《中国知青史:初澜》等专著,知青文化研究有相应的学术基础。在广西,对知青历史的研究有几篇论文,但关于“知青文化”的命题刚刚提出,研究刚刚起步。广西知青文化研究会于2012年12月成立,开展活动仅三四年,知青文化研究工作尚处于资料收集初始阶段,对知青文化的研究尤其是关于广西知青文化的研究,尚未见到广西学者的专论论述,可以说还是一处空白地,需要我们做拓荒工作。

研究“知青文化”,离不开对“知青”“知识青年上山下乡运动”甚至对“文革”的认识,这些涉及中国当代史的史学研究,甚至政治学、社会学研究,本书无法对此展开。在此历史背景下形成的知青史和知青文化,也因而十分庞大、

---

① 钟启泉:《知青文化与新时代的中国梦》,见本书“代序”。

复杂。有学者(也是知青)说得好:“知识青年上山下乡,是我国发展史上一个特殊的历史现象。由于当时特殊的历史情况,加上地域差别、个体差别、以后的处境变化的差别,对那段历史的感受、认识、反思都会出现各种差异和不同,这完全是可以理解的。历史现象的回顾中,我们大体上可以得到的认识:‘知青’是一个在特殊历史时期经过艰苦磨炼,既与其前辈相区别又不同于后人的特殊群体;‘上山下乡’运动的演进历程既与新中国的许多运动有共同性,又具有明显的特性;知青生活的‘特殊’经历,有人将其当作一笔沉甸甸的宝贵财富,有人将其看成是不堪回首的伤痛。因此,‘知识青年上山下乡运动’,是值得很好研究的一段特殊历史。”①同理,知青文化也是“由于当时特殊的历史情况,加上地域差别、个体差别”所形成的有一定差异的特殊文化,对这种文化的感受、认识、反思也会出现某些大小不一的差异和不同,因此,我们不宜也不应以一个单一的标准来评说它。

我们认为,知识青年上山下乡运动和知青文化有联系,但并不等同。知识青年上山下乡运动,耽误了一代人才的培养,迟滞了中国的建设与发展,应该否定。但是,正如广西一位知青所说:“再恶劣的环境,生命也要生长,再贫瘠的土地,花儿也要绽放。”②被裹挟其中的知青们,并非无所作为,并非没对祖国建设做出贡献。湖南女知青萧芸 1982 年 10 月给时任中共中央领导人胡耀邦的信中说得好:在国家机构几乎瘫痪、生产停顿的动乱时期,我们几千万知青在农村,在边疆,自食其力,身居茅棚,荷锄掮担,这对当时国家经济状况的平衡、社会秩序的稳定应当说是有积极作用的。萧芸的这段话,说出了千千万万知青的心声,这是千千万万知青青春岁月铸就的历史。胡耀邦对她的信做了重要批示。此信影响了党和国家对知青的一项政策的产生,也就是 1988 年 6 月,中央文件明确规定:“知青在下放农村劳动期间的农龄一律算作工龄。”③显而易见,知青历史,是一部奋斗史,青春奉献史,知青文化,是其间的精华。

当然,知青文化,还只能看作是一块璞玉。由于生成的基因和生长的环境比较复杂,有劣质也有良境,内涵极丰富极深刻,论说不易,不可否定,不可抛

① 阳国亮:《悠悠岁月话“知青”》,中国人民政治协商会议广西壮族自治区委员会编《广阔天地难忘岁月——政协委员中知识青年上山下乡亲历实录》,广西人民出版社,2012 年,第 240 页。

② 李希跃:《青春的岁月像条河——丙申年春节重返知青点记》,发表于网络“美篇 · 随笔”,2016 年 2 月 12 日。

③ 参见《萧芸:改变 8000 万知青命运的人》,《文摘报》2013 年 1 月 19 日第 5 版。

弃。知青文化本身包括联系群众、了解国情、投身祖国建设、磨炼青年意志、激励人才成长、富于爱国主义和增强理想信念等多方面的正能量。知青文化涉及历史时段长、人数多、影响广、内容丰富,是不可回避应加强研究的一种文化现象,我们应当很好地展开研究,吸取其间有助于今日中国发展的文化力。正如一位担任领导干部的知青所说:"正是这段经历,锤炼了我们的意志,造就了我们的艰苦奋斗、自强不息的精神。千百万知青用青春和热血铸就的'知青精神'是中华民族精神的重要组成部分。发掘知青文化,应该发扬其正能量,使其成为共和国的一笔宝贵财富。"[①]由当下到今后的一二十年,由于环境开放、氛围和谐、史料浮现,是研究知青文化的最好时段,应重视开展研究工作。

研究广西知青文化,具有积极的意义:一是为整理广西知青史和中国知青史提供史料和学术思路,具有学术建构意义;二是为丰富广西文化形态提供新的文化内容,具有区域文化建构意义;三是通过探索知青文化的内涵与张力,为当代青年成长和人才培养提供思路和借鉴,为社会和谐进步提供正能量的文化成果。

基于此,我们开展了"知青文化与广西实践"这一课题研究。我们知道,我们的认识和观点,只是一种倡导性甚至只能算是尝试性的结论,当然也就只是阶段性的结论。因为,"要把知青文化真正研究透不是件容易的事"[②]。我们勉力去做,只不过是身为知青,难忘历史,尚存担当。这是历史赋予知青的最后一份责任,是正在走向垂垂老矣的广大知青投来的一份期望。正如著名知青作家叶辛所说:"知识青年的四十年,是中国二十世纪历史中一道独特的风景。让这些风雨人生中青春的足迹,让这些难以抹去的凝重印记,让这条承载着无数如烟往事的青春河,继续流淌。我们今天又来叙说这一段往事,叙说关于昨天的话题,为的是更好地着眼于今天,迎接愈加美好的明天。"[③]面对这段复杂而沉重的历史,面对千千万万知青的青春光华,我们不敢推卸,不愿辜负期望,我们倾尽心力去做。当然,要真正做好对知青文化的研究,还有赖于广大知青

---

① 广西壮族自治区政协原常务副主席、广西知青文化研究会名誉会长、原柳州知青林国强 2013 年 12 月 21 日在"纪念毛泽东'知识青年到农村去'指示发表 45 周年暨《广阔天地　难忘岁月——政协委员中知识青年上山下乡亲历实录》出版座谈会"上的讲话,载《上山下乡历史的深入解读》。

② 杨炳忠语,见黄少雄主编《难忘的知青岁月》,广西民族出版社,2014 年,第 701 页。

③ 转引自《"山里娃"寻师了却心愿　师生沪上重逢》,新华网上海频道 2007 年 3 月 20 日消息,稿件来源:《劳动报》。

的支持和参与，更寄希望于 70 后、80 后、90 后的新时代知识青年的理解和参与，当然，这是一段不会少于十几年甚至几十年时光的探索之旅。

青春，无比美好！青年，祖国繁荣发展的栋梁！知青文化作为一代中华青年儿女在特殊年代、特殊环境里生发出来的特殊文化，奇崛而凄美，理应发掘出其间的正能量，服务于今天，传承在一代一代中华青年身上。

上　篇

知青文化论

第一章　知青文化现象

知青文化经历了两个阶段：前期是1955年至1979年的形成期，后期是1980年至今改革开放期间的发展期，又称后知青时期。风华正茂的知识青年在经过六十年的岁月洗礼后，现在已经进入或即将进入退休的人生阶段，其生活、思想和行为在前后两个时期里表现状况各有不同，文化形态也因此迥然相异。前期的知青文化是基础和核心，后期的知青文化是发展和升华，因此其形态和内涵也丰富多样。

我们将知青文化现象分为以下七种：政治文化、宣传文化、军事文化、学习文化（读书与自学活动）、创作文化（写作与文艺创作活动）、科教文化（科技教育和医务活动）、娱乐文化（娱乐体育活动）。

一、政治文化

政治文化包括送迎活动、政治学习活动、慰问活动、表彰活动等。

（一）送迎活动

知识青年上山下乡的重要仪式是所在城市举行的欢送大会和所到乡村举行的欢迎大会。这是遵照1968年12月22日《人民日报》登载毛泽东主席发出的"知识青年到农村去，接受贫下中农再教育，很有必要。要说服城里干部和其他人，把自己初中、高中、大学毕业的子女，送到乡下去，来一个动员。各地农村的同志应当欢迎他们去"的指示而举行的。这种活动的基本形式是：城市举行欢送大会（常称作"知识青年上山下乡誓师大会"），红旗招展，锣鼓喧天，被送的知青胸戴红花，带上学校和城镇赠送的红宝书、行李和农具，唱着"到农村去，到边疆去，到祖国最需要的地方去……"的歌曲，或喊着口号，乘车前往所到公社或大队，然后再由公社或大队举行接收的欢迎仪式，进行人员落户的分配。接着，知青们去所分配的生产队插队。南宁市知青刘乔叶在日记里记下了当年的欢送场景：

1974 年 11 月 6 日　晴

今天，南宁市召开五万人的大会，热烈欢送知识青年上山下乡。今天的上山下乡，比起我七一年时候下乡，真是不相同了。党和毛主席对上山下乡工作作了一系列指示，各级党组织也做了无微不至的准备工作，广大革命人民给予了知识青年以莫大的光荣。……

今天，南宁市人民像过节一样，穿起盛装，拿着鲜花，敲锣打鼓，载歌载舞，汇集到朝阳广场和沿途的马路两侧，像欢送英雄一样欢送知识青年，在这欢腾的海洋里，我不禁回想起自己插队的经历，禁不住满腔的幸福感……①

1973 年南宁市知青上山下乡出发时的欢送场面

几十年后，桂林知青阳国亮这样回忆当时的情景："1969 年 2 月 8 日是桂林'老三届'下乡插队的日子。我们广西师大附中(时称广西师院附中)插队地点在兴安县。出发当天，天空晴朗。一大早，我们带着行李到学校集合，学校领导、老师们、同学们都来欢送。解放军的军车载着我们先到市中心，那里有市里组织的欢送队伍。只见十字广场红旗招展，锣鼓喧天，人头攒动，口号此起彼伏，场面很是热闹。此时的我们心绪复杂：自此将远离父母，独立生活，尽

① 摘自刘乔叶日记簿，存刘乔叶处。

管我们这一代人年纪轻轻已饱经风雨，但毕竟是背井离乡，不免凄凉；对于‘广阔天地’深知其苦，且不明前途，但大都是有志青年，向往‘大有作为’，已无心热闹，思绪早已飞离桂林，落到兴安了。”①

县城里的欢送场面也是如此，有知青回忆道：“我是67届的初中毕业生，1969年2月6日，我所在县城组织了浩荡的欢送队伍，锣鼓喧天，震耳欲聋，送行的家长、兄弟姐妹的叮嘱声、呼唤声、恸哭声响成一片，那场面十个人有九个会流泪，可真是几家欢乐几家愁！我们66、67、68届的高、初中毕业生（统称老三届）1200多人乘坐40多辆卡车，分别要到全县12个公社（乡镇）插队。卡车没有座位，同学们都坐在自己的铺盖行李上。车厢里已经有不少人，大家脸上都挂着晶莹的泪花。我趴在卡车的后板上，看着姐姐上了开往另一个公社的车，望着车下默默流泪的母亲，我抑制不住号啕大哭。”②

农村也开展了欢迎活动，有的还比较正规。南宁知青秦汉武回忆他到大新县恩城公社六榜大队插队时当地召开欢迎会时的情景：“到达六榜大队，贫下中农杀鸡宰鸭，以非常丰盛的晚餐欢迎我们，席间还上了农民自酿的米酒。次日，大队要召开欢迎会，大队文书农缤叫我代表知青发言，我受宠若惊，连忙准备，写了稿子让他审定。农缤异想天开，说如果用壮话念，乡亲们就都能听懂了，于是他教我，我在稿子上注上拼音，练习了几遍，居然可以乱真。”③桂林知青李建平和同班的夏同学两人分配到兴安县金石公社中洞大队鳌头小队插队，他回忆说，到农村的“第一天晚上，夏同学就哭了”④。由迎送活动时的兴奋热烈，到小山村破旧屋里的孤寂冷落，心境崩塌，感伤落泪自然来了。

这送迎的仪式对知青而言既神圣崇高，又感伤茫然。它是知青文化的起点，目的在于增加知青的使命感和责任感，同时也是知青由学生到农民的人生蜕变的一个成年礼，意义非凡。

（二）政治学习活动

这是“文革”时的一种文化现象。当时，全国人民都进行政治学习，其形式主要是开会、听广播、读报或办学习班。广西壮族自治区政协原副主席林国强说：“在插队中，除了读报、听广播、开会、办学习班，下了最高指示连夜到大队

---

① 阳国亮：《悠悠岁月话“知青”》，中国人民政治协商会议广西壮族自治区委员会编《广阔天地难忘岁月——政协委员中知识青年上山下乡亲历实录》，广西人民出版社，2012年，第235页。

② 刘小凤：《我的知青岁月》，同上书，第138页。

③ 秦汉武：《大新插队忆当年》，同上书，第49页。

④ 李建平：《光阴倏忽四十年——记渐行渐远的知青生活》，黄少雄主编《难忘的知青岁月》，第28页。

农村群众欢迎知青进村的宣传画

学习欢呼。"[①]北海市政协副主席黄漱鲁说:"那时是'文革'时期,充满了不正常的政治色彩。除了劳动以外,生产队里常常召开一些学习讨论会。讨论主题多诸如批判刘少奇、邓小平'资产阶级反动路线及思想'等。"[②]柳州市人大常委会副主任文和群也说:"每天晚上都要召开全队大会进行学习。我的组长是场部的一个老干部,念学习资料、记录等自然是我了。……我也不管有没有人听,每次都很认真地、感觉良好地念啊念。"[③]虽然各地知青集体政治学习的具体形式和频率不一样,但它却是全体知青的必修课。这种集中政治学习实际上是"文革"文化的一个重要表现,是当时政治潮流的一种反映,影响和制约着知青文化。

(三)慰问活动

农村生产生活的艰苦,自然环境的恶劣,重体力劳动压力下的体力透支,缺粮挨饿的困境,医疗条件的贫乏,前途无望的精神折磨,等等,都给十六七岁、二十来岁的知青以极大的磨炼与考验,不少知青由此患病、消沉、遇难,知青队伍里出现了思想混乱、无故返城等问题。1973 年,出现了福建知青家长李

---

① 中国人民政治协商会议广西壮族自治区委员会编:《广阔天地 难忘岁月——政协委员中知识青年上山下乡亲历实录》,第 13 页。

② 同上书,第 104 页。

③ 同上书,第 101 页。

西林县知青参加组织学习活动——忆苦思甜会议

庆霖给毛主席写信诉苦的事件，知青受磨难的事才被中央重视，知青工作有所改观。自1973年下半年开始，各地政府负责知青工作的机构开始派出人员下到一些有代表性的知青点开展慰问活动，主要活动是送慰问信、送书籍，给予精神安慰。一些知青家长所在单位也开展注意对本单位知青的关照和慰问。陈敦德等编辑的《热土真情——南宁五塘插队知青回忆录》①收录了广西壮族自治区知青安置办公室等9家单位联合发出的一封慰问信。李建平1973年11月时也得到一本鲁迅的《呐喊》，该书扉页上印着“赠给/上山下乡知识青年/桂林市革命委员会/一九七三年十一月”四排红字，反映了当时的慰问情景，这本书李建平一直收藏着。以后，这种慰问活动每年都相应进行，对知青是一种精神抚慰。

（四）表彰活动

知青表彰活动主要指每年度各地召开的知青积极分子代表大会。它反映了知识青年在农村的努力与付出，也包含了国家和社会对知识青年的肯定与褒奖。这是知青先进分子的盛会，也是知青文化的重要形式。会议既表彰个人，也表彰集体。九三学社广西玉林市委员会副主委张驰“被所插队的公社树

① 陈敦德、周向东、黄仁伟主编：《热土真情——南宁五塘插队知青回忆录》，广西人民出版社，2014年，第534－535页。

为‘知青标兵’，每年都参加县举办的知青积代会及民兵先代会”[①]。林瑛也因为表现突出，获得参加柳江县 1974 年知青积代会机会并合影留念。[②] 广西电视台台长周文力 1976 年下乡插队，也是努力干活的知青先进分子，他说：“我是原南宁地委党群战线子弟，于 1976 年到邕宁县那龙公社插队……我当知青组组长，被评为先进知青，其实付出了许多代价。南宁市组织过先进知青和当地领导干部一起到大寨参观，我还获奖一台 9 寸黑白电视机。”[③]广西梧州地区贺县知青李希跃被推选出席贺县知识青年上山下乡积极分子代表大会，获得的奖品是《毛泽东选集》第五卷，他说：“作为一个年代的记忆，当时的奖品《毛选》第五卷我至今仍珍藏。”[④]广西艺术学院教授梁耀在 1977 年临上大学前还参加了玉林县“知识青年上山下乡先进代表表彰大会”。[⑤] 柳州市科协副主席王安有所在的知青组在 1976 年 6 月被评为“柳州市第四届知青积代会先进集体”，知青车一丰代表大家出席领奖。[⑥] 参加知青积代会是对先进知青给予的荣誉和奖励。柳州市水产畜牧兽医局调研员刘家品说：“我被评为优秀插青，参加了柳州市上山下乡青年代表大会。住在柳江饭店，吃着会议餐——简直是天堂，有肉、有鸡、还有鱼吃。1976 年底的我，感觉是成了天之骄子，在插队的岁月里，我看到了人生的希望。”[⑦]每年的知青积代会既总结了该年度的知青工作，又表彰了先进分子，对知青及其运动起到一定的鼓舞和推动作用。从文化学角度说，这一表彰活动也是知青文化的一种神圣仪式，与前面所论的送迎活动有着相同的含义。

二、宣传文化

知青把文化知识带到农村，开展了多项宣传活动，是知青文化的主要形态之一，其主要的形式有文艺宣传、广播宣传、报刊宣传、标语宣传、口头宣传等。

---

① 中国人民政治协商会议广西壮族自治区委员会编：《广阔天地 难忘岁月——政协委员中知识青年上山下乡亲历实录》，第 130 页。

② 同上书，第 74 页。

③ 李建平：《上山下乡历史的深入解读》，黄少雄《难忘的知青岁月》，第 700 页。

④ 李希跃：《青春的岁月像条河——丙申年春节重返知青点记》，发表于网络“美篇 · 随笔”，2016 年 2 月 12 日。

⑤ 中国人民政治协商会议广西壮族自治区委员会编：《广阔天地 难忘岁月——政协委员中知识青年上山下乡亲历实录》，第 265 页。

⑥ 同上书，第 123 页。

⑦ 同上书，第 233 页。

1977 年 7 月，李希跃（后排右一）参加县知识青年上山下乡积极分子代表大会

（一）文艺宣传

这种宣传主要是组织以知青为主（有时也包括当地的青年农民）的文艺宣传队，一般以"毛泽东思想文艺宣传队"命名，用歌舞演出的形式宣传毛泽东思想、政治形势，进行文艺娱乐，深受广大知青和贫下中农欢迎。黄漱鲁回忆下乡演出的情况时说："以文艺形式宣传毛泽东思想的热情依然高涨。一首以'长江滚滚向东方'开头的歌颂'九大'的歌曲，被编配成了各种版本的舞蹈，在北海以至更多地方风行。"①九三学社玉林市委员会副组委张驰回忆说："由于高中时我是校文艺队队长，所以插队前三年还组建了一支大队文艺队到各村队去巡回演出。"②朱桂玲也说："我鼓动村里的团干部，组织了一个毛泽东思想文艺宣传队。号召男女青年晚上到学校学唱歌，练跳舞。我们自编自演，不仅是在村子表演，还经常步行几十里路到其他村庄演出，村民们可高兴了。"③万朗也说："公社成立毛泽东思想文艺宣传队，宣传队队员是以我所在的大队知青为主，任务是代表公社参加县里的文艺演出，并配合中心工作到乡下为村民

---

①　中国人民政治协商会议广西壮族自治区委员会编：《广阔天地　难忘岁月——政协委员中知识青年上山下乡亲历实录》，第 104 页。

②　同上书，第 130 页。

③　同上书，第 147 页。

演出。”[①]他们演出的节目主要有《智取威虎山》《收租院》(片段),以及自编的《长征舞曲》《草原英雄小姐妹》等“文革”期间流行的节目。

1973年6月,李建平(后排右三)出席兴安县知青积极分子代表大会后与公社知青代表和公社干部、贫下中农代表合影

南宁市园艺场业余文艺演出活动十分活跃,不但总场组织了多届业余文艺宣传队,各分场也有自己的文艺演出队伍。这些业余文艺演出活动,无不以知青们为骨干,编、演形式多样,充满时代特征和农场生活气息的文艺节目。他们不时举行文艺会演,不仅节假日在场内慰问演出,还经常组织到周围厂矿、部队演出,都受到欢迎和好评。总场业余文艺演出队还创作了当时看来有一定水平的文艺节目,到市内会演且多次获奖。初步统计,南宁园艺场由知青组成的文艺队在那个年代里自编自演的节目有:

1964年创作小歌剧《双送肥》,作者:陈尚卓、万立仁;演员:万立仁、蔡肖群

1975年创作表演唱《青山渡》,作者:万立仁;演员:廖红、柳妍、陈礼秋、程小静

1976年创作南宁春锣《一个梨》,作者:万立仁;演员:万立仁、柳妍

1977年创作南宁春锣《老李师傅“坐禁闭”》,作者:万立仁;演员:万立仁、柳妍

① 中国人民政治协商会议广西壮族自治区委员会编:《广阔天地 难忘岁月——政协委员中知识青年上山下乡亲历实录》,第171页。

1977年创作白话木鱼《农有福和摸索六》，作者：万立仁；演员：万立仁

1974年创作独幕话剧《倔姑娘》，作者：万立仁；演员：柳妍等

1977年创作小彩调剧《开车之前》，作者：万奇仁；演员：万立仁、柳妍、苏永松

1977年创作小演唱《姐妹双双送宝书》，作者：万立仁、郑际浩、商驰凤；演员：商驰凤、柳妍[①]

1972年8月，广西军区生产师山圩农场知青文艺宣传队《智取威虎山》剧照（李干供图）

文艺演出有时为野外训练的民兵做宣传鼓动。广西壮族自治区党委统战部副部长田晓明说，当时他们自发组织了那廖村插青文艺宣传队："晚上我们还加紧排练歌舞剧《井冈山的道路》、表演唱《知识青年到农村去》以及反映农村生活的文艺节目，飞扬的歌声、朗诵声，手风琴、小提琴、笛子、小号、三弦的伴奏声打破了村子的宁静……使贫乏单调的生活平添了一股青春活力。那廖村文艺宣传队的演出深受农民群众的欢迎，很快就远近闻名。大家热情高涨，劲头十足，白天劳作，晚上步行到公社各大队演出，甚至步行到30多里开外的大邓大队演出，回到村里已是半夜两三点钟，第二天仍然按时出工。"[②]桂林美

① 《上世纪六、七十年代园艺场业余文艺演出活动概况》，载《青春留痕——上世纪六十年代南宁园艺场知青追忆录》，内部印刷，第257－258页。

② 中国人民政治协商会议广西壮族自治区委员会编：《广阔天地 难忘岁月——政协委员中知识青年上山下乡亲历实录》，第184页。

术馆原馆长戴廷兴回忆参加农场文艺宣传队时说:"我们利用晚上和两天时间进行排练,这也成为我们劳逸结合很好的生活方式。我们排练了《武装起来,夺取政权》《保卫珍宝岛》等舞蹈和一些器乐合奏节目参加市里会演,也不定期到附近村庄里演出,历年来农场附近的村民对农场都给予了很多支持,我们也通过文艺演出和帮助他们绘制毛主席像、写大标语等活动与他们建立起纯朴、友好的关系。"①知青的文艺演出不仅丰富了农村的文化生活,还密切了与当地农民的关系,很受群众欢迎。

(二)广播宣传

"文革"时期,电视在中国刚刚出现,还未普及,广播是主要的宣传途径。诚如卓观光所说"有线广播,是当时村民们唯一接触外界的工具,它是无产阶级的声音,无论是毛主席的最新指示、单调的样板戏曲调,还是公社大队的通知、天气预报等,都是村民每天离不开的信息"②,因此得到高度重视。秦汉武也说大队广播站"由值班大队干轮流管,搞宣传,发通知都靠广播,相当灵光"③。可见,广播在当时农村具有非常重要的作用和传播的高效性。对于知青而言,广播能够营造氛围,感染知青;广播还能够传播消息,让知青获得新的信息,因此许多知青每天都听广播。刘慧霞说:"1977 年 10 月 21 日,当听到广播里发布了中央确定恢复高考的消息,我和大家一样兴奋若狂,热血沸腾,奔走相告。"④广播节目还能够给知青带来慰藉和教育,徐欢澜说:"物质生活的极度艰辛和精神生活的极度匮乏让人窒息,唯一与外界联系的是我外公送给我的一台巴掌大的收音机,我把它视若珍宝。"⑤万朗说父亲"鼓励我跟着收音机学习外语"⑥。有一些知青因为自身努力而成为广播的宣传者。例如秦汉武因为修好大队广播站的广播而得以担任广播员。他说:"我上午在生产队出工,晚上值班广播,下午可以休息,这样劳动强度就大大减轻了。我每天搜集一些大队新闻,晚上 9 点钟搞'新闻联播',壮语越念越'标准',一直到改革开放以后,村里的农民来家里玩,还称赞我'岗陀真真台'(说壮话清清楚楚)。"⑦而刘

① 中国人民政治协商会议广西壮族自治区委员会编:《广阔天地　难忘岁月——政协委员中知识青年上山下乡亲历实录》,第 216 页。

② 同上书,第 25 页。

③ 同上书,第 52 页。

④ 同上书,第 258 页。

⑤ 同上书,第 108 页。

⑥ 同上书,第 173 页。

⑦ 同上书,第 53 页。

新文因为“写过几篇插秧施肥的通讯稿，公社广播站居然广播了”，所以被村民们视为“有文化的人”。[①] 有的知青则是做好事而得到广播表扬，例如万朗与伙伴们为从来没有看过演出的一家人表演了几个小节目，“几天后回到公社，听说广播站为此事表扬了我们”[②]，这种广播宣传还起到了激励知青的作用。因此，听广播或者是放广播，都成为广大知青生活必不可少的文化行为。

（三）报刊宣传

办报刊是当时的重要宣传形式。一种是办在室外的黑板报和墙报，这种形式在农场和大的知青点都很普遍。内容主要是介绍国家大事，反映劳动进度，宣传知青中的好人好事，鼓励人们艰苦奋斗、奉献青春，等等，不定期更换。《军垦之梦·生产师——荣光农场知青回忆录》所收录罗慧萍写的《愿做高山一株茶》就是一篇当年的墙报稿。第二种是集体农场、生产师和一些水利工程、铁路工程等大型建设项目的指挥部，都办有油印小报。如广西壮族自治区政协文史和学习委员会主任韦克义因为书法好而在修水利时被抽调去办报，他说：“政治工作是一切经济工作的生命线，水利工地指挥部又把我抽到了宣传组，负责编写、刻印《战三滩》工地战报。当时，全县各公社的水利工地战报评比，我编印的《战三滩》获第一名。……在水利工程编印战报，一干就是五年时间。”[③]合浦知青林平在宾阳廖平农场插场期间，也被场部抽调在宣传科办《廖平通讯》。第三种是全国各省市自治区以及市级知青工作办公室，都办有开展知青安置工作的宣传报刊，如桂林市办的《上山下乡报》，广西壮族自治区知青工作办公室办的《广阔天地　大有作为》。内容主要是宣传党和国家知青工作政策、各地知青安置情况、先进知青集体和模范知青的事迹等，有时也刊登一些农业科技知识和文艺作品，供知青在实践中采用。如我们收集到的由广西壮族自治区知识青年上山下乡工作办公室 1974 年编的《广阔天地　大有作为》（第 4 期），有几个栏目：“认真推广株洲经验”三篇文章，是介绍株洲市厂社挂钩、集体安置知青的经验和《广西日报》评论员的文章；“坚持乡村的伟大胜利”三篇文章是《广西日报》评论员的文章、广西知青工作通讯和全国劳动模范李顺达给知青的一封信；“广阔天地　大有作为”是七篇介绍先进知青集体和模范知青个人的先进事迹的文章。此外，还有“生产知识”“歌曲”“资料”三

① 中国人民政治协商会议广西壮族自治区委员会编：《广阔天地　难忘岁月——政协委员中知识青年上山下乡亲历实录》，第 3 页。

② 同上书，第 172 页。

③ 同上书，第 132 页。

个栏目,介绍农业科技知识和当时的流行歌曲。另外,还有些知青办起了地下刊物,刊登自己的诗文和歌曲,吐露心声,如合浦县知青张兴劲办的油印刊物《浪花》等,这方面的内容是十分丰富的。

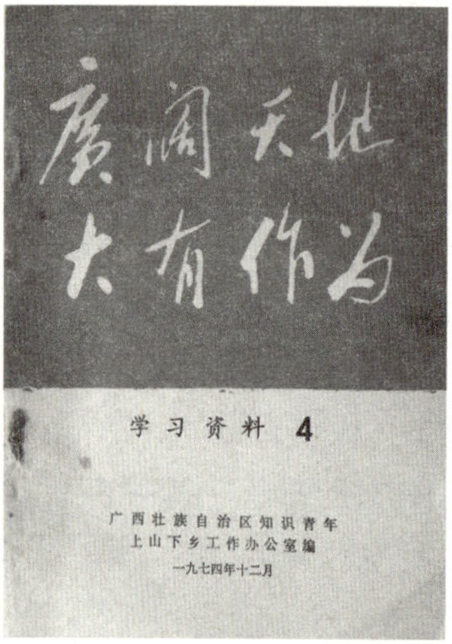

20 世纪 70 年代广西壮族自治区知识青年上山下乡工作办公室办的刊物

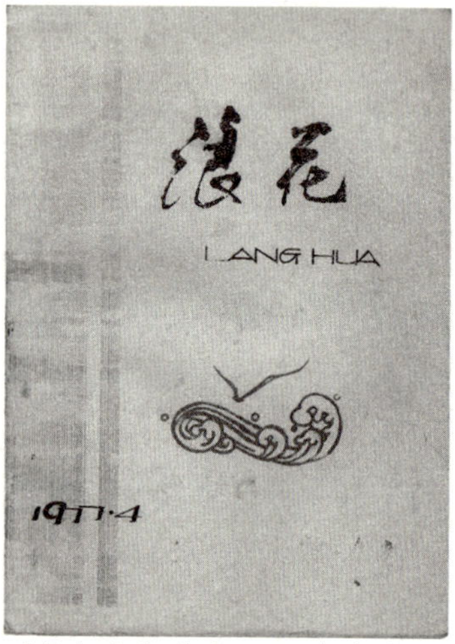

合浦县知青张兴劲 1977 年办的油印刊物《浪花》

(四)标语宣传

“文革”期间,知青在农村醒目的地方写标语,宣传毛泽东思想和政策方针,表明政治倾向和态度,营造一种政治环境和文化氛围。韦克义回忆:“1969 年,全国上下掀起写《毛主席语录》的热潮,当时叫‘红海洋’,就是在农户、大队部、公社圩镇的房屋墙壁上用红漆写上《毛主席语录》。”一般情况下,具有文化的知青常常承担写标语的重任。写得一手好字的韦克义被“抽到公社去脱产写《毛主席语录》,这是政治任务,由生产队记工分”[①]。梁岳生也说,当时他接到领导指示后,与大家马上行动,“连夜赶写标语”,其中写的一条批评不积极下乡插队的知识青年的标语是“革命的跟我们来,不革命的滚开”[②],还引起了当地贫下中农和民兵的误会。这说明,标语宣传在当时有着很大的影响力。

(五)口头宣传

知青由于有一定的文化知识,在贫瘠落后的乡村,在许多没有上过学念过

---

① 中国人民政治协商会议广西壮族自治区委员会编:《广阔天地 难忘岁月——政协委员中知识青年上山下乡亲历实录》,第 132 页。

② 同上书,第 63 页。

书或读书很少的乡下人看来，知识青年是“知书识礼”的人。因而在老一辈人的传统观念里，就是值得尊重的“先生”了，在中青年人看来，就是“干部”了。于是出现了村里有事就找知青商量，拿不定主意就听知青的意见这种接受知青“再教育”的逆现象。知青在日常劳动生活中或是冬闲时的闲聊里，不时谈论国家大事，介绍城市见闻，讲解国家政策，传播现代科技知识，成了一个个现代文化宣传工具，在日常生活里对农民尤其是农村年轻人起到了潜移默化的宣传作用。像广西师范大学教师李印，当时在宁夏回族自治区，由银川女中毕业后到宁夏泾源县插队，她回忆说：“我们上山下乡、插队落户，说是接受贫下中农再教育；但更多时候，贫下中农尤其是村里那些年轻人，对我们更好奇一点，对我们的说法接受得更多一些，中央文件是我们给贫下中农念的，是我们解释的，生产队的经济账，是我们在结算的，国内外大事，是我们向贫下中农宣传的。实际上，伴随着党和政府的声音，还有我们的声音，带有知青特色的‘知识’的声音，虽然不强大，但毕竟是一种声音，农村是非常感兴趣的。”[①]这种宣传，有滴水穿石、润物无声的效果。

三、军事文化

知青在当时还是民兵的主要成员，尤其是地处边境的知青，一边拿锄头，一边拿刀枪，边劳作，边训练，甚至武装巡逻，乃至参战。知青的军事武装活动也孕育了军事文化，包括军事训练活动、生产建设突击行动、“屯垦戍边”战斗等。

（一）军事训练活动

参加民兵，最基本的活动是进行军事训练。南宁知青李航到广西百色地区田阳县头塘公社四联大队插队，她说：“我们大队的知识青年都当上了基干民兵，这让我们很是自豪。民兵营交给我保管过一支冲锋枪，我总是将枪管擦拭得锃亮，小心翼翼地收藏在床铺的席子底下。在备战备荒的年代里，大队民兵营的活动是丰富多彩的。民兵营常在农闲时安排军事训练：拉练、站岗放哨、练刺杀、射击瞄准等等，这些活动为枯燥的知青生活增添了乐趣。”[②]姜岳明说：“1976 年初，我参加了大队武装民兵，和一位刚从部队退伍的村民共同保管、使用一支冲锋枪，有时也参加民兵训练，我打靶的成绩优秀，10 发 96 环，照

---

① 胡大雷、李印：《在泾源上山下乡》，李建平采访时作者提供的未刊本。

② 黄少雄主编：《难忘的知青岁月》，广西民族出版社，2014 年，第 18 页。

样发工分。”[①]1976 年 9 月，在召开毛主席追悼会期间，大队“要求我们武装民兵在这期间每天在村外公路边的碾米房执勤，防止阶级敌人破坏，度过了那段伤心难忘的岁月”[②]。贺县八步镇知青李希跃到梧州地区贺县仁义公社（“文革”时一度改名为红旗公社）三联大队插队，他回忆说：

> 我们是大队民兵营唯一的武装民兵班，每人持有一支步枪，当然配枪五花八门，或三八大盖，或汉阳造，或苏俄骑枪，我则幸运地配了一支五六式半自动步枪。
>
> 我们曾头顶烈日在这里练队列、射击、刺杀、投弹，汗水掉到三合土地面“哧哧”冒烟，练刺杀髋骨被枪托敲得乌黑，踢正步双腿疼得上厕所都得扶墙。因训练出色，我们民兵班成了大队的标杆，多次代表大队参加公社的会操和拉练。后来开毛主席追悼大会时，公社特地抽调我们民兵班到公社会场站在毛主席巨幅画像旁执行警戒任务，这可是当时最高的肯定和莫大的荣光。[③]

桂林知青阳榕英 1971 年 8 月从桂林三中初中毕业来到在地处中越边境的广西军区生产师二团二营八连，在这里，常常听得到北仑河南岸邻国的枪炮声。她回忆当时紧张的军事训练生活时说：

> 作为基干民兵，白天除了工作外，还要进行军事训练，在训练每一科目时都要求与实战一致。特别是在做“仆步前进”这个训练科目时，不管前面遇到的是水坑、刺蓬或是粪便、石块等，都要毫不犹豫地一往直前。我们不仅学会了瞄准射击、几分钟内拆装步枪和安装六〇迫击炮并能连续发射炮弹（记得我们民兵到那良集训时，我们班的六〇迫击炮训练项目比赛得了第二名，在步枪射击中我五发射击的成绩是 45 环）。去上山工作时，有时还要扛着枪炮，随时准备应付突发的情况。到了晚上，我们轮

① 中国人民政治协商会议广西壮族自治区委员会编：《广阔天地　难忘岁月——政协委员中知识青年上山下乡亲历实录》，第 95 页。

② 同上。

③ 李希跃：《青春的岁月像条河——丙申年春节重返知青点记》，发表于网络“美篇 · 随笔”，2016 年 2 月 12 日。

流站岗放哨。[①]

南宁市园艺场知青开展民兵训练的情景

西林县知青参加民兵训练课学习时情景

① 阳榕英:《我的“当兵”梦》,樊克宁、周向东、麦永雄、农以宁主编《军垦之梦 · 生产师——荣光农场知青回忆录》,广西人民出版社,2011 年,第 292 页。

军事训练不仅使知青掌握了军事技术，更重要的是增强了知青的国防意识，培养了严谨的作风，加强了组织纪律性，强化了大局观念，提升了知青的政治文化素质。

（二）生产建设突击行动

知青参加的民兵组织，是农村生产建设的突击队，常常在生产突击任务和重大建设工程中发挥突击队作用。广西壮族自治区知识青年上山下乡工作办公室 1974 年编印的宣传资料《广阔天地　大有作为》（第 4 期）里介绍了邕宁县大塘公社南荣第八生产队知青发挥生产突击队作用的先进事迹："邕宁县大塘公社南荣第八生产队 8 名知识青年和 4 名贫下中农社员一起，组成'征山突击队'，在海拔八百多米的花甲山上，修建山塘三处，挖环山排水沟一千五百多米，治服洪水，使四十亩低产烂湴田粮食亩产从原来的一百多斤一跃超了千斤；还斩棘填沟，造地三十七亩，种上大批香蕉、菠萝、柠檬等，使花甲山变成花果山。"①贺县知青李希跃回忆说："那年抗旱，要在村头这口鱼塘抽水。我们几个民兵日夜奋战在田头，一干就是一个星期。这是我人生中第一次尝到了彻夜劳作的滋味。"②广西侨务办公室巡视员林容蓉当时是博白县民兵团第 17 连女知青班的一员，参加了三线建设枝柳铁路修建大会战。③ 柳州六中毕业的知青黄喜生，参加枝柳铁路建设，编入四团三营十五连，他回忆了一次在隧道施工中发现塌方征兆迅速撤离险境的经历，他所在的班全部安全撤离，没有一人负伤，由此获得指挥部的表彰。④ 由南宁二中毕业的黄少雄在大新县插队后加入基干民兵，后跟随民兵连参加修建了大新县恩城大桥，如今他还收藏有当年持枪守卫大桥的站岗照片。在艰巨的任务和繁重的劳作中，知青民兵以高亢的精神和坚强的意志投身行动，做出了重大贡献，有的知青为此付出献血甚至生命。

（三）"屯垦戍边"战斗

"到农村去，到边疆去，到祖国最需要的地方去"，这首 20 世纪 60 年代唱响于青年中的歌曲，把知识青年带到了农村，也输送到边疆。知识青年到边疆

① 《我区知识青年上山下乡工作取得显著成绩》，广西壮族自治区知识青年上山下乡工作办公室编《广阔天地　大有作为》，内部资料，1974 年 12 月，第 21 页。

② 李希跃：《青春的岁月像条河——丙申年春节重返知青点记》，发表于网络"美篇·随笔"，2016 年 2 月 12 日。

③ 中国人民政治协商会议广西壮族自治区委员会编：《广阔天地　难忘岁月——政协委员中知识青年上山下乡亲历实录》，第 266 页。

④ 参见黄喜生《枝柳建设历险记》，黄少雄主编《难忘的知青岁月》，第 122－123 页。

黄少雄守卫知青民兵参加修建的大新县恩城大桥的照片(2005 年 8 月 24 日《南宁晚报》刊载,黄少雄供图)

去,一方面是开垦荒原,还有一个目的是"屯垦戍边",准备打仗。当时我国面临着苏联在北方大兵压境的战争威胁,毛泽东提出了"备战备荒为人民"的战略号召。到北大荒去的北京知青,很多人就是抱着"打倒苏修"的豪情到了北大荒的。几十万知青到了那里,编入黑龙江生产建设兵团,实行半军事化管理,一边拿锄劳动,一边拿枪戍边,成为保卫祖国北部边疆的一支重要的军事辅助力量。

在祖国南疆,云南、广西和海南岛也都建立了这种类型的生产建设兵团或生产师。1970 年 10 月 1 日,随着广西军区生产师的建立,14374 位知青直接投身到"屯垦戍边"的生产建设和保卫国防的战斗中。1973 年 12 月 31 日广西军区生产师撤销后,这批知青转入"国营农场",继续为广西农垦事业而奋斗,直至 20 世纪 70 年代末根据国家政策才返城。中共广西农垦工委书记、广西壮族自治区农垦局局长、广西农垦集团公司董事长刘刚为《军垦之梦·生产师——荣光农场知青回忆录》作序说:"当年知青们的活动,包括奔赴边疆、投身屯垦、深山伐木、修造营房、拓垦胶园、建圃育苗、经营稻粟、发展茶果、投身会战、抗击台风、坚持自学、演出文艺、参与军训、艰苦磨炼、应对逆境、情感交流、友谊增长等等。"[①]1979 年初,有的知青还参与了中越边境的自卫反击战,

① 樊克宁、周向东、麦永雄、农以宁主编:《军垦之梦·生产师——荣光农场知青回忆录》,第 2 页。

如由南宁三中毕业到广西军区生产师一团二营(后改建为先锋农场)插场的知青李午玲说:“尤其是在1979年的对越自卫还击战中,先锋农场有不少知青参加了自卫还击战,其中有的参加了民兵炮连,有的参加了民兵护理排,为保家卫国做出了贡献。有一位南宁女知青曾经先后三次上前线,冒着枪林弹雨抢救伤员。”[①]他们建设边疆、保卫边疆的行动,构成了知青文化不可或缺的部分。

四、学习文化

学习文化包括读书、考大学等活动。

(一)读书活动

广大知青在下乡期间依然没有放弃学习。因为“大家坚信,只要坚持读书,坚持社会实践锻炼,坚持对人生和社会的探讨,历史总有一天会召唤我们这一代中国青年”[②],因此读书成为知青的自觉行为和主要文化形式。在艰苦的环境里,每个人所读之书各不相同,但是读书行为却极为普遍。知青读书既是学习知识,又是打发时光,功利色彩淡薄,影响却非常深远。桂林知青文和群在谈到当知青所读之书时说:“这些都是我知青岁月的宝贵精神食粮。这些书,极大地影响了我的世界观的形成,也极大地弥补了我在‘文革’中所受教育的不足,我的许多历史、文化、哲学、天文、地理、人文的知识就是从《读报参考》中拾来的。”[③]桂林电子科技大学图书馆馆长顾正飞回忆知青生活时说:“在这期间,我看了大量的政治、哲学类的书籍,如政治经济学、马克思、恩格斯、列宁、斯大林、毛泽东等的经典著作等,至今受益匪浅。”[④]北海市政协杨志远说:“在没有村民来聊天时,我们或聊天或睡觉或各自守着一盏煤油灯看自己的小说。”[⑤]“我经常从另一个大队知青那里借到各种小说诗刊来看。”[⑥]“在劳动之余,我阅读了很多的小说诗刊等文学著作,从中得到了心灵和情操的陶冶,也充实了我的生活,从不感到生活的乏味和穷困,脑海中一直充满着对理想的憧

① 李午玲:《知青群体现状与特征分析》,阳国亮主编《知青历史的理论思考》,广西人民出版社,2016年。

② 中国人民政治协商会议广西壮族自治区委员会编:《广阔天地　难忘岁月——政协委员中知识青年上山下乡亲历实录》,第14页。

③ 同上书,第191页。

④ 同上书,第208页。

⑤ 同上书,第71页。

⑥ 同上书,第72页。

憬并为之更加努力的学习。”[①]

许多知青在农村依然不负光阴，坚持自学。韦秉振说：“从 1969 年到 1972 年，我先后自学了高等数学（演算了 2000 多题微积分）以及物理、化学、电工学、电子学等大学课程，这些自学为我以后的路奠定了坚实的科技文化基础。”[②]万朗也回忆道：“业余时间里我们总是拿着课本教材自学或互帮互学，……跟着收音机学习英语。”[③]1966 届初三毕业生黄少雄，来自“文革”前就是重点中学的南宁二中。他到大新县恩城公社恩城大队新兴生产队插队落户，随行中携带最珍重的行李，就是父亲亲手给他打制的一只小木箱，这只装满书籍的小木箱，一直伴随黄少雄度过了插队生涯的日日夜夜。[④]

桂林知青李建平，1968 年初中毕业后于第二年 2 月到兴安县金石公社中洞大队鳌头生产队插队了六年，他在后来的一篇回忆文章里用抒情的笔调写下了在农村读书时的一个场景：

初中毕业后，我与同学一道下乡插队。1974 年新年刚过，上级派人来慰问知识青年。在赠送的慰问品中，我得到了一本《呐喊》，那是人民文学出版社 1973 年刚刚出版的鲁迅著作单行本。如今翻开这本泛黄破旧、装订钉已生锈的小书，扉页上印着的“赠给/上山下乡知识青年/桂林市革命委员会/一九七三年十一月”这四排红字，还是那么清晰。我得到这本书时是 1974 年 1 月 12 日，这日子也连同我的签名保留在这本书的内封上。在劳动之余，当我点着油灯静静地读这本《呐喊》时，窗外的稻香轻轻袭来，虫鸣蛙声将思绪一点点带去，那是怎样一种恬静的读书意境呵！当一阵夜风忽然吹灭油灯时，夜色中，我简直觉得自己不知身在何处了，似乎已融入鲁迅笔下那由碧绿的豆麦地、白篷船激起的水声和点点渔火所构成的夜气里了。

就这样，我在农村的几年里，读了鲁迅的书，也读了郭沫若、茅盾、巴金等文学大师的书。[⑤]

---

① 中国人民政治协商会议广西壮族自治区委员会编：《广阔天地　难忘岁月——政协委员中知识青年上山下乡亲历实录》，第 73 页。

② 同上书，第 38 页。

③ 同上书，第 173 页。

④ 黄少雄：《小木箱》，黄少雄主编《难忘的知青岁月》，第 48－51 页。

⑤ 李建平：《〈呐喊〉记忆》，《广西日报》1995 年 10 月 6 日。

知青们读的书，有的是从家里带来的，有的是借当地小学民办教师的，也有从新华书店购买和从图书馆借来的。知青们精神生活的饥渴使他们为了获得可读之书，达到了千方百计甚至不择手段的地步。南宁知青韦秉振到南宁附近的邕宁县五塘公社插队，为了能够借到书，每个星期天都赶去南宁，来回50多公里，到广西壮族自治区图书馆求管理员办理借书证，刚开始图书馆说没有南宁市户口不给办，韦秉振锲而不舍，软磨硬泡了两个多月，直到第八次才办证成功，拿到了当时“馆里唯一非南宁市户籍的借书证”。① 桂林市知青丁竟原，为了能够弄到桂林图书馆的阅览证，没有桂林市户口，“只好叫我大姐从她的工厂开她的姓名办证而偷梁换柱（贴上我的照片）”②，这样蒙混过关办了一张阅览证。最有趣的是南宁知青罗劲松，他在德保县插队时，有一次到县里参加业余作者文艺创作学习班，被安排在县文化馆的会议室临时床位休息。晚上，他发现会议室的一个角落用木板隔了一小块空间，他好奇地钻到木板后一看，是“满满当当堆放着一捆捆一摞摞发黄的旧书刊！”有陀思妥耶夫斯基的《罪与罚》、杨沫的《青春之歌》、丁玲的《太阳照在桑干河上》……各种中外名著，还有当时已停刊的“文革”前出版的《人民文学》《收获》等旧杂志。这在当时无疑是饿肚佬碰上了白切鸡——哪里收得了手，德保县文化馆开会结束时，他偷偷塞了30本“禁书”到行李袋里。袋子沉重，县文化馆的同志热心地要为他提行李袋，他做贼心虚地坚决拒绝。这批书被他带回了生产队，成了他每晚最津津有味的“精神食粮”。③ 知青们借到书后，经常挑灯夜读，如饥似渴。

知青读书是饥不择食，读的书非常广泛。柳州知青林国强回忆道：“我们大概看以下几种书：一是政治书，《毛泽东选集》以及《毛选》的甲种选本、乙种选本，每个插青都配有。……二是看小说，那时社会上流传很多的‘文革’初期从各种图书馆、资料室流传出来的所谓中外‘封资修’文学名著，同学们都从各种渠道找来交换着看。……三是看传记、看通史、看文史资料。……另外，在我们插队中还看了一些民间流传的‘手抄本’，当时是禁书，但是打倒‘四人帮’、实行改革开放后都正式出版了。”④李建平回忆说：“我从家中收罗了一批一批的书籍带到农村，不管是文学、艺术、历史、党史、哲学、医药、农业科技等

---

① 韦秉振：《艰辛插队日 坎坷自学路》，中国人民政治协商会议广西壮族自治区委员会编《广阔天地 难忘岁月——政协委员中知识青年上山下乡亲历实录》，第36页。

② 丁竟原：《我的知青岁月——一个没有户口的插队知青的坎坷与幸运》，同上书，第46页。

③ 罗劲松：《小河里的“记者梦”》，参见黄少雄主编《难忘的知青岁月》，第218页。

④ 中国人民政治协商会议广西壮族自治区委员会编：《广阔天地 难忘岁月——政协委员中知识青年上山下乡亲历实录》，第13页。

等，能找到的书都尽量找来读了，记忆较深的书有《鲁迅杂文选》《中华活页文选》《唐诗三百首》《赤脚医生手册》《联共党史》《中国哲学史》等，《毛泽东选集》是当时读得较仔细较用功的书。”[①]在《广阔天地　难忘岁月——政协委员中知识青年上山下乡亲历实录》一书里，知青们提到的书就有：政治类的《毛泽东选集》《家庭、私有制和国家的起源》《矛盾论》《实践论》《论十大关系》；文学类的中国作品，如《三国演义》《水浒传》《西游记》《拍案惊奇》《七侠五义》，鲁迅的《故乡》《呐喊》《彷徨》《狂人日记》《野草》《朝花夕拾》，张恨水和周瘦鹃的言情小说，《沸腾的群山》《金光大道》《林海雪原》《雷锋日记》《欧阳海之歌》《读报参考》，以及手抄本《第二次握手》《一只绣花鞋》等；外国作品，如《红与黑》《安娜·卡列尼娜》，福尔摩斯系列侦探案和《海涅诗集》等，以及传记类作品《列宁传》《赫鲁晓夫主义》等。由此可见，知青的阅读面涉及古今中外的政治、哲学、文学等书籍，大多为经典著作，这说明知青读书是有意为之的文化现象。

许多知青的人生道路就是由知青时代的读书决定的。到田阳县田州公社那塘大队插队的南宁知青罗劲松，当时做着“记者梦”“作家梦”，发愤读书写作后，如今做了《广西日报》副刊主编。现为广西师范大学文学院教授、博士生导师的胡大雷，谈起知青时的读书生活说：“我的文学启蒙、哲学启蒙是在乡下进行的。……在阿龙那儿，读到莱蒙托夫《当代英雄》、屠格涅夫《罗亭》《贵族之家》《阿霞》，很为‘多余的人’的形象而迷茫与困惑。还看梅林《马克思传》，看苏联人编写的《马克思主义哲学原理》，那是用现代科技为例子的讲哲学，与我们的哲学书以文化的例子不一样，我详细做了笔记，似懂非懂的，但对以后我的学哲学奠定了一点基础。”[②]柳州市科协副主席的王安有也说农村是他“科普萌芽的原生地”。他在柳州市郊区太阳村公社解放大队解放一队插队，注意学习数理化知识，帮助了他后来在科协岗位上的科技工作。[③]

（二）考大学

知青上大学开始于1971年，当时国家恢复大学教育，大学生则在工农兵群体中由本生产队或单位群众评议推荐，经上级审查，学校发通知录取。在1973年，获得推荐的知青还要进行一般的文化考试，后来发生了震动全国的辽

---

① 李建平：《又见故园草木欣》，《广西文学》2013年第4期。

② 胡大雷、李印：《在泾源上山下乡》，银川市政协文史和学习委员会编《下乡的青春岁月》（银川文史资料第二十二辑），银新出管字[2013]第1581号。

③ 王安有：《青春的滋养，在一个取名“太阳”村的地方——我的知青生涯两三事》，中国人民政治协商会议广西壮族自治区委员会编《广阔天地　难忘岁月——政协委员中知识青年上山下乡亲历实录》，第127页。

宁知青张铁生交白卷事件后，1974 年至 1976 年三年间被推荐的知青就免考文化课。知青上大学是知青文化的一个部分。由于受到当时政治形势的影响，许多在农村表现好，得到贫下中农推荐的知青，因为家庭出身不好的缘故，无法上大学，甚至难以被招工，例如广西壮族自治区政协农业委员会副主任刘小凤、广西社会科学院文化所李建平研究员在当年就遇到了这样的生活坎坷，这种推荐工农兵上大学的选拔方式是"文革"时代产物。

1977 年冬天，全国恢复高考，广大知青获得了平等竞争的机会，这就激发了他们为改变命运而拼搏的斗志。于是，知青拼命复习高考的情形也成为知青文化的重要现象，许多知青在劳动之余，分秒必争地复习课程而准备应考的情景是知识青年上山下乡运动后期最为亮丽的风景。有的知青不断努力，连考几年，最终实现梦想。在广西 43 万知青中，虽然大多数知青都报名高考，但是考上大学者并不多。《广阔天地　难忘岁月——政协委员中知识青年上山下乡亲历实录》的作者中，大多数是经历高考并且取得成功的知青。例如北海市政协副主席杨志远第一次高考因匆忙上阵而落榜，第二次高考认真准备，考上了却因抢救生产队的财产被雨淋成病而体检不过，第三次又参加了高考复习班而终于如愿。由南宁四中毕业的知青秦晖，1978 年高考时已是到田林县插队 9 年的老知青，他参加研究生考试通过了初试，为了赶去兰州大学参加研究生面试，他经历了坐生产队的拖拉机、由县城发往南宁的班车和南宁始发的火车辗转到达西安时，已过了 5 天时间，第二天是面试时间，可西安到兰州的火车票已售罄。紧急中，他看到了民航售票处，只得乘飞机去赶考。[①] 这个举动，真正转变了他的一生，秦晖后来成为清华大学历史系教授。这段经历，真可谓知青赶考的经典实例。广大知青复习高考，既是知青文化第一阶段的高潮，也是第二阶段的起点。

五、创作文化

创作文化包含写作活动与文艺创作活动。

(一)写作活动

1.信件写作

在上山下乡期间，知青们远离家乡，与外界的联系一般通过书信。有的人一到村里，第一件事就是给家里写信。他们通过写信，或向家人、朋友汇报到

---

① 秦晖:《30 多年前，有一个农民坐飞机"赶考"》，黄少雄主编《难忘的知青岁月》，第 336 页。

新地方的见闻，或诉说到达陌生处的不适感受，或与别人交流信息，表达想法和请求帮助，因此写信就成为知青最普遍的写作形式。在落后的农村里，知青写信主要有三种。一是自己给家人和朋友写信，如 1969 年 2 月 20 日，柳州市高中毕业生李平给同学林国强写了一封信，那是他们分别下放到鹿寨县和柳州市郊后相互的通信，这封信由林国强保留至今。还有桂林知青汤遐玲赴广西军区生产师前夕给父母的一封信，以及黄少雄、李蓓等知青所收藏的许多当年与知青同学和朋友的通信等等。他们在信中的话语，甚至信封和信笺上的毛主席语录等文字，均带有“文革”的时代特征。亲人的书信还是支撑年幼的知青在艰苦环境里生活下去的精神支柱。南宁知青柯彬说：“生活苦些还没什么，但夜阑人静时，在昏暗的油灯下，一个人会想家，想到自己难道就这么过一辈子吗？真的会在这儿‘安居乐业’吗？心里有说不出的难受。那时连大队部都没有电话。想家时我会翻山越岭跑到大队部，看看有没有妈妈的来信。妈妈的来信会让我读了一遍又一遍，直到能背下来为止。妈妈的信总是给了我很大的鼓舞和勇气，支撑着我生活下去。我把妈妈的每封信都存放起来，想家的时候会拿出来看。”①这段话，可以为古诗句“家书抵万金”作新注解了。二是给恋人的情书。那个时代，没有私人电话，没有电脑网络，传情表意的工具最好的是书信。一些下乡知青就是在频繁的书信中建立起感情的。到南宁市园艺场工作的南宁市知青万立仁回忆了当年一位女孩给他一份情书的情景：“一位漂亮女孩往我口袋里塞了一封信，轻柔地说‘现在不准看，回去再看’，就羞答答地一溜烟离去。我抚摸着口袋里的信封，回味着她那轻柔的语调，仿佛感觉到只有在电影里才能见到的镜头，竟然神奇般地出现在我的眼前。回到宿舍，我迫不及待地拆开信封，啊！果真是她给我的一封情书，里面还夹着一张她上了色的黑白照。”②南宁一中到西林县马蚌公社浪吉大队插队的女知青王珮玲回忆了一段她的书信苦情恋事：“我插队时就 20 出头了，这在当地早属于待嫁的姑娘之列。而我却仍然把爱情看成一个神圣不可侵犯的东西，不敢越雷池半步，担心一失足成千古恨。在学生时代，我与一位初中男同学谈得比较投机，我们一直互通信息。我到农村、他进工厂后，彼此仍互相关心，互相帮助，互相支持。平时，不管是高兴事，还是烦恼的事，我都喜欢向他倾诉，我特

① 柯彬：《那年，我刚满十六岁》，黄少雄主编《难忘的知青岁月》，第 16 页。

② 万立仁：《从菠萝山上拼出来的艺术家》，载《青春留痕——上世纪六十年代南宁园艺场知青追忆录》，内部印刷，第 47 页。

别盼望他的来信。他的每一封来信我都会反复看上好几遍。面对这样的男同学，我知道，他的出身好，前途无量。而我，作为一个‘可以教育好的子女’，只能在农村接受再教育，我们不可能走到一起。所以，在与他的交往中，我不时地表露出自己的这种想法。”[①]这段8年多的交往和书信联系，由于地域的隔离和社会地位的差异，最终慢慢地结束了。南宁知青江国枢，至今还收藏着当年给恋人的信件。三是代农民写信，如刘新文说：“（村民们）请我写信是家常便饭。我帮女青年写情书，总能向她的未婚夫要到一块布料，或者是一双袜子；帮老人写信，就能让他在城里工作的儿子寄钱回家。因此代人写信的‘业务’很旺。”[②]朱桂玲也说：“经常有姑娘红着脸拿出男孩子的情书，让我代回情书，因为我从不拒绝姑娘们的请求，越来越多的姑娘让我代写情书。”[③]

由上面的事例可知，书信与知青的生活联系多么密切，在知青生命中是多么的重要。有知青说得好：“信，成了我们精神上最大的慰藉。写信，可以尽情地宣泄心中的情感，把自己的所思所想、所作所为告诉亲人，告诉朋友，告诉同学。而来信，则成了我们最大的期盼，因为它带给我们的是信息，是亲情，是理解，是力量，是希望！信，把我们与大山外的人与事连了起来；信，伴随着我们走过了那蹉跎的岁月。”[④]这些信件弥足珍贵，成为知青文化的重要史料。信件写作一直贯穿在知青文化之中。在进入21世纪后，知青们在沟通交流时还不时运用这一文体，例如刘新文在其回忆录中就附有2003年11月写的《致插友》的信件。在数字化、网络化的当下，知青们的纸质通信逐渐转化为电子邮件和QQ交流，与时俱进，更为便捷。

2. 日记与旧体诗写作

知青们在插队和军垦的岁月里，为了记录生活点滴，抒发情感，排遣寂寞，于是便经常提笔写日记。南宁知青黄少雄回忆：“每每夜阑人静，我总是俯在‘写字台’上一边写日记，一边解读‘人生方程式’。”[⑤]潘晓春说：“即使在那样艰苦的环境下，我们依然保持着青春的朝气，在昏暗的油灯下读书，写日记，写

① 王珮玲：《感慨万千“知青情”》，黄少雄主编《难忘的知青岁月》，第290页。

② 中国人民政治协商会议广西壮族自治区委员会编：《广阔天地　难忘岁月——政协委员中知识青年上山下乡亲历实录》，第3页。

③ 同上书，第147－148页。

④ 王珮玲：《感慨万千“知青情”》，黄少雄主编《难忘的知青岁月》，第289页。

⑤ 黄少雄主编：《难忘的知青岁月》，第36页。

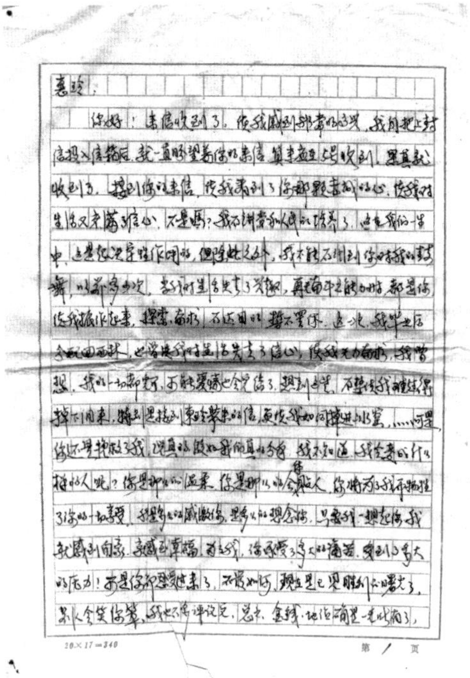

由南宁一中到西林插队的知青江国枢 1977 年写给恋人的信（江国枢供图）

诗。"[①]罗兴瑜、马之芹的日记不但记载了知青平常劳作和生活的艰苦，而且传达出当时的政治气氛。由南宁十七中毕业到广西军区生产师四团的知青覃杰，至今还保留着当年的五本日记。李建平到兴安县插队六年，也写了两本日记，至今保存着。

与日记写作相伴的是旧体诗词写作。一般而言，新诗写作可以投稿发表，而旧体诗在那个时代属于"四旧"[②]，不被提倡，不能发表，因而一些旧体诗或准旧体诗往往就是伴随着日记写作而产生的。当年有不少知青写了旧体诗，例如现今在广西区公安厅政治部宣传处工作的徐小凡，当年到大新县插队，写了一批旧体诗，写于 1970 年的《咏樟》诗如下：

---

① 黄少雄主编：《难忘的知青岁月》，第 41 页。

② 指旧思想、旧文化、旧风俗、旧习惯的合称、统称，含贬义，是"文革"时期要砸烂和清除的东西。实际上是对传统文化道德的破坏，是一种文化的倒退。

野岭荒山处处栽，
风笞日炙未能摧。
香含九丈入云里，
谁说村中只作柴？[1]

作者在诗末有注云："一群青年到农村插队，白天劳动，晚上读书，不甘寂寞而志存高远，自比樟树而欲有所作为。"抒发了知青远大的志向。德保县知青梁扬高中毕业后于1968年12月到德保县东关公社堂列生产队插队，也常常写诗。半年后，梁扬被队里选为会计员。当时有人说，当上生产队干部，就像套上了牛轭，以后若有回城机会就难走了。梁扬对此于1969年6月16日作诗自勉：

我是壮乡"孺子牛"，
肩负"牛轭"倍光荣。
拉犁拉到穷山变，
革命革到五洲红。

1977年10月恢复高考，梁扬又写了感奋的七律《报考兴吟》（两首），其中两联这样写道："抓纲治国广招贤，百应一呼欲争先。欣逢初晴鹰展翅，奋赴首战马扬鞭。"[2]桂林知青李建平苦闷中也在日记里写了一首渴望上大学的旧体诗，其中一联是"今生如能再进校，卧薪尝胆未能及"。

这些日记和诗词，真实地记载了知青的生活，表达了知青的情愫。今天看来，这些内容使得知青文化有了鲜活的血肉与质感。当时写作旧体诗的广西知青还有周向东、吕智锦、余志鸥、陈香元等。

3.对联写作

写对联这一民俗也是知青写作文化的一部分，一些知青把对联当作公开明志、表达思想的载体。刘新文就曾在自己的房门用红泥写上对联"广阔天地

① 徐小凡：《潇雨集——徐小凡诗词选》，中国人民公安大学出版社，2000年12月。

② 诗句出自2016年5月23日"《知青文化与广西实践》访谈会"李建平采访梁扬的记录稿，经梁扬审阅。

炼红心，插队农村干革命”，横额是“听党的话”。[1] 李世荣也回忆他和同学经过讨论，“写了一副表达我们心意的对联，贴在住房的大门上。对联是这样写的，上联‘诚诚恳恳接受再教育’，下联‘恭恭敬敬当好小学生’，横批‘红心向党’，充分表达了当时我们坚决执行毛主席关于‘知识青年到农村去，接受贫下中农再教育，很有必要’的指示和在广阔天地炼红心的决心”[2]。一些知青在过年前帮村民写对联，还起到文化援助和联络感情的作用。韦秉振由于会画画，“加上逢年过节各户都喜欢请我去写对联，我便成了当地公认的‘秀才’”[3]。刘新文在春节前夕帮村民写了“四海翻腾云水怒，五洲震荡风雷激”“翻身不忘共产党，幸福不忘毛主席”“阶级斗争日日讲，革命生产天天干”等对联，[4]很受农民欢迎。

4.特殊文书写作

在“文革”的时代背景下，知青也写了一些特殊文书，主要有决心书、大批判稿和检讨(请罪)书。决心书一般用以表达积极态度和参与的决心，大多是插队前夕所写。例如广西华蓝设计(集团)公司总设计师徐欢澜回忆下乡前的情景说：“记得我是连夜写的决心书(当时写得热血沸腾)，第二天上台表决心：要响应毛主席‘知识青年上山下乡’的号召，扎根农村一辈子，做又红又专的新农民，用自己的知识改变农村的落后面貌。”[5]吴学斌也说：“1974 年 8 月 1 日，我高中毕业，写下决心书……满怀革命豪情、奔赴广阔天地最前线——到农村插队务农，接受贫下中农再教育。”[6]当时大多数知青都写过决心书。大批判稿是“文革”运动中的例行文稿，一般针对批判对象的言行，上纲上线，批判其错误，震慑群众。现在看来，都是“无产阶级专政下继续革命”错误理论下的产物，有的是挑起群众斗群众。检讨书是用在挨整或被审查时做的书面检查和自我批判。例如，柳州市海润公司董事长梁岳生因为与领导论理而挨整，被下放到猪场养猪。他说：“我被迫到猪场一面养猪一面写‘向毛主席请罪书’，内

---

① 中国人民政治协商会议广西壮族自治区委员会编：《广阔天地　难忘岁月——政协委员中知识青年上山下乡亲历实录》，第 3 页。

② 同上书，第 18 页。

③ 韦秉振：《艰辛插队日　坎坷自学路》，同上书，第 37 页。

④ 同上书，第 3 页。

⑤ 同上书，第 106 页。

⑥ 同上书，第 110 页。

心非常痛苦和彷徨。”[①]南宁知青万立仁也在“文革”中被打成“刘少奇的孝子贤孙”而被关押在一个“单间”里 20 多天，要求每天写作“坦白书”。他说：“有一天，我和难友们被关进了对面毛巾厂的一栋楼房，每人住一个单间，谁也不知道隔壁住的是谁。……在这里不用劳动，只需闭门思过，把自己所干的‘罪行’，‘老老实实’写成坦白交代材料。……我每天起床后，例行公事地用较少时间写几页‘坦白交代’，其余时间全都在认真读《毛选》。”[②]有趣的是，后来万立仁自己都觉得那几百字没有事实和材料的“交代材料”实在是干巴巴的看不得的文字，就灌水补料，添油加醋，写成了有人物故事和悬念的小说类的材料，字数达到几万字，竟也让那些审查他的人读着读着忘了审查他的本来目的，这也成为万立仁后来从事文艺创作的一次练笔。这些特殊文书打上了“文革”的烙印，记录了知青的心路和历史的光影，具有一定的文化含义。

（二）文艺创作活动

1.文学创作

在纸质传媒的时代里，文学是知青接触到的主要文艺形式。知青们在阅读文学作品之后往往产生创作的冲动，写出不少诗歌和散文作品，有的知青因此梦想着以后当作家、记者。由南宁十八中毕业到广西田阳县田州公社那塘大队插队的罗劲松，如今担任了《广西日报》“花山”副刊主编，他回忆当年他在农村时的生活时说：“1973 年 10 月，从南宁十八中学（毕业那年更名为南师附中）高中毕业的我，随‘知青大潮’前往田阳县田州公社那塘大队插队落户。当时到 1974 年夏天，终日做着‘记者梦’‘作家梦’的我，在煤油灯下锲而不舍地挥笔写就一篇又一篇小说，其中一个短篇——《老战友的女儿》终于被当时百色地区《右江文艺》杂志相中发表。随之作为‘有培养前途的文艺青年’，参加在德保县举办的百色地区文艺创作学习班。”[③]中国社会科学院外贸国际金融研究培训中心常务副主任丁竟原说：“（在公社农机厂里）我写了第一个电影文学剧本，虽然被电影厂以没有做到‘三突出’而退了回来，但是，我能写书的名声还是在公社传开了，而且，其声望也远远超过了我能搞建筑、我能搞农机……”丁竟原在外省第一次发表的短篇小说《相思湖畔》就是以其下乡的思

---

① 中国人民政治协商会议广西壮族自治区委员会编：《广阔天地　难忘岁月——政协委员中知识青年上山下乡亲历实录》，第 63 页。

② 万立仁：《从菠萝山上拼出来的艺术家》，载《青春留痕——上世纪六十年代南宁园艺场知青追忆录》，第 56—57 页。

③ 罗劲松：《小河里的“记者梦”》，黄少雄主编《难忘的知青岁月》第 217 页。

上桥二队队长为素材的。[①] 而秦汉武因为文笔好，“有好几年‘借用’到县文艺队编写文艺节目”或写“民兵故事”[②]。回乡知青也有从事业余文学创作的。1969 年由陆川县中学初中毕业回到家乡城乡公社万丈大队悦利塘生产队劳动的知青陈耀松，在劳动间隙写了诗歌和散文等作品，发表在《玉林文艺》和陆川县的《九洲江文艺》上。[③] 南宁知青黄敬佳致战友钟小怡的《革命征程千万里 步步紧跟毛主席》、曾顺英的《新家感想》、周向东的《“屯垦成边”诗词选》等诗歌，具有当时鲜明的时代色彩。当今广西许多作家和评论家如聂震宁、林白、孙步康、冯艺、陈敦德、李建平、杨克、韦俊海、彭洋、黄琼柳、罗传洲、董永佳、黄乃康、林冬、麦春芳、雷锐、潘荻宣等，都是在知青时代开始文学创作的。因此，知青文学构成了知青文化的重要内容，黄少雄主编的《难忘的知青岁月》就收录了不少知青创作的文学作品。在改革开放后，不少知青仍然不断进行文学创作。

2.美术创作

艺术创作也是知青文化的重要内容。在美术创作方面，许多知青拿起画笔绘画，一方面是画毛主席像，画农业学大寨的宣传画，为出墙报、做宣传用，一方面是有感于山清水秀的田园景象，心存喜悦，忍不住提笔作画。当时在农村作画的知青可以说数量甚多，现今成为画家的知青就有张达平、余永健、郑军里、陈中华、张冬峰、阳山、谢森、谢麟、张国权、梁耀、苏旅、戴延兴等十多人。后来成为企业家的韦秉振，成为报纸编辑的黄敬佳，成为文艺评论家的李建平、罗传洲，以及后来在其他机关工厂做技术和管理工作的容杰、韦启珠等，在农村时也常常画墙报或练速写、绘国画。韦秉振说：“曾帮队里在村口画了一幅‘毛泽东去安源’的大型壁画，画得很好，对周边影响很大。”[④]由桂林到广西军区生产师二团二营的知青韦启珠回忆说：“当时我在三连负责出墙报，那一期出的是纪念毛主席‘向雷锋同志学习’题词的内容，我画了一幅大大的雷锋同志的头像放在墙报中间，很醒目。很巧，当天东兴文化馆的几个同志到那良公社来出差，顺便也到我们农场看看，就看到了我画的雷锋头像。他们称赞我

---

① 中国人民政治协商会议广西壮族自治区委员会编：《广阔天地　难忘岁月——政协委员中知识青年上山下乡亲历实录》，第 46—47 页。

② 同上书，第 56 页。

③ 材料出自 2016 年 5 月 23 日“《知青文化与广西实践》访谈会”李建平对陈耀松的采访笔记。

④ 韦秉振：《艰辛插队日　坎坷自学路》，中国人民政治协商会议广西壮族自治区委员会编《广阔天地　难忘岁月——政协委员中知识青年上山下乡亲历实录》，第 37 页。

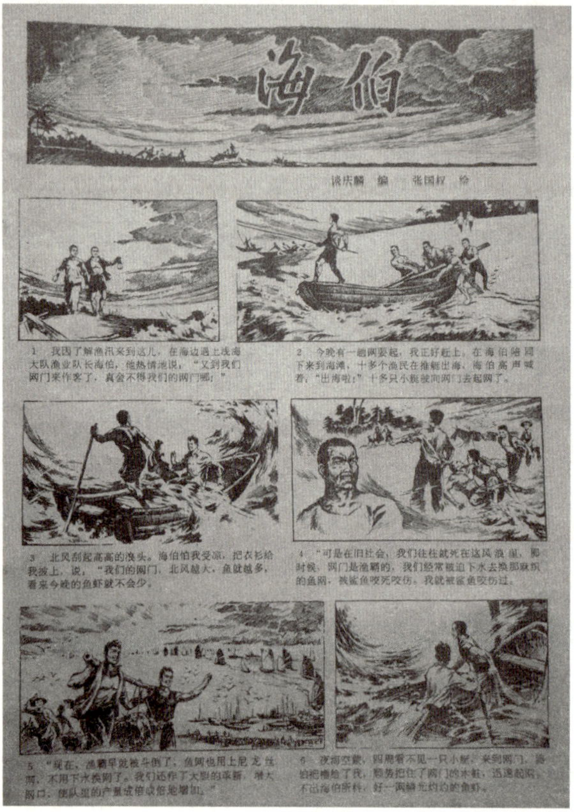

张国权当时创作的连环画《海伯》，发表于《连环画报》1974年1月总第4期

李建平在兴安县金石公社插队时画的人物速写

学习

生产

科研

赤脚医生

知青韦启珠的剪纸作品参加了广西全区美术作品展览，并在《广西美术》上发表

有绘画基础，点名要我参加东兴文化馆办的美术创作学习班。就这样，我获得了一次去东兴文化馆学习的宝贵机会。”[①]桂林知青李建平在回忆知青生活的文章里说：“当时我还花了不少时间学画画。我喜欢方增先、杨之光的水墨人物，徐悲鸿的水墨奔马，学画了不少国画人物和人物速写，读了《芥子园图谱》《砚边点滴》等美术书，一度想考艺术学院。”[②]知青们的作品，有的参加了广西壮族自治区和地市级美术展览，有的在报刊发表。其中许多人后来都考上了艺术院校深造，成为专业画家。

3.戏剧、曲艺和音乐创作

为配合文艺演出宣传，一些知青还从事了剧本、曲艺和音乐创作，自编自

---

① 韦启珠：《四十年前的一组剪纸作品》，樊克宁、周向东、麦永雄、农以宁主编《军垦之梦 · 生产师——荣光农场知青回忆录》，第 426 页。

② 李建平：《又见故园草木欣》，《广西文学》2013 年第 4 期。

演节目。南宁市园艺场知青万立仁，60 年代就开始创作小歌剧《双送肥》，在 70 年代里创作了表演唱《青山渡》、南宁春锣《一只梨》《老李师傅“坐禁闭”》、独幕话剧《倔姑娘》等七八个作品。从南宁二中到邕宁县吴圩公社队的韦国佩曾创作了一首快板词《新农民新生活》，代表邕宁县知青到南宁市参加知青会演，“没想到出场不到五分钟，整个中山路文化馆就被阵阵热浪——翻滚式的笑声掌声所震荡，舞台大幕还未谢下，后台一大帮报纸、电台记者在等着我索取快板节目底稿”[①]。从此有后，他在当地获得了“快板王”的称号。南宁知青靳翔飞到田阳县插队，联络十几个知青和当年青年农民组成文工团，时常练功，排练节目，参加了田阳县文艺会演，后被选为县代表队参加百色地区的演出。他还创作了剧本《小夜莺》，被田阳机场空军文艺队选用演出。南宁跃进农场知青严伟康也创作了相声作品供农场业余文艺宣传队演出。此外，不少知青还创作了一批歌曲，如到兴安县插队的广西师范学院附中知青当时作词作曲创作了《知识青年青春美》《农嬢补衣》《豆豉汤》《队长喊出工》《把你的锄头给我吧》等歌曲，广西军区生产师知青创作了《生产师战士之歌》《十万大山青又青》《红日辉照十万山》等。南宁知青麦展穗到农村插队后，他写了一首歌曲《难忘的 1·14》，纪念下乡插队的日子，曾在知青中传唱，他还创作了一首题为《暴风雨》弦乐曲。这些歌曲，在特定的知青群体中流传，至今仍在一些知青聚会活动中演唱。

南宁市园艺场知青万立仁、柳妍演出南宁春锣《一只梨》

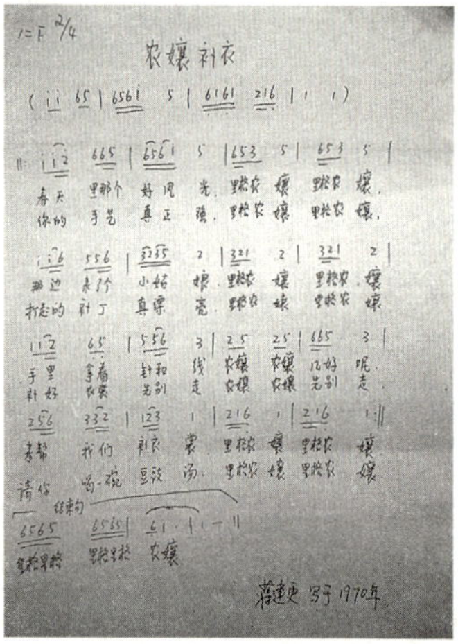
桂林知青 1970 年创作的歌曲《农嬢补衣》

① 韦国佩：《开心“快板王”》，黄少雄主编《难忘的知青岁月》，第 155 页。

六、科教文化

科教文化包括科技、教育和医务活动。

（一）农业科技活动

知识青年是农村新技术推广的生力军。知识青年到农村后，开展农业科技活动是一项基本活动。大批知青在农村里大搞技术革新和新技术推广，为农业生产和农村建设做出了贡献。

广西浦北县知青张兴财是个科技迷。他到农村后，热心学习农业科技知识，自学了《土壤肥料学》《作物栽培学》《病虫害防治学》《杂交玉米制种技术》等大专教材，并结合运用在生产实践中，取得了成效。他说："为了解水稻生理规律，我认真学习农业科学技术丛书，从 1976 年春起，开始对我们生产队的每垌水稻田作记录，种的是什么品种，什么时候播种，什么时候插秧，什么时候返青，什么时候分蘖，等等，都一一记录下来。同时我还暗地里选了几块有代表性的田作为自己的观察田，按照《水稻田间记录》的要求，对水稻的生长过程进行详细的观察、记载，并与教科书上的理论与观察、记载进行分析。一年下来，我对水稻的生长过程就有了一个较为全面的感性认识和理性认识，很快就掌握了水稻生长规律要点。为了加快旱地粮食生产，我认真学习了《作物栽培学》和《杂交玉米制种技术》，主动到张黄公社农业技术推广站向技术人员请教，在公社农业技术推广站技术人员的指导下，1977 年春我在旱地搞起了 43 亩杂交玉米——群单 105 制种实验。不懂技术，就按照《杂交玉米制种技术》规程一步一步来实施；没有花粉采集器，就用画报自己弄；没有授粉器，就用竹筒来做。在合理的肥水管理和精心呵护下，43 亩杂交玉米——群单 105 制种实验成功了，平均亩产 243.56 公斤，创造了当时浦北县杂交玉米制种历史记录，也打破张黄不能种植玉米的说法。"张兴财为此荣获了"浦北县农业学大寨先进工作者""浦北县科技革命先进工作者"等荣誉称号。他说："从此，我就与农业技术的研究、普及、推广结下了不解之缘。"①这些农业科技实践活动，为他后来没有经过高等院校的专门学习也成为一名高级农艺师打下基础，他后来担任了广西浦北县科学技术协会主席。

桂林知青阳国亮到兴安县插队后，也积极参加科学种田活动。他说："20 世纪 60 年代末 70 年代初，实行水稻耕作制度改革、提高复种指数，主要是推

---

① 张兴财：《"广阔天地"是我成长的摇篮》，中国人民政治协商会议广西壮族自治区委员会编《广阔天地　难忘岁月——政协委员中知识青年上山下乡亲历实录》，第 228—230 页。

广矮秆良种。当时提出的口号是‘打倒高秆，推广矮秆’，这就需要一系列的新技术来保证。我们知识青年与农村青年一道在良种试种、尼龙育秧、蒸汽育秧、叶面施肥、新药植保等新技术的推广中发挥了主力军的作用。”①

到永福县苏桥公社大罗大队第六小队插队的桂林知青顾正飞说：“我担任农科员，主要是负责水稻的种植和田间管理工作。水稻的种植要经过选种、浸种、催芽和田里育苗等基本步骤。秧苗生长和水稻生长期间，还要视情况买药、喷药杀病虫害。当时我边做边学，遇到不懂的问题，如给种子发芽的温度控制在多少、农药配制的浓度要多少等等，就请教队长或有丰富经验的人，或者翻阅农业技术书，并结合实际情况进行操作，这样的工作大大提高了我的自学能力、动手操作能力和解决问题的能力。”②

韦保健曾写诗记载学习气象学知识观云测雨的情景：“学习归队后，实践显神奇，夜晚蹲田坎，白天走地基。养虫观气象，喷药看时机。预报传村寨，灾情去迅疾。”③

德保县知青梁扬由百色高中毕业后，到德保县东关公社堂列生产队插队。他在中学时就是业余无线电爱好者，在农村期间，他大力开展科技革新活动：一是在诱灭稻飞虱的技术中，他改良了诱虫的黑光灯，提高灭虫率30%；二是带领村里的年轻人拉电线、立电杆，为村里引入电流，带来光明。为此他获得了县广播站的通讯报道的宣传，成为“可以教育好的子女”的代表加入县贫下中农协会，出席了县“双代会”(学习毛主席著作积极分子和社会主义建设积极分子代表大会)④。

1969年由广西东兰县第二中学毕业的曹幸穗，1970年2月至1978年1月在东兰县隘洞公社板老大队插队。在农村，他积极开展农业科技实验，取得明显成效，其事迹传播开来。1976年，曹幸穗因农业科技业绩突出而被选为代表出席了广西知青上山下乡积极分子代表大会，在会上作了《扎根农村干革命科学实验当尖兵》的典型发言。知青的农业科技实践后来使他在农业科学道路上奋飞，曹幸穗后来进入中国农业博物馆工作，担任中国农业博物馆学术委员会副主任、研究部主任、教授、研究员。他通过自身的实践和几十年的农业

---

① 阳国亮：《悠悠岁月话“知青”》，中国人民政治协商会议广西壮族自治区委员会编《广阔天地 难忘岁月——政协委员中知识青年上山下乡亲历实录》，第238－239页。

② 顾正飞：《为了不能忘却的怀念——记“上山下乡”的知青故事》，同上书，第208页。

③ 韦保健：《知青轶事》，同上书，第199页。

④ 材料出自2016年5月23日“《知青文化与广西实践》访谈会”李建平对梁扬的采访笔记。

科技学术研究得出结论："'农业科学技术的研究和应用'是知青的重要实践。"[1]这是我们了解知青的重要思想。

柳州知青、现任柳州市科协副主席的王安有说农村是他"科普萌芽的原生地"。他当时到柳州市郊区太阳村公社解放大队解放一队插队，那天，生产队购买回来一台电视机，"电视机抬回队里，我们像凯旋的英雄。村民们竖竹竿、架天线、开电视、搜节目，热热闹闹，过节一样。现在回想，那种场面，有点像我们现在搞的科技活动周"。由那天开始，他萌生了学习调修电视机、弄懂机械电路的愿望。他说："那天暗暗发誓要学好数理化，掌握新科技。我现在从事的科协工作，青少年科技创新活动，是其中一个大项。少年的意愿，以另一种方式派上了用场，为更多的青少年科技梦想服务。"[2]

在农村开展科技活动的知青还有很多，如从梧州高中到广西藤县南安公社汗池大队插队的知青们，他们"号召全大队 9 个知青组，每个小组根据自己村的需要，自己动手各作一个帮助农村科技进步的示范，用自己从书本学到的知识，向村民展示和介绍山外的世界"，经过努力，成绩显著。杨农记载了他们的科技活动成果：

> 各知青组示范项目成功的喜讯也不断传来：
>
> 神田二队的沼气池成功，垃圾牛粪能点灯做饭；
>
> 神田一队的柴油抽水泵转起来了，能碾米，还多得了一大片水田，在外面引进村的有机肥很好用，他们村的田绿油油的；
>
> 神田三队科学养猪，不用煮潲，长 247 斤重卖给国家，还成立了团支部、建了篮球场，试种甘蔗成功；
>
> …………
>
> 永泰一队在村里转起碎石机、打谷机等农用机械，让最边远的山村也窜出了机械化的火苗。[3]

这样普遍性的科技活动，给乡村带来了光明与欢乐。杨农记载了他为村

---

① 曹幸穗：《从知青农科实验的学术成果谈起》，黄少雄主编《难忘的知青岁月》，第 673 页。

② 王安有：《青春的滋养，在一个取名"太阳"村的地方——我的知青生涯两三事》，中国人民政治协商会议广西壮族自治区委员会编《广阔天地　难忘岁月——政协委员中知识青年上山下乡亲历实录》，第 127 页。

③ 杨农：《那时，我们很年轻》，黄少雄主编《难忘的知青岁月》，第 236 页。

里架线引来电的光明时的欢乐场面：

> 我们知青组，我牵头。我们的点子是：要让大队部和我们村上的家家户户都用上电，我们从上山砍树回来立起电杆、一家一户拉电线到反复检查计算，折腾了一个多月。
>
> 一天入夜后，我找来半根麻绳绕着绕着一拉，终于启动了柴油发电机。等它转动稳定，我再次检查认为没有问题后，平静了一下自己，就开始硬着头皮大胆地向全村合闸送电。漆黑一片寂静的山村一下子突然大亮了起来，村里的所有人都同时惊喜地大喊“啊”了起来。接着就是家家户户不停地呼唤，逗乐着向远方传递自家的欢乐。
>
> 那一夜，我所在的山村沸腾了！[①]

知青们将知识和技术带到农村，用青春点亮光明，知青文化焕发出强大的力量。正如原广西邕宁县五塘区代理书记、扶绥县委书记、南宁地区行政公署副专员韦式诚评价五塘知青的科技活动时所说：“……知青们在推广新科技中所发挥的骨干和先锋作用。推广水稻高产良种，坚持五改育秧和合理密植，广辟肥源并改革施肥方法，改串灌、漫灌为科学灌溉，综合防治病虫害，推广使用插秧机、深沟排锈、试行冬种绿肥等等。在五塘知青的带动下，五塘实验区各公社、生产队掀起了科学种田的热潮，收到了显著的成效。”[②]

（二）教书育人活动

知识青年在农村里，看到了文化教育的落后情况，感受到传授文化知识的责任，不少人因此受到村民的信赖，当上了村里的小学教师。

南宁知青朱桂玲，1973 年高中毕业后回到家乡宾阳县合岭村插队。她发现村里竟然没有一个女孩读过书，她想：不是说男女各顶半边天吗？为什么干重活时男女都一样，而读书识字男女不一样了呢？于是，刚满 18 岁的朱桂玲就萌生了要在村里办个夜校，让女青年、女孩子们能读书会识字的念头。她回忆说：“在队干部的支持下，我利用队里开会用的小土屋办起了夜校，白天忙着干农活，晚上就给那些没有读过书的女青年上课，教她们识字。看到女青年们每天晚上都坚持来听课，看到她们能写出自己的名字，能自己记事记工分，我

---

① 杨农：《那时，我们很年轻》，黄少雄主编《难忘的知青岁月》，第 235 页。

② 韦式诚：《一部弥足珍贵的历史篇章（代序）》，陈敦德、周向东、黄仁伟主编《热土真情：南宁五塘插队知青回忆录》，广西人民出版社，2014 年，第 3 页。

心里多少也得到了一些安慰，也愈发感到文化知识普及的重要性。坚持当了两年的夜校老师后，1975 年春，在村民的推荐下我当上了村里的民办教师，踏上传承父辈的教师之路。我一个人带 3 个年级 4 个班，上课先教一年级，教二年级，再教三年级。经过不断自学、摸索、总结教学经验，上课终于教得得心应手，在大队教师上课比赛中还获奖呢。白天教小学生，晚上忙夜校，一天下来累得不想说话，民办教师虽然每月只有 11 块钱的工资，但我过得充实，无怨无悔。”①1977 年恢复高考后，朱桂玲考上了广西幼儿师范学校，毕业后分配到广西农学院幼儿园，当上了一名幼儿教师。1993 年，她创办了广西首家双语幼儿园即广西大学幼儿园优教部；2001 年创办了南宁市东方外国语学校；2004 年成立广西东方外语职业学院；2011 年在广西东方外语职业学院基础上建立广西外国语学院。这是广西首家民办本科高校，也是广西唯一独立建制的外语本科高校。他们没有用国家的一分钱，而建立起涵盖从幼儿园到大学本科的教育集团，学校现有 15000 多名学生，受到社会的关注。朱桂玲担任了广西外国语学院董事长，也荣获“广西优秀社会主义建设者”“全国关爱员工优秀企业家”等称号。

贺县(今贺州市)知青万朗，从 1970 年 9 月至 1976 年 1 月在贺县鹅塘公社插队，经过三年多的劳动锻炼后，1973 年 9 月，公社又把她调到鹅塘公社小学做民办老师。她说：“为了做好一名教师，除了向有经验的公办老师学习外，业余时间里我们总是拿着课本教材自学或互帮互学。……为了保证学生入学率，开学前我们要到农民家里动员小孩入学，没有钱买作业本，我们时不时需要掏钱为学生买。”②

宜州市知青，曾任广西社会科学院院长、广西书法家协会主席的韦克义，也曾担任过乡村教师。他说：“1974 年春节过后，我插队所在大队的黄龙中学，因缺少语文老师，于是公社教育组安排我到该学校担任代课教师，教授初中毕业班的语文课。也许是因为我的书法、文章写得好，在公社和大队、学校早有传闻，到黄龙中学任教时，学生们很尊重我，喜欢听我讲课。课外时间主动帮我挑水、劈柴、洗衣、做饭，我们的师生关系很融洽。”韦克义还讲述了一段他使用的教育方法，他说：“有一次布置作业，其中有一道题用‘幸福’造句。一个贪玩的男生粗心大意，写了错别字！他造的句子内容是：‘我生长在新社会，在田

---

① 朱桂玲：《磨难铸就我的人生》，中国人民政治协商会议广西壮族自治区委员会编《广阔天地 难忘岁月——政协委员中知识青年上山下乡亲历实录》，第 148 页。

② 万朗：《我的知青生活点滴》，同上书，第 173 页。

水里泡大，很幸福。’于是，我便在他的作业本上用红色墨水笔在‘田’字上画圈，拉出一条红线眉批：‘请问，你是青蛙还是蝌蚪？’他丈二和尚摸不着头脑，对我说：‘老师，我不是青蛙，也不是蝌蚪，我是贫下中农子弟，我知道我写了错别字，把‘甜’写成了‘田’。”[①]韦克义用这种方法，让学生记住写错别字的教训。南宁知青韦秉振，1965 年到邕宁县五塘实验区潘村插队，1971 被村民推选为村小学教师。他决心把潘村初小办成全大队最好的初小，通过完善学校各项规章制度，全面提升教学质量，关心帮助学生克服各种学习困难，效果十分明显。他说：“一年后我的 5 名三年级孩子去参加公社统考，前三名都是我的学生，惊动了公社教育组，不少学校的老师都来听课，听后给予很高的评价，乡亲们都很高兴。”[②]

南宁知青王佩玲在西林县马蚌公社插队时给小学生上体育课的情景

还有知青担任过英语教师，这在“文革”时代的确不多。1970 年到宾阳县

① 韦克义：《情结知青往事》，中国人民政治协商会议广西壮族自治区委员会编《广阔天地　难忘岁月——政协委员中知识青年上山下乡亲历实录》，第 132—133 页。

② 韦秉振：《艰辛插队日　坎坷自学路》，同上书，第 38 页。

廖平农场十队插场的合浦知青林平，在放牛、种地几年后，被农场抽调到场部中学当了英语代课教师。林平是老三届高三毕业生，在中学正正规规地上了6年英语课，教"文革"时期的初中英语课，他说："当时的水平，我是能应付的。"林平想不到，英语将伴随他一辈子。1977年冬他参加高考，考入广西大学中文系，毕业后考入北京广播学院（今中国传媒大学）硕士研究生，现居住加拿大，常说英语。在农村担任过中小学教师的知青还有阳国亮、陈自力、梁扬、雷锐、蒋平、张兴劲、李伟林、陆露玲、王朗等。知识青年为做好教师工作真是不遗余力，为农村文化的提升和社会发展尽了自己的一份力。

（三）卫生医疗活动

农村缺医少药，一些知青被推荐担任了"赤脚医生"。南宁知青王盈，1965年高中毕业到邕宁县五塘实验区插队落户，不久被推荐到五塘耕大学医学系学习。她回忆说："回队后，我兴致勃勃地开展卫生宣传，写标语、办墙报，鼓励引导农民群众不仅要当'抓革命，促生产'的闯将，还要做除害灭病的模范。我跟社员一起爬山岭、攀悬崖、越田野、过沼泽采集草药，不惜用自己的身体做试验，以摸清草药性能，掌握针灸技术。就这样，一根针，一把草药，一个药箱，在那缺医少药的农村里，我当上了一名'手有老茧，脚有牛屎，肩有药箱'的'赤脚医生'……我采用当时先进的无痛分娩手法成功进行了许多次接生，得到当地群众的高度赞誉。经我接生的所有产妇，无一例因撕裂而缝针，产后的处理、新生儿的沐浴、产妇的随访我全包了下来，直至脐带完全脱落，当然也包括产前每月的定期检查。"①南宁市十四中初中毕业到乐业县插队的知青柯彬回忆了自己从乡村赤脚医生成长为医学博士的经历，她感慨地说："我虽然是医学博士，但忘不了当年上山下乡插队的日子，从赤脚医生走来的一个个脚印，是那么坚实，那么清晰。插队之前，妈妈告诉我：'边远山村是个缺医少药的地方。你正是学习的年龄，不要忘了学习，要用自己的知识好好帮助那些有病的农民。'妈妈让我跟着她单位的党校驻军卫生员学习针灸，那些解放军卫生员让我在自己身上做试验，使我很快学会了针灸的手法。妈妈还给我买了银针、医学书和一些常见药，让我带到插队的地方。我一边劳动，一边按妈妈所说的那样帮助病痛的村民。记得有一次在田里劳动，一位大娘肚子痛得不得了，我立即跑回去拿针给她扎针，几分钟她居然慢慢地好了。从此她逢人就提起这事，后来其他生产队的病人都来找我了。我给牙痛、肚子痛、头痛、关节痛的村

---

① 王盈：《我的"赤脚医生"经历》，陈敦德、周向东、黄仁伟主编《热土真情：南宁五塘插队知青回忆录》，第225—226页，

民扎针，常常是一针就灵，我按医学书上介绍的办法找草药，也解决了一些农民拉肚子、消化不良、发烧等小毛病。当时正在盛行合作医疗和赤脚医生，大队就派我去公社卫生院培训，我和那里的天津下放来的医生们成了好朋友。他们给了我个旧药箱，把很多旧的医学书送给我，给我上医学基础课，教我常见病的诊断鉴别方法，指出什么情况下可以自己处理，什么时候必须立即送医院救治。这样，我开始了不脱产赤脚医生的工作。”[①]柯彬后来被推荐上了广西医科大学，毕业后在广西壮族自治区人民医院做主治医生。她后来到日本留学，取得医学博士学位，现为日本EM研究机构首席研究员、日本EM健康中心副主任。

南宁市知青柯彬（右）在柳江县百朋公社插队时被推选为赤脚医生（柯生供图）

一些知青或是在城里时就学了些医疗知识，或是在农村里常常研读《赤脚医生手册》和中草药书籍，因而比一般农民懂得更多一点卫生知识和医疗知识，有时也被迫自检草药治病或是帮助农民治病。在农村里，就成了一个普及医疗知识甚至能用简单的办法治病的土医生，南宁市知青莫宁烨，初中毕业后才16岁就到邕宁县五塘公社友爱大队插队，由于她在村子里帮助一位老大娘治好了一处外伤，得到赞誉。第二年，县里来公社培训乡村医生，她获得批准，经过几个月培训后，她做了一名乡村医生，白天劳动，晚上常常半夜还要出诊。在她担任乡村医生的五年时间里，她接生的婴儿有80多个，没有发生一例接

① 柯彬：《从赤脚医生到医学博士》，黄少雄主编《难忘的知青岁月》，第204—205页。

生事故。[1] 顾正飞也有一段担任赤脚医生的经历，他说："我凭借着爱好，我还担任了村里的卫生员。在当时'把医疗卫生工作的重点放到农村去'的号召下，我参加了大队组织的集中培训，在那里我学习了打针、针灸、识别和采集中药材等。可以说，这是我一次较为系统的医学启蒙训练。记得有一次，村里的知青发高烧，大队卫生室的赤脚医生因故走不开，就让人把药带给我，让我给病人注射，当时，我虽有一点打针的'理论'，但少有这方面的实践，毫无实践经验的我临危受命，既感紧张又感到压力，救人要紧，我按着所学的步骤，给针消毒、装药，排出针管空气，找准部位，进针，回抽，注射。第二天病人'奇迹'地好了，救死扶伤，我第一次亲身体会到它的意义。"[2]顾正飞回城后到桂林电子科技大学工作，担任了图书馆馆长。

那坡县善合大驮回乡知识青年何芳艳 1969 年初中毕业回乡不久，群众就推荐她当赤脚医生。为了更好地为贫下中农服务，她积极钻研医药书籍，虚心求教，为了学会小儿麻疹合并肺炎的诊疗技术，她曾往返跑了 50 公里的山路到县医院向医生请教。"为了掌握小儿头皮静脉输液的技能，她请教有经验的医生，买回三只兔子反复练习静脉穿刺术。经过不断学习和实践，她不仅掌握了农村常见病、多发病的诊疗技术，还学会了小儿头皮静脉输液、接生和处理一般难产、放环、取环、刮宫等技术。"[3]她热心为贫下中农防病治病，努力办好合作医疗，深受群众的赞扬和爱戴。1973 年，她被评为县劳动模范、地区卫生先进工作者，1974 年 6 月又出席了广西壮族自治区上山下乡知识青年积极分子代表大会。

七、娱乐文化

娱乐文化包括娱乐活动和体育活动。众多知青的回忆录里记载了知青业余文化生活的内容。

(一)唱歌

知青是唱着"到农村去到边疆去"的豪迈歌声上山下乡的，唱歌一直贯穿在知青生涯的始终，发生在日常生活之中，是他们苦中之乐的表现。他们唱得

---

① 《弱女挑百斤　提灯去接生》，《南宁晚报》2005 年 8 月 17 日，转引自陈敦德、周向东、黄仁伟主编《热土真情——南宁五塘插知青回忆录》，第 674 页。

② 顾正飞：《为了不能忘却的怀念——记"上山下乡"的知青故事》，中国人民政治协商会议广西壮族自治区委员会编《广阔天地　难忘岁月——政协委员中知识青年上山下乡亲历实录》，第 208 页。

③ 广西壮族自治区知识青年上山下乡工作办公室编：《广阔天地　大有作为》，第 50 页。

较多的是革命歌曲和样板戏唱段，知青唱这些歌曲能够起到激发革命斗志、振奋精神的作用。梁岳生回忆说："有一次在上山割草时，突遇倾盆大雨，我们十多位知青无处躲避，于是大家齐声高唱《革命人永远是年青》等革命歌曲来振奋精神，革命歌曲唱了一遍又一遍，大家全被淋透了也不在乎。"[①]罗兴瑜和知青兄弟们面对狂风暴雨时也是以高歌一曲的精神状态克服困难，他说："在敲打铁桶、饭碗的配乐下，我们高唱着'下定决心，不怕牺牲，排除万难去争取胜利'的语录歌。大家唱了一遍又一遍，声音越唱越大，兴奋起来还真的忘记了眼前的困境。"[②]姜岳明也是在大雨中与"大家一起唱红歌壮胆"[③]。经历过"文化大革命"的人都会唱革命样板戏，黄漱鲁说："在出工的路上，如果碰上心情好，知青们轮流唱样板戏的唱段，唱完《智取威虎山》唱《海港》，接着还有《龙江颂》和《奇袭白虎团》，《红灯记》《沙家浜》乃是家常便饭。不光是主要唱段能唱，连主要对白台词也能一字不差、一板一眼地念出来。两个芭蕾舞的主旋律，便成了'口技交响乐'的演奏。"[④]

唱电影歌曲和外国歌曲在当时知青中也比较流行，其突出表现就是唱电影插曲成为时尚。黄漱鲁说他在赶牛车时"还不时来一段电影插曲：'长鞭哎！一呀甩呃！啪嗒地响哎！唉嗨咦呀……'"[⑤]（注：电影《青松岭》插曲）黄漱鲁说，知青晚上去河里洗澡时，"正是天黑人胆大，'冲凉房歌手'们相继唱起了白天很少唱的苏联情歌。诸如缠绵的《莫斯科郊外的晚上》，深情的《山楂树》，还有热情奔放的《喀秋莎》……有时远处似乎依稀传来女知青的合唱……"[⑥]王安有说，傍晚收工回村时"我们一路哼着当时知青都爱唱的外国歌曲"[⑦]。在"文革"时期反苏防修的政治背景下，知青们唱苏联歌曲，表明了对于外国优秀文化并不排斥的态度。

受当地农民的影响，知青们也学唱民歌。知青在农村唱民歌是受到民间文化影响的正常现象，他们与农民在一起生活和劳动，自然很快地学会民歌。

---

① 中国人民政治协商会议广西壮族自治区委员会编：《广阔天地　难忘岁月——政协委员中知识青年上山下乡亲历实录》，第 60 页。

② 樊克宁、周向东、麦永雄、农以宁主编：《军垦之梦·生产师——荣光农场知青回忆录》，第 248—249 页。

③ 中国人民政治协商会议广西壮族自治区委员会编：《广阔天地　难忘岁月——政协委员中知识青年上山下乡亲历实录》，第 94 页。

④ 同上书，第 102 页。

⑤ 同上书，第 104 页。

⑥ 同上书，第 103 页。

⑦ 同上书，第 125 页。

韦保健在其小诗《砍柴》中写道："来吟樵父调，归唱打柴谣。夜曲飞云顶，牧歌岭外飘。"[1]这是知青文化被打上农村文化烙印的表现。知青们也爱唱"文革"前流行的民歌，朱桂玲回忆说："在田间休息时，我给新媳妇们讲故事，或唱起我最爱唱的民歌《玛依拉》《花儿为什么这样红》《马儿啊，你慢些走》等等，欢快的歌声在田间回荡，后来她们干脆不让我下田干活，而是要我坐在田埂上给她们讲故事或教她们唱歌，大家一边干活一边乐呼呼的，劳动效率就上来了。"[2]

（二）演奏

在农村的岁月里，演奏乐器成为知青们业余生活的娱乐方式。陶幼华说："我们到的第一天晚上，就有老知青和近邻村男女老少来看我们，大家围着说说笑笑，问这问那。阿辉拿出一把二胡拉起来，我就吹起笛子，还有的知青则吹起口琴，都是当时流行的革命样板戏和歌曲。大家随着音乐合唱起来，虽说五音并不标准，却丝毫不影响大家的热情。从那以后在我们知青驻地常有这样的欢乐之夜。"[3]桂林知青戴延兴回忆说："在每天的太阳落山后，大家聚集在一起，小伙子们有的拉琴，有的吹笛子，姑娘们有的歌唱，有的翩翩起舞，青春的热情很快使大家忘却白天的辛苦。"[4]韦保健在小诗《小提琴》里写道："一把小提琴，悠扬又动听。昼拉样板戏，夜奏梁祝音。心曲同交响，声弦共起鸣。青春多浪漫，岁月有真情。"[5]广西大学原党委书记阳国亮也说："知青到农村后，他们的住处往往都会成为村里年轻人聚集的地方。每天晚上，评工分以前，年轻人都会聚到我们的住处，谈天说地、吹拉弹唱非常活跃。"[6]于是，聚会及演奏也构成了知青文化的一种形式。

（三）看电影

看电影是知青比较少有但极为渴望的活动。在文化贫瘠的年代里，看电影成为知青非常难得的精神享受，令其难以忘怀。广西知青看电影的一个较为普遍的现象就是因为人多，不少人跑到银幕后面看电影，有的甚至乘机谈恋爱。因此，看电影是知青业余文化生活的一个亮点。杨志远说："偶尔大队有电影看，那是村里特大的喜事，晚饭后村民便早早地你我相约相伴带着小板凳

---

① 中国人民政治协商会议广西壮族自治区委员会编：《广阔天地　难忘岁月——政协委员中知识青年上山下乡亲历实录》，第196页。

② 同上书，第147页。

③ 同上书，第219页。

④ 同上书，第216页。

⑤ 同上书，第202页。

⑥ 同上书，第238页。

西林县知青组成小乐队时常演奏节目

去大队看电影。”[①]阳国亮说:“那年月,农村的文化生活非常匮乏,久违城市的我们更为渴望。一听说有电影,便不顾一天的劳累,欣然应邀前往。尽管是站在屏幕后看反向电影,仍然聚精会神,劲头十足。”[②]秦裔工回忆道:“夏月中难得一次的星夜露天电影,是我们在忙碌辛劳季节,需要休息释放心情最为欢快的夜晚,也是像赶圩一样的快乐,又是一次难得的同学聚会。五分钱一张的电影票在我们这些调皮的知青手里倒手竟可混进三四个人。……我们这些小点的同学干完这些花哨事,就屁颠屁颠地看电影去了,而那些已是二十三四岁的高中同学,却单独和女同学跑到银幕的后面边谈恋爱边看电影,甚至有的干脆不看电影跑到围墙边那黑麻麻的地方去。”[③]这样,看电影不仅是知青的文化生

① 中国人民政治协商会议广西壮族自治区委员会编:《广阔天地　难忘岁月——政协委员中知识青年上山下乡亲历实录》,第 71 页。

② 同上书,第 238 页。

③ 同上书,第 33 页。

活，而且还蕴含知青的爱情韵味。

(四)打球

知青的娱乐活动大多为集体行为，篮球、排球、乒乓球都是知青喜爱的体育活动，这在农场和生产建设兵团等知青集中的地方开展较多，各项球类活动

桂林市知青李光明(前左一)在篮球队集训时与队员们合影

参与的人多，快乐也多。许多知青还被选拔加入了大队、公社甚至县里的或农场里的篮球队、排球队，去参加公社和县里的比赛，甚至代表县里参加地区一级的球赛。这种活动既锻炼了知青的身体，又形成了知青的凝聚力，因此只要有场地，知青都踊跃参加。刘小凤回忆说，因为自己身高不错，“开始是被选拔到公社篮球队，后来又被选拔到县代表队打中锋(业余的，当时没有专业队)。在球场上，我显示了敏捷、灵活、拼命的特点，并小有名气”①。笔者采访广西师范学院(今广西师范大学)附中高中毕业生李光明时，她说：“在学校时，我就是校排球队员。到兴安县插队后，我参加过县排球队和公社篮球队，多次参加了桂林地区的排球赛和县里的篮球赛。”广西日报社高级记者蒙杰强说“打球成了农闲时光农民打发时间的活动。过年过节各种形式的篮球赛很吸引人，曾

① 中国人民政治协商会议广西壮族自治区委员会编：《广阔天地　难忘岁月——政协委员中知识青年上山下乡亲历实录》，第143页。

经是学校篮球队员的我因此而大显身手,经常代表当地的大队、公社打篮球,成为方圆几十里的'球星'",他因此说:"山寨球星的感觉真好。"[①]这表明,知青带动了现代体育意识和体育文化在农村的传播,同时,优秀的知青篮球队员在当地成了人们关注的明星,并且产生明星效应和知青自豪感。

① 黄少雄主编:《难忘的知青岁月》,第31页。

第二章　后知青时代文化现象

随着“文化大革命”的结束，特别是 1979 年大批知青返城以后，开启了后知青时代，后知青时代文化也随之出现，并随着时代前进而不断发展变化，成为我国社会一种独特而重要的文化现象。

一、知青文学作品大量涌现

20 世纪 80 年代初，知青文学作品的出现，将知青文化醒目地推到了社会的前台，大量知青文学作品通过专著、报刊等纸质载体发表，不但引起经历过那场轰轰烈烈“上山下乡运动”知青的强烈共鸣，也对其他广大读者特别是年青一代产生巨大影响。根据知青文学作品内容，大致可以梳理出这几类：一是对知青时代美好生活的温馨回忆。尽管知青时代生活艰苦单调，但却充满欢乐与新鲜，谱写了知青战天斗地、艰苦奋斗、可歌可泣的壮丽诗篇。这些知青大多是“文革”后顺利考取大学的时代骄子和后知青时代奋斗拼搏的成功人士，他们常常想起“第二故乡”的山山水水，想起“第二故乡”朴实勤劳的兄弟姐妹。二是对知青时代生活的伤感怨恨回忆。作者产生这种倾向的思想根源是未加分析地将知青插队运动视为“文革”的产物，将插队知青视为“文革”的牺牲品，将插队生活视为人间的炼狱，将知青插队经历视为人生的弯路和苦难的历程。这部分后知青时代文化缺乏昂扬向上的时代精神，带有浓烈的伤感怨恨文学色彩，被称之为后知青时代的伤痕文化。三是对知青和后知青时代的冷静深刻反思。知识青年上山下乡运动的出现与存在，是在当时特定的社会历史条件下产生和决定的，而绝非一个或几个人所能左右，是客观环境使然。这部分作者站在比较客观、公正、超脱的立场对知青和后知青时代知青的遭遇进行了冷静深刻的理性反思，指出知青是特定历史时代的产物，这些后知青时代文化作品具有强烈的批判性和社会性。四是对知青时代生活各种爱情的回忆。情感是知青文化的底蕴、知青文化的精魄和知青文化的灵魂，对于青春年少的知青，男女爱情更是那个特殊年代的生活精华和精神寄托，既有甜蜜和渴望，也有苦涩和迷茫。随着大量知青返城，那种生离死别的情感和情景令人终身难忘并常常想起，成为永久的美好回忆。

后知青时代的知青文学作品有竹林的《生活的路》，这是“文革”后第一部反映知青生活的长篇小说，当时该书得到了文坛泰斗茅盾的积极评价，出版后曾在海内外引起热烈反响；还有叶辛的《蹉跎岁月》，也是当时畅销并获得好评的知青文学作品之一。20 世纪 80 年代中期以后，知青文学作品创作达到高峰期，主要代表作有梁晓声描写北大荒知青的《今夜有暴风雪》《这是一片神奇的土地》《年轮》等，铁凝的《麦秸垛》等，张承志描写内蒙古知青的《黑骏马》《金牧场》《北方的河》等，王安忆描写上海知青的《本次列车终点》，史铁生描写陕北知青的《我的遥远的清平湾》《午餐半小时》等，陆天明描写新疆知青的《桑那高地太阳》《啊，野麻花》等，张抗抗描写黑龙江知青的《北极光》《红罂粟》等，叶辛描写贵州知青的《蹉跎岁月》，孔捷生描写海南知青的《在小河那边》《南方的岸》《大林莽》，晓剑描写云南知青的《世界》《泥石流》，韩少功的《西望茅草地》等，张抗抗的《隐形伴侣》，陈村的《我曾经在这里生活》，老鬼的《血色黄昏》，张永平主编的《中国知青人生感悟录》和陆星儿的《达紫香悄悄的开了》等。21 世纪初，随着《中国知青民间备忘文本》系列六本知青文学作品、刘海的《青春无主》、肖复兴的《黑白记忆——我的青春回忆录》和刘昕主编的《我的后知青时代》等出版发行，在文坛上再次掀起“知青文学”高潮。还有全国各地内部编印的知青杂志，如《上海知青》《北京知青》《天津知青》和《大丰上海知青》等，刊登大量的知青文学作品，成为广大知青日常重要的精神食粮。

二、知青联谊文化活动蓬勃开展

基于共同的生活经历和身份认同，在后知青时代全国各地的知青纷纷自发成立了各种民间知青团体，如中国知青产业发展促进会、上海知识青年历史文化研究会、广西知青文化研究会、陕西省知青文化交流促进会、镇江知青文化研究会、重庆市永川区知青公会、广西知青艺术总团、湖南知青艺术团等等，为广大知青提供了一个相互诉说和互相帮助的温暖港湾。“互助互爱，携手共老”“抱团取暖，相互帮助”是相当部分民间知青团体的成立主要目的之一，反映了回城知青群体不等不靠、自强自立、互相帮助的团结拼搏精神。大量民间知青团体的出现，成为后知青时代重要的文化载体。各种民间知青团体通过组织各种各样的知青活动，如知青聚会、知青联谊会、知青文艺演出、知青文化研讨会等，促进了后知青时代知青文化的传播和影响。如成立于 2012 年的广西知青文化研究会，通过组织一批曾在广西各地插队落户的知青以及有志于知青文化研究的专家学者、学术团体和社会人士，搜集整理并挖掘编纂知青文化，开展资料展览、文艺演出、体育活动、咨询服务及社会公益活动，推进了广西知青文化的发展和影响。在湖南，以知青为主体成立的湖南知青艺术团，自成立以来为广大知青和社会各界义务演出数百场，深受群众欢迎，享誉三湘四水。江苏省成立的第一个知青民间团体——镇江市知青文化研究会，以传承知青文化、弘扬知青精神为宗旨，以服务广大知青为己任，通过组织举办大量各种各样的知青活动，既丰富了广大知青的晚年生活，又为建设和谐社会注入巨大的正能量。

2012 年 12 月成立的广西知青文化研究会于 2013 年 6 月召开全体会员大会

有的知青团体还举办知青专题征文，如中国知青产业发展促进会和《中国知青丛书》编委会联合举办《我的后知青时代》征稿启事，征集后知青时代的奋斗历程及人生感悟，展现给世人，留传给后代。目前，部分知青团体组织逐渐变成知青精英的俱乐部，有的知青在功成名就之后，需要获取精神消费享受，他们除了争取政治资本、学术名誉和社会头衔外，纷纷涉足知青团体组织。民营企业家对知青团体组织的贡献最为突出，主要是资助知青团体组织开展各种知青活动，参与社会公益事业等，如著名知青企业家、香港商人承明积极支持全国各地的知青活动，资助上海的“后知青”文化资源建设和针对困难知青的慈善活动，得到各级政府和社会各界的高度评价。

三、知青影视歌曲广为流传

在后知青时代，大量以知青为题材的电影、电视、歌曲，既感动了全国无数曾经“上山下乡”的知青，又为一代又一代年轻人了解过去那段特殊年代提供了全景式的逼真素材。如 20 世纪 80 年代热播的电视剧《雪城》，是为“70 后”青年了解知青年代生活的优秀影视作品，90 年代的电视剧《年轮》则是为“80 后”青年讲述知青年代的主要影视代表作品。由著名导演李文岐和黄金编剧梁晓声强强联合倾力打造的电视剧《返城年代》，可以说是成为“90 后”甚至“00 后”青年了解当时那个年代知青返城后生活面临的痛苦以及情感经历的影视窗口。2012 年央视一套黄金时间热播的大型青春励志成长史诗电视连续剧《知青》，自开播后就以高收视率成为同时段收视冠军，并以其题材的独特性、话题性引发了社会各界的广泛关注和无数人的热议。1997 年，中央电视台和部分省市电视台委托国家统计局农村调查总队进行全国电视观众抽样调查，在 26 部反映强烈的电视剧中，以知青生活为题材的电视片《孽债》名列第 10 位，《年轮》列第 13 位，《北京人在纽约》列第 14 位。2000 年热播的公益广告中的知青题材歌曲《老王》，歌中唱道：“年轻时响应号召，上山下过乡。随着回城的风潮，顶替进了加工厂。哦，老王，你像颗螺丝被拧上陈旧的机床。清晨总传来你的叫卖声，大米油条热豆浆。哦，老王，你像那磨损的车胎经历过风霜。哦，老王，你修修补补还要奔向前方。”生动形象地塑造了后知青时代老王这个勤劳朴实的知青形象。《天上没有北大荒》《天下知青是一家》《难忘第二故乡》和《知青归来》等大量知青歌曲在后知青时代流行全国，特别 20 世纪 90 年代李春波演唱的知青歌曲《小芳》，风靡全球华语歌坛，创下流行乐坛的辉煌成绩，销量突破百万，并获得全国 30 多家电台音乐排行榜的冠军，荣获中国唱片最高奖——“金唱片奖”，堪称乐坛神话，在中国歌坛引起前所未有的震动。李春波也因此获得了中国流行音乐“94 风云人物奖”、中央人民广播电台最佳男歌手、北京音乐台最佳男歌手、上海东方台最佳男歌手、广东音乐台最佳男歌手等几十个奖项。知青歌曲《小芳》不但引起大量知青的传唱和共鸣，而且成为无数年轻人在各种娱乐场合不离嘴边的流行歌曲。1994 年，上海电影制片厂还根据李春波的歌曲摄制演绎成电影《小芳的故事》，收视甚佳，又一次将知青影视推向高潮。

四、知青网络资讯日益普及

随着科学技术快速发展，网络越来越普及，知青网络文化逐渐成为后知青时代的重要文化现象。全国大量知青网站纷纷成立，中国知青网、上海知青网、云南知青网、广西知青网、天津知青网等众多知青网站日益成为后知青时代广大知青交流联络的主要平台。网络空间成为知青群体活动的虚拟世界，知青文化的精彩在这里得到淋漓尽致地表现，不同题材和形式的作品，包括评论、小说、散文、诗歌、回忆录、照片、图片和音像作品等。各个知青网站普遍围绕知青题材设立了许多不同的知青栏目，内容丰富广泛，如上海知青网设有“知青研究”“知青艺苑”“知青文集”“知青部落”“知青博客”“知青视频”“知青图片”“七彩人生”“风流人物”“联谊网讯”“爱心长桥”和“书海泛舟”等栏目，集聚了江西、安徽、贵州、云南、吉林、黑龙江、内蒙古及海外的上海知青部落版块，多层面多维度地展示了“后知青时代”上海老知青的风范和精神；天津知青文化艺术网设有“论坛公告”“知青论坛”“知青动态”“知青岁月”“知青文化”“知青人生”和“知青摄影”等栏目。各地知青网站通过组织各种知青活动，很受广大知青欢迎。如天津知青网组织在津的老知青们，共同策划、精心组织，成功举办了“天津知青优秀摄影作品展”，吸引许多天津的老知青和市民慕名观展。知青论坛是知青网络空间的进一步拓展，也是了解知青群体心态和观念最好的场所。网络论坛作为互相沟通的“虚拟社区”，有利于知青交流生活的信息或释放积聚的情感。由于进入“虚拟世界”后的人格转变，知青网友或敞开心扉，畅所欲言，或口无遮拦，各抒己见。博客成为知青个人发表观点、抒发感情的重要平台。周公正博客、前镜明的博客、老水牛博客、橡胶树等知青网友博客，发表了很多知青题材文章，甚是感人，如姜培惠知青的《山那边来》谈到在农场挨校长整时的愤恨和返沪后的“一笑而过”，让人顿感敬佩和醒悟；李根生知青的《南定河知青博客》叙述的“强生的哥”更是品尝了百态人生；还有余杰知青的《滴水湖畔》，描述的人和事恍如自己亲临其境，这些知青的博文强烈表达了反思历史、自强不息、乐观豁达、关爱朋友等后知青时代精神。

五、知青博物馆和知青城(园)吸引大众

21 世纪以来，随着中国经济快速发展，人民生活水平显著提高，旅游逐渐成为人们的消费方向。为了开辟新的旅游资源，一些地区投资打造知青旅游景点，复制过去知青时代的生活环境，把知青文化融入现代生活，成为后知青

时代崭新的文化现象。目前，全国许多地方都建造了知青博物馆，以及类似的知青园、知青城、知青村等，以实物呈现当年知青劳动和生活的足迹，记载这段难忘的历史。上海投资打造崇明国家森林公园知青墙、上海农垦博物馆和上海大丰知青博物馆等。上海农垦博物馆占地 4300 平方米，通过展示一系列知青用品、宣传图片、老照片、纪念章、日记、证书、奖状等文物性的展品，用历史照片、实物和艺术场景再现了上海历次围垦的壮举，以照片、实物、纪录片、灯箱等表现方式展现知青劳动、生活、学习情景，无声地诉说着那段艰难岁月。大丰的"上海知青博物馆"为追溯那段难忘的历史，再现知青当年生活场景，宿舍墙上挂着语录板报，院内设立伟人塑像，四旁依河而建 800 米长廊，贴着一张张泛黄的老照片、一封封饱含热情的家书，让人好像置身"激情年代"。崇明国家森林公园的"知青墙"是一个广场园林纪念碑，主体雕塑和浮雕寓意深刻，墙体上密密麻麻铭刻着几万名知青的名字，极富人文内涵和历史底蕴。

樊建川以个人之资在四川大邑县仁安镇建立的知青博物馆是目前最大的知青博物馆。知青博物馆序厅那十位刚到云南农场仅仅 7 天的遇难女知青的墓碑和事迹，尤其令人震撼。在这座知青博物馆里，镰刀、犁头、拖拉机、水壶、背包、搪瓷缸、信件、日记、文件等等，应有尽有，详细地再现了那段历史。著名知青典型人物侯隽，也于 2002 年建了一个"中国知青村"。侯隽说，她将"传承一种奉献的精神，留下一片绿荫，为知青历史留下点东西"①。据统计，全国已建、在建和筹建的知青(场)馆有 30 多个。延安的一些知青生活点，已被当地政府列入省级或县级文物保护单位，如延川县的梁家河知青旧址、宝塔区的冯庄康坪旧址、安塞县小北泉知青点等，开辟为旅游点。

在广西，南宁市西乡塘区建设的"美丽的南方"景区建有知青园。知青园设在当年知青生活的忠良屯，那里保留着当年的知青生活印迹——门外"广阔天地，大有作为"八个大字历历在目，景区内还设置了一组"知青雕塑"。这是当年下乡知青集体居住过的地方，受捐赠的老物件在这里展出，是南宁知青文化的一个主要展示点。柳州市柳城县建设有知青博物馆。柳城县打造的洛崖知青城，成为目前旅游产业当中一道亮丽的风景线。知青城有着独特的知青文化积淀，那古色古香弯曲狭长的青石板，黄色土墙挂着数百张黑白老照片，展示着激情燃烧的青春，在岁月留痕里凝结成一种文化，是一股推动新农村建设、历练人的意志和精神的力量。按照项目规划，洛崖知青城将投资 1.37 亿

---

① 周宇:《侯隽在建"知青村"》,《贵阳文史》2009 年第 2 期。

元，建设一街、一区、一馆、一礼堂、一剧目，即一条具有知青时期风格的复旧街道，一个集餐饮、住宿、娱乐为一体的休闲区，一个知青博物馆，一个表演礼堂，一个知青专场剧目，另外还有农家柴火食堂、革命样板戏台、民俗文化大院等知青时代使用过的设施。在知青城的规划建设中，还将建设经营柳城美食特色餐饮、柳城特色产品牛腊巴和云片糕手工作坊、知青度假山庄、观光游览、水岸游乐以及购物娱乐休闲区等。

后知青文化的种种现象已越来越多地在我们的时代出现。随着当年的知识青年大批地进入老龄队伍，这种怀旧心理会越来越广泛地在民众中蔓延，成为当今社会文化的一种，应当引起我们的关注和重视。

第三章　知青文化特征

一、时代产物

知青文化产生于“文革”期间，发展于改革开放时期，其形态明显带有时代的印记。

（一）具有鲜明的政治色彩

知识青年上山下乡是遵照政治领袖的指示进行的，它本质上是一场政治运动，而知青文化从这场政治运动中衍生出来，不可避免地呈现出“文革”的政治色彩。知青的政治学习、演样板戏、唱革命歌、写对联和标语，甚至“毛泽东思想文艺宣传队”的名称等许多文化现象，都是这场政治运动的折射。而知青的命运及其变化也与他们所处的历史时期的政治发展与变化密切相关，因此知青从被推荐上大学到参加高考，乃至 20 世纪 70 年代末知青返城和当下知青返乡、聚会、展览、会演等无不是时代变化的产物。这样，只要知青主体还存在，其文化必然也在，文化形态必然会随着不同时期的政治发展而演变。知青文化就是知青这一特定群体的特定文化，它属于从“文革”到改革开放这一历史阶段，是在政治风雨中成长的文化。

（二）具有契合于时代的表现范式、话语与符号

在半个世纪的时间里，知青文化的表现方式，也在随着时代的前进而发展。前期主流知青文学的范式和话语充满着革命的色彩和昂扬的激情，例如广西生产师知青麦永雄和马之芹在 1971 年国庆节创作并发表于桂林市《上山下乡报》的诗歌《我爱南疆》中的一段：“迷雾中，抬头望见慈祥的毛主席像，/心顿明呵眼变亮。/革命青年志如钢，/乐将铁骨战沙场。/边陲红旗分外艳，/胶园前途无限广。/男儿有志战四海，/祖国处处是故乡。/红日驱散征途雾，/乘上时代的列车，/我们飞奔南疆……”[①]这种诗歌从意象到情绪，从形式到语言都凸显出“文革”的时代特征，可谓“文革”式诗歌。后期知青文学则有明显的

---

① 樊克宁、周向东、麦永雄、农以宁主编：《军垦之梦·生产师——荣光农场知青回忆录》，第 434 页。

不同，例如罗兆文的《知青之歌》的一段："命运磨炼了知青坚强的性格，/不屈的毅力和无限的生机活力！/你们在祖国现代化建设中，/无论是在企业、事业、机关单位，/还是在科、教、文、卫各条战线，/你们都一如既往，奋勇直前！/为了祖国的繁荣昌盛，/顽强拼搏、求实务新，/做出了新时代的更大奉献！"[1]这种诗歌的思想内容和艺术手法散发出改革开放的时代气息，尽管如此，其政治抒情诗的形式和慷慨奔放的诗风仍然是知青的。在文化符号上，前后时期的知青文化也因时代不同而有所变化。例如，前期知青们照相时，穿军装戴毛主席像章的服饰和手捧红宝书的姿势，甚至舞蹈刚健硬朗造型语言都反映出"文革"时期的政治风气，而后期知青照相的衣着多样，体现出改革开放时期宽松而多元的时代风尚。时代虽有变迁，但知青们的情感和语言依然相通，例如都有追忆的情结，都自称为"老插"或"插友"，都热心回归"第二故乡"，热衷于参加知青聚会，等等。于是，时代产物成为知青文化最为突出的特点。

二、青春记忆

"知识青年"这一名称把知青群体永远定格在"青年"上，无论是当时还是当下，"知识青年"这一身份不会因为时间的推移和这一群体的变老而改变，而"知识青年"产生于"文革"的历史时期，属于"过去"的时间范畴。因此，知青文化必然带有"青春记忆"的特征，主要表现在两个方面：

（一）青春的故事

知青在上山下乡时正处于人生的青春期和成长期阶段，其行为、思想、心理和情感等都有着青年人的共性。他们身体健康，精力旺盛，青春焕发，活泼好动，思想活跃，渴望爱情，在农村和农场的艰苦岁月里接受磨炼，认识社会，并且逐渐成长和成熟。知青文化的许多事象例如活跃的业余文化生活、文艺演出，以及日记、书信的写作等等，都显现出青年人的特征。知青或慷慨激昂、或迷茫苦闷等心理和情感，也都是青年人在成长过程中的必经心路。这样，知青的一切文物和史料，包括照片、奖状、农具，以及住所等都留下了当年生活痕迹，凝聚着青春的含义，叙说着青春的故事。而青年时期在广阔天地艰苦奋斗的这一段人生经历，对知青则产生了深远的影响，诚如林容蓉所说的当知青给她带来"一份终生受用的收益"[2]。由南宁六中毕业到武鸣县插队的赵丽社回

---

① 黄少雄主编：《难忘的知青岁月》，第 371 页。

② 中国人民政治协商会议广西壮族自治区委员会编：《广阔天地　难忘岁月——政协委员中知识青年上山下乡亲历实录》，第 269 页。

忆说："插队3年的生活使我脱胎换骨，虽然插队生活很苦，很艰难，但却磨炼了我的心灵、我的思想，铸造了我的意志，锤炼了我的人格，磨砺了我的品质，让我在困境中学会生存、逆境中学会蛰伏、顺境中学会平和。插队三年，把我从16岁的少女锻炼成一个有理想、有抱负的热血青年。我很珍惜插队三年的经历，那是我人生中的一个转折点，让我始终保持积极乐观的人生观。"①几年的插队经历，化为知青们的精神财富，直接作用于他们后来的思想和行为。由于许多知青改革开放时期曾担任各级领导职务，或者成为学者、教授、作家、医生等各学科和文教领域的带头人与领军者，或者成为企业家，所以他们当知青时所形成的精神和思想在后来的从政或从文中起到重要作用，大到推动国家和社会发展，小到促进曾经落户乡村的新农村建设。这样，知青的青春故事就具有了丰富的文化内涵和历史意义。

在苦境中坚持的青春影像

(二)追忆的情结

知青们对于在农村的青春记忆永远无法磨灭，许多知青回忆录的书名和文章题目甚至自觉不自觉地采用了"难忘"或相似的词。例如广西政协选编的

---

① 赵丽社：《苦不苦，想想长征两万五》，黄少雄主编《难忘的知青岁月》，第58—59页。

《广阔天地　难忘岁月——政协委员中知识青年上山下乡亲历实录》、黄少雄主编的《难忘的知青岁月》，樊克宁、周向东、麦永雄、农以宁主编的《军垦之梦・生产师——荣光农场知青回忆录》。直接用“难忘”或相近词汇为题目的回忆文章就有蒋桂兰的《幸福的时刻　难忘的记忆》、阳昌林的《难以忘却的岁月》、罗焕飞的《往事难以如烟》和《一件难忘的往事》、罗慧萍的《我们能忘掉这段历史吗》、黄火生的《难忘二连开荒造田大会战》、王美娟的《最难忘那一场台风》、张泰强的《刻骨铭心的深山一夜》、赵桂华的《一次难忘的战地护送》、李中平的《难忘的“牛头痫”》、陆武山的《难忘五连宣传队》、周向东的《不会忘记》、梁振海的《难忘的新兵入伍“头字歌”》等。知青们难忘知青岁月的心态和情感使得由此生发而出的广西知青文化具有“青春记忆”的特征，并呈现在知青写作文本叙述上常常采用追忆的语调和模式，而知青后期的行为如返乡探望、知青聚会、文艺会演等也都是基于对知青岁月的回忆和珍惜。

值得强调的是，知青们的这种“青春记忆”并非对青春往事的留恋和凭吊，而是立足于当代，总结人生，展望未来，因此彰显出积极进步的思想倾向。南宁知青黄少雄在谈到他主编的大型知青回忆录《难忘的知青岁月》时说：“讲述青春的故事，承载特殊的历史……尽管那个年代消耗了我们的青春，左右了我们的人生，但它毕竟是一个让我们爱怨交加、苦乐相融、悲喜共生、难以忘怀的岁月。虽然被裹挟进上山下乡的时代风潮，但不管风云如何变幻，大家都在同一个屋檐下避雨；不管家庭处境如何，大家都在同一口锅里吃饭。这些青春生命的吟哦和笔触，这些人生辞典里的关键词，让人们跟随书里的主人公去跋山涉水，去穿越那个既贫困又艰难的风雨年华，感受疲惫岁月里的激情涌动，感受底层根系中的生命力度；让人们走进作者的内心世界，客观认识‘激情燃烧岁月’中的知青既有追求理想信念的价值取向，亦有寻求生活权益的隐性期待，也不忽视战天斗地、奉献、坚韧背后的现实逻辑；让人们认识一段前无古人后无来者的独特历史及其锻造的特殊的青春模式，认识知青不仅是群体符号，更是个体的生命符号，知青以自己的生命和青春年华书写着共和国曲折历史的特殊一章。”[①]这里所说，其实就是对知青文化的“青春记忆”特点的一个很好的注解：青春记忆，不是个人的记忆，也不仅仅是知青群体的记忆，它是中华人民共和国的历史记忆，是我们走向未来不应漠视的记忆。广西壮族自治区政协编选的《广阔天地　难忘岁月——政协委员中知识青年上山下乡亲历实录》

① 黄少雄：《拿起煤油灯下用过的笔》，黄少雄主编《难忘的知青岁月》，第6页。

的“后记”也说到，叙写知青史、出版知青回忆录“是一件很有意义的事情”，因为“人民需要了解历史，历史也需要人民去回忆、反思、总结。将这一段历史的亲历、亲见、亲闻史料留存下来，是思考、总结、研究这段历史的前提”[①]。它从理性层面上揭示广西知青文化“青春记忆”的历史价值和现实意义。

三、底层话语

知青们上山下乡，插队落户，在与贫下中农的“三同”中，深切感受到农村落后的现实，认识到底层社会的实际。当他们成为农民的一员后，观照世界、社会与人生的视角便发生了巨大的转变，不再是从旁观者的角度审视农村，而是从当事人的眼光看待世界。这样，他们的书写就是站在社会底层的表达，他们的声音发自生活在社会底层的切身感受，是对农村的真实反映，进而也就形成了知青文化的“底层话语”的特点。

（一）艰辛劳作的记忆

几乎所有的知青在农村和农场都经历了强度极大的劳作磨炼，体会到耕地、挑担、插秧、收割等的艰辛与劳累（女知青说得最多的是被蚂蟥叮咬），这让他们铭心刻骨，记忆深刻。梧州知青胡振民回忆了当年在李家庄干重体力活的情景：“有人说，农村最累最苦的活，是插田以及远途挑重担。而我们觉得，最累、最苦的活莫过于到李家庄干苦力活了……我们每天挑重担都超过 8 个小时，每人每次担子重量都在 80 公斤以上。一天下来，每人每天挑担子的总重量在 5000 公斤上下。……刚开始时，我的右肩挑疼了，马上换左肩。左肩挑疼了，又马上换右肩。换来换去，左肩和右肩都红肿起来。摩擦多了，双肩及颈部都磨破了皮，汗水流下来，泡得破皮之处又疼又痒，难受极了。没办法，每个人都在跑步一样赶进度挑担子，没有一个人停止挑担歇息的，只有吃午饭时才休息 50 分钟左右。这时，我把一块四四方方的棉布垫在肩上被磨破的地方，强忍着刺骨的疼痛，咬着牙坚持着一担一担地往船里挑。奇怪，可能是挑多了、挑重了，肩膀麻木了，被磨破的地方反而没有那么疼痛了。但是，晚上躺在床上，被磨破的地方又火辣辣地痛，疼痛得实在没法入睡。”[②]这类叙说在知青回忆录里最多，成为知青文化不可或缺的内容。知青把这一过程叫作“吃苦

---

① 中国人民政治协商会议广西壮族自治区委员会编：《广阔天地　难忘岁月——政协委员中知识青年上山下乡亲历实录》，第 272 页。

② 胡振民：《几首小诗背后的故事》，黄少雄主编《难忘的知青岁月》，第 99－100 页。

耐劳的锤炼”(知青廖桂兰语)[1],并从中“实现了脱胎换骨的蜕变”(知青刘小凤语)[2]。这一蜕变过程,是知青完成了身份的转换,成为真正的农民,扎扎实实地进入到社会的底层。

(二)生活困苦的体验

知青下乡,首先面对的是恶劣的生活环境。广西知青所去的乡村大多远离城市,较为偏僻,交通不便,土地贫瘠,产出不丰。他们的居所十分简陋,有的甚至是猪棚和牛圈改建而成,生活条件非常艰苦。南宁知青李凯南写的诗句记载了这种状况:“我居楼阁牛卧栏,瓦顶泥墙透风寒。驱蚊染血捉跳蚤,奈何三更方入眠。”[3]这在他们的日记或回忆录中屡屡出现。其次是饥饿的折磨。处于成长期的知青们一方面承担着极为繁重的农业劳动,另一方面又因为所在社队的贫穷,工分低,收入少,粮食缺,而经常处于饥饿当中。如南宁知青华芝和回忆说:“记得第一天挑塘泥下来,肩膀肿得像馒头,连动筷子都扯得肩头钻心的痛。接下来的一年零九个月的农村生活,我经历了‘双抢’时节一天干10多个小时农活、4两米粥吃两天的艰苦和劳累,经历了一个多星期吃不上肉,饿得躲在房间里用自制电炉煮糖水面条的饥饿,经历了81斤体重的我肩挑90多斤的稻秧连人带秧翻下田埂、掉进水沟的惊险。那时一起下乡的同学,个个都是面黄肌瘦、头发蓬乱。”[4]南宁知青覃亮生写的回忆文章标题就是“饥饿的日子”。[5] 广西灵山县知青冯艺的一篇回忆文章说,他在农村里,“老是梦见吃着好东西,原委很简单,饿得慌。……我们有着真实的经历和充分的理由可以说是曾在饥馑的年代中锤炼的”。在饥不择食的岁月里,邻居家中飘来的肉香,也勾引得他们在对饭菜的向往中自娱自乐地唱起改编的歌曲:“掀起你的锅盖来,让我们闻闻你的菜,菜的味道香又香,分给我们尝一尝……”[6]饥饿是知青普遍的经历。第三是精神痛苦。桂林知青李建平在回忆知青生活的文章中写道:“最苦的事情莫过于,在物质上是无米下锅,断粮挨饿;在精神上是前途迷茫,几次招工失败带来的心灵创伤。在劳动中最苦的是,早春的清晨

---

① 中国人民政治协商会议广西壮族自治区委员会编:《广阔天地　难忘岁月——政协委员中知识青年上山下乡亲历实录》,第80页。

② 同上书,第140页。

③ 李凯南:《黑水河谣》,黄少雄主编《难忘的知青岁月》,第452页。

④ 华芝和:《同学少年》,同上书,第33页。

⑤ 陈敦德、周向东、黄仁伟主编:《热土真情:南宁五塘插队知青回忆录》,广西人民出版社,2014年,第318页。

⑥ 冯艺:《掀起你的锅盖》,《逝水流痕》,花城出版社,2002年,第36—37页。

赤脚下到水田里那刺骨的冰冻，和晚秋时节苍茫暮色中，肩扛一根150斤的大枕木下山归家被压得迈不开步时的疼痛和无助。”[①]知青们的这种生活经历使他们深切地体会到了底层社会的贫困，对农民的愿望和生存状态有了充分的了解和理解。

（三）对农村淳朴民风的赞美

知青们在农村普遍得到农民们的关心和帮助，强烈地感受到了农民的热情、淳朴和真诚。例如阳国亮与另一知青在过年时得到了全村每户赠送一个粑粑，每队赠送3斤猪肉，共得800多个粑粑和21斤猪肉的年货。他说：“在农村插队的确艰辛备至，但收获良多。首先是交了一批农民朋友，感情深厚。”[②]曾任广西师范大学副校长的王杰教授，高中毕业后到三江县斗江公社牙林大队第五生产队插队，他说：“三江我很喜欢，那里人很好。我在三江待了两年多，后来高考出来，这两年我感受到山区的人际关系是最淳朴、最自然的。农民对我们都很好。……全村的小孩都叫我‘王杰哥’，大一点的人都把我们当自己家人。”王杰在那里感受到了一种很和谐的人际关系，他说“我是想扎根农村一辈子”[③]的，因此，1977年高考来时，他一点也不想考，是着急的父亲千方百计才把他动员回城复习高考的。

知青们对农民心怀感激，进而形成了深厚的感恩情结，这种情感充溢在知青们的文章之中，也体现在他们回报乡亲的行动之中。他们衷心地赞美第二故乡，热情讴歌社会底层的普通农民。

（四）对底层社会的认识

知青们通过上山下乡而对农村这一底层社会有了全面的了解和深刻的认识。阳国亮说，插队的收获之一就是“融入了农村社会，了解了国情”，“农村社情是中国的基本国情，了解了农村社会就了解了中国国情”，“知识青年插队的经历为我们从感性认识上了解农村、农业、农民提供了极好的机会”[④]。广西中医药大学教授甄汉深说：“我们也体会到农村的包容，农民的宽厚，不知不觉地和他们融为了一体，成为他们中的一员。我们的血和汗在田里混合一起了。

---

① 李建平：《光阴倏忽四十年——记渐行渐远的知青岁月》，黄少雄主编《难忘的知青岁月》，第28页。

② 中国人民政治协商会议广西壮族自治区委员会编：《广阔天地 难忘岁月——政协委员中知识青年上山下乡亲历实录》，第239页。

③ 徐杰舜：《审美人类学：从边缘起步——访长江学者、上海交通大学王杰教授》，《民族论坛》2015年第1期。

④ 中国人民政治协商会议广西壮族自治区委员会编：《广阔天地 难忘岁月——政协委员中知识青年上山下乡亲历实录》，第240页。

我们真正体会到农村的艰苦，农民的辛劳，身心受到了磨炼。……'上山下乡'，让我得到了城市生活中难以得到的练就；熟悉了农村一些风土人情，了解了农民的基本思维方式和意识性格，奠定了后来走向工作的阅历基础……"[①]因此，反映知青生活的知青文化也是一种农民文化。

四、民族烙印

许多知青插队的地方为少数民族地区，如北京知青到内蒙古自治区，上海知青到贵州省、云南省，广西知青许多也插队到壮族、苗族聚居的壮乡苗寨。他们在与当地少数民族同胞交往和共同生活中，不知不觉地受了少数民族文化的影响，进而为知青文化刻上了难以磨灭的民族烙印。

（一）学习并运用少数民族的语言

知青刚到农村时的感受，就像中国民主建国会桂林市原秘书长卓观光所说的："这里好似另一个世界，他们说的是当地土话。"[②]这种隔阂感受不但因为城乡差别，而且还包括文化交流不通。因此，知青在上山下乡中首先面临的问题是如何适应农村生活。这就需要他们尽快掌握当地的语言和文化，尽快地融入农村生活。知青好学，他们在农村能够主动地学习少数民族语言，自如地运用这些民族语言进行表达和交流，逐渐接受了少数民族的思维方式和表达方式，从而融入了少数民族的群体。被农民推选为乡村教师的韦秉振在谈到他如何解决教书所面临的困境时说："一是要设法和孩子们打成一片，取得他们的信任，向他们学习壮话。"[③]他把学习壮话当作了取得当地人信任的首要条件。为了当好村里的小学教师，他只用了一个月时间就比较流利地运用壮话给孩子们讲课了，这使他在教学时能更便利地开展工作，反响好。而学好当地语言所取得的社交效果极为显著。中国农工民主党广西区委会原副巡视员秦汉武当时下到广西大新县恩城公社，那里是壮族居住区，在村里的欢迎大会上他被推举作为知青代表发言，他根据大队文书的建议，用临时学来的壮话代表知青发言，造成了较大的影响："那天在会上的'壮语'发言，确实让同学们和当地人惊诧莫名。"[④]后来，他"每天晚上坐到火堆旁聊天，就向贫下中农学壮话，

---

① 中国人民政治协商会议广西壮族自治区委员会编：《广阔天地　难忘岁月——政协委员中知识青年上山下乡亲历实录》，第 160 页。

② 同上书，第 23 页。

③ 韦秉振：《艰辛插队日　坎坷自学路》，同上书，第 37—38 页。

④ 秦汉武：《大新插队忆当年》，同上书，第 49 页。

很快就能同老太婆聊天了”[①]。林瑛说：“村里的女青年比较多，经常向我们问长问短，教我们学讲壮语。”[②]1969 年到横县插队的李伟林后来做了宿龙大队附中教师，她在教学中“坚持用普通话讲课，用壮语讲解”，“课堂上，我教学生讲普通话，学生教我讲壮话，教学互动，课堂气氛活跃非凡，教学质量也不差，得到上下一致好评”[③]。

（二）熟悉并适应少数民族的习俗

知青在农村，尤其在少数民族地区，往往能入乡随俗，了解当地的风土人情，有利于生存、生活和生产，因而他们注意学习当地的习俗。经过不长的时间，大多数知青不但熟悉了当地的习俗文化，而且还成为农民中的一员。从许多知青当年留下的照片就可以看出，他们的服饰和神态与当地农民已经别无二致，难以区别，而这一切大多是在学习当地语言中完成的。知青们通过学习少数民族语言来了解当地的风土人情，熟悉民族民俗习惯，适应少数民族的生活方式。李伟林也说：“由于我很好奇地跟她们学壮语，唱壮歌，很快就融入了壮族姑娘中间，她们高兴地送给我漂亮的帽带，缝有花边的壮族围裙，刻意的也要把我打扮成一个大壮姑！”[④]南宁知青区向明至今对她插队地方的风俗记忆尤深，她专门写了一篇《苗寨风情撷取》的回忆文章，她说：“我在广西百色地区西林县插队的地方是一个苗族山寨，回忆起来，有一些别样的风情还是十分有趣的，写出来与大家分享。”她记下了“称呼”“服饰”“玉米面面”“辣椒骨”“手镰”“背篓”等生产、生活习俗，还记下了一次自己在房东的请求下当了一回说亲“红娘”的经历。[⑤] 许多知青甚至以身穿民族服装照相为时尚。《难忘的知青岁月》就收录了不少这样的知青老照片，例如李曼玲和区中明提供的 1968 年 12 月在南宁郊区明秀公社插队女知青的八朵“壮族金花”照片，林小琪提供的 1969 年在南宁郊区插队女知青的“壮族铁姑娘”照片，区向明提供了自己在西林县当“苗寨姑娘”旧照，等等。知青学习当地的民俗和文化，提高了与当地农民交流的水平，加速了融入农村文化的进程。

（三）记叙并展现少数民族的文化

他们在生活中，耳濡目染着少数民族的风俗文化，听闻这些民族的歌谣与

---

① 秦汉武：《大新插队忆当年》，中国人民政治协商会议广西壮族自治区委员会编《广阔天地　难忘岁月——政协委员中知识青年上山下乡亲历实录》，第 51 页。

② 同上书，第 78 页。

③ 李伟林：《一个终生受益的好课堂——插队生活琐记》，同上书，第 120 页。

④ 同上书，第 117 页。

⑤ 区向明：《苗寨风情撷取》，黄少雄主编《难忘的知青岁月》，第 381－383 页。

插队到广西西林县的南宁知青与民族地区的农民们一起上山劳动的情景

民间故事，颇受感染。例如李伟林对“淳朴壮俗暖人心”的描写，记载了壮族少女做爱情信物的习俗：“待嫁闺中十几岁的姑娘，便跟着母亲学织壮锦。织爱情信物——帽带（系帽子用的），三月三时，送给自己的意中人作为定情物。还要在出嫁前编织好壮锦被面、背带（背孩子用的）作为嫁妆，编织这些东西时纯属个人隐私，个个皆关门闭户悄悄进行，不轻易被别人看见。[1] 知青的民族记忆，“显现广西壮族、苗族、瑶族、仫佬族等民族的文化记忆，具有当地的民族文化元素，展示鲜活多样的、时代发展中的民族生活、民族性格和民族团结”[2]。民族文化的渗入，使得广西知青文化具有与全国其他省区的知青文化明显不同的特征和品格。

总之，知青文化内涵丰富，特点鲜明，倾向积极，影响深远。

---

① 李伟林：《一个终生受益的好课堂——插队生活琐记》，中国人民政治协商会议广西壮族自治区委员会编《广阔天地　难忘岁月——政协委员中知识青年上山下乡亲历实录》，第 117 页。

② 黄少雄主编：《难忘的知青岁月》，第 7 页。

五、后知青时代的文化特征

（一）内容更为丰富和广泛

“文革”时期的知青文化，一般以政治文化和文艺宣传的形态为主，形式比较单一，主要是文艺演出、美术创作、歌曲创作、文学创作等，内容单薄，大多是单纯宣传“文化大革命”和抒发知识青年上山下乡的豪情壮志，数量也不多。后知青时代的知青文化，内容大为扩展，涵盖面更为广泛。有物质形态的，如知青文物、知青活动遗址、知青博物馆；有精神形态的知青文学、知青艺术、知青学术研究；还有物质与精神形态兼具的，如知青联谊文化活动、知青展览、知青公益活动；等等。可以说，知青文化的内容极为丰富，形式也极为宽泛，呈现出繁复多样、数量巨大的情景。

（二）思辨性增强，层次更高

当知识青年上山下乡运动结束以后，关于这段历史的记忆就不时浮现在这些曾经上山下乡的人们的头脑中，并不断付诸文字或影像。思想界关于“青春无悔”还是“青春有悔”的争论从来都没有停止过，就像保护自己的青春一样，很多知青并不能接受对这段历史的批判，他们毕竟在那里奉献出了人生最美好的青春年华，晚年必然以多种形式加以传播，从而形成丰富多彩的后知青文化。对历史的反思使人们更尊重历史，更看清事物的本质和发展的规律，对知识青年上山下乡运动、知识青年上山下乡的行动有了更为客观、全面、准确的认识，对知青文化的评估也更为公正与符合社会期待。后知青文化由此获得了更高层次的磨洗与升华，其文化属性在社会性的基础上增加了更多的哲理性，从而更为坚实与炫目。陆续出现的研究知青史和知青文化的著作，如郭小东的《中国知青文学史稿》，火木的《光荣与梦想：中国知青二十五年史》，李建中的《中国知青文化概论》《论中国知青文化价值意识建构》，广西知青文化研究会会长阳国亮主编的《知青历史的理性思考》等，都反映了知青在新时期里的思考和思想深度。

（三）传播力更强、影响面更大

较之“文革”期间的知青文化，后知青时代的知青文化传播力更强、影响面更大。一是传播的领域更广。由于年岁的增长，知青文化已由青年群体传播到中老年群体，又从知青一代传播到知青二代，它从中老年群体再传到青年群体；由于知青返城后进入社会所有的行业，知青文化由单一的青年知识分子群体传播到社会所有群体，无论政界、商界、学界、文艺界以至最基层的工农阶层，都有知青文化在涌动。二是传播的力度更大。80 年代进入家庭的电视，90 年代以后进入社会的电脑和互联网，给知青信息和知青文化的传播增添了无限的活力，无论在传播的广度和强度上，今天的传播力与六七十年代相比，好比今日的高铁与昔日的闷罐车之比了。三是传播的环境更佳。过去曾将知青上山下乡与“文革”机械地联系在一起，不敢肯定知青上山下乡积极的一面，看不到知青精神的正能量作用，抹杀了一代热血青年报效祖国、奉献青春的业绩。改革开放以后，思想解放，无数禁区被打开，人们的思想禁锢被打破，促进了知青文化的传播。知青文化的内涵和价值正在被全社会所逐渐认识，并日益发挥出为建设和谐社会做出贡献的正能量价值。

对后知青时代文化现象进行深入研究，将有助于人们从不同视野对知青史和知青文化加深理解和增加理性认识，对全民族深刻反思“文革”史和思想解放将起到重要的推进作用。知青在过去“上山下乡”年代的艰苦奋斗精神，回城后面对逆境自强自立顽强拼搏的乐观心态和奋斗精神，对激励现代人们特别是年轻人为建设富强、民主、文明的新中国，为实现中华民族伟大复兴的中国梦注入巨大的正能量，具有重要的现实意义。

第四章 知青文化内涵剖析

知青文化是独特时代独特群体锻造的独特文化，唯其独特，其内涵丰富深邃，耐人寻味。

一、锻造青春

（一）独特的青春模式

这是一段前无古人后无来者的独特历史，锻造了一个特殊的青春模式。这就是在和平年代里，扎根底层，走与工农兵相结合道路的自我修炼的青年知识分子的成长模式。

50 年代中期到 70 年代末的近 30 年的上山下乡热潮，身处农村最底层的这批由十六七到 30 岁出头的知识青年，大多数在农村生活了三五年，有的生活了近十年，少数人甚至是一辈子。战争年代走与工农相结合道路的知识青年，许多人成为创建新中国的开拓者。和平年代走与工农相结合道路的知识青年，没有了生命的威胁和战争的恐惧，但艰苦的农村环境，繁重的劳动强度，艰巨的思想转变，依然是严峻的考验。和平年代与战争年代的知识青年走与工农相结合道路，一个区别在于，战争年代大多是被动的选择，是“逼上梁山”，生存的危机迫使人民走上这条道路；和平年代大多是主动的，至少是怀着理想和憧憬走上这条道路的，正如上海知青张刚所说的：“当年我们不是被赶走的，而是满怀热望满怀理想到边疆的。”[①]广西合浦县知青杨志远也这么说：“农村对于我来说并不陌生，在中学的两年时间里我已多次到过农村与农民‘三同’（即同吃、同住、同劳动），平时也经常参加学校农场的劳动，班里的同学也绝大多数来自农村，所以我对农村的印象没有什么不好。我想，到农村插队自食其力，不但能自己养活自己，还可以‘接受再教育经受锻炼’，是件好事……于是，我还是期盼着早些到农村这个大熔炉去。”[②]这就形成了和平年代青年知识分

---

① 贾宏图：《我们的故事》，作家出版社，2008 年，第 261 页。

② 杨志远：《我的人生从这里起航——我的知青生活》，中国人民政治协商会议广西壮族自治区委员会编《广阔天地 难忘岁月——政协委员中知识青年上山下乡亲历实录》，第 70 页。

子成长的独特的青春模式，形成了共和国前无古人后无来者的独特群体。

假日里乘车上县城是知青们盼望的乐事

(二)永存的青春符号

知青，是中国当代社会的一个特殊的群体符号。“知青，作为共和国历史上一代人的特定称呼，不管是作为一个时代的‘符号’，还是作为一段刻骨铭心的个人青春‘履历’，现都镌刻进了历史。作为一种社会存在现象，它的形成和影响既源于以往又连接后来。”[①]因此，当今社会依然活跃着无数的知青活动，在全国各地，知青讲座、知青文物展览会、知识青年上山下乡运动会、知青文艺会演、知青文化节相继举办，知青博物馆、展览馆、纪念园、主题公园、纪念碑、网站等纷纷建立，全国多个省市的知青文化研究会、基金会也正式挂牌运作，甚至在中国香港、美国，都成立了知青协会或联谊会。知青文化从原来的知青文学发展到知青文艺、知青学术、知青联谊、知青旅游、知青经济、知青公益事业等社会形态，活动成员由原来的知青扩大到知青子女以及社会关切人士，形

① 杨文杰:《知青文化鉴析》,《创造》2002 年第 5 期。

成了更大的规模与影响。

知青，更是个体的生命符号，知青的一生，永远与青春相连。正如云南知青杨文杰所说："在今天的中国，无论是当了省长、市长的，还是做了知名专家、学者，抑或是成了下岗、退养工人，只要是做过知青的，在他们的思想、行为、思维习惯、生活方式等方面都可以找到当年'知青'的影子。相同或相似的历史命运，形成了这批人独特而鲜明的思想秉性，并影响和改变着他们的一生。"① 广西桂林知青文和群说："知青作为一代人的身份符号，在近 40 年之后的今天，似乎已经十分模糊了，但知青的激情岁月，已经在我们的成长历程上打下了深深的印记，给我们的人生留下了宝贵的财富。"②当年这一群体的基本特征，大体可归纳为这么几点：充满理想，积极向上；坚定信念，敢于担当；脚踏实地，埋头苦干；贴近群众，关爱社会。知识青年以这样的青春风貌，走过了艰难曲折风波起伏的"文革"十年，走过蓬勃兴盛大步发展的改革开放 30 年。如今，历史远去，新潮涌起，尽管这一代人已经退休或者即将退休，但他们服务社会、报效祖国的心永未退休。知青依然存在，知青仍在努力，他们有着他们的优势。力不足，智可献，事已逝，精神永存。

中国近代启蒙思想家梁启超有一段对青年的论述非常精彩："老年人如夕照，少年人如朝阳；老年人如瘠牛，少年人如乳虎。……红日初升，其道大光；河出伏流，一泻汪洋。潜龙腾渊，鳞爪飞扬；乳虎啸谷，百兽震惶；鹰隼试翼，风尘吸张。奇花初胎，矞矞皇皇。""少年智则国智，少年富则国富，少年强则国强，少年独立则国独立，少年自由则国自由，少年进步则国进步，少年胜于欧洲，则国胜于欧洲，少年雄于地球，则国雄于地球。"③青年是人生的春天，是祖国的春天，青年与朝霞、与春天相连，是蓬勃的力量，是光明的未来。青春在，中国在，青春美，中国强。青年是中国的希望。知识青年以永存的青春形象，以内在的青春活力，延绵几十年在中国大地上传播着正能量的社会信息和社会力量，当在中国当代史上留下清晰的光影。

二、书写历史

时光已经远去，然而，在共和国的史册上，绝对抹不掉知识青年上山下乡

① 杨文杰：《知青文化鉴析》，《创造》2002 年第 5 期。

② 文和群：《知青岁月，我的人生财富》，中国人民政治协商会议广西壮族自治区委员会编《广阔天地　难忘岁月——政协委员中知识青年上山下乡亲历实录》，第 187 页。

③ 梁启超：《少年中国说》，陈书良编《梁启超文集》，燕山出版社，2009 年。

1975 年 9 月，南宁市郊沙井公社智和大队女知青在精神饱满地出工（钟月青供图）

这一章，这是 1700 万人用 10 年时间铸成的历史。

（一）共和国曲折前行的历史

中国知识青年上山下乡的历史，与共和国命运相连。知青的行动，书写了一段沉重的历史，内涵深邃。

中共中央党史研究室编写的《中国共产党历史》第二卷（1949—1978）在叙述共和国前 30 年历史中写道："中华人民共和国成立后的 29 年，是深刻影响中国历史发展进程的 29 年，是中国共产党人在探索中前进、党和人民事业在曲折中发展的 29 年。"[①]知识青年上山下乡，正是发生在这段时间里，知青以自己的生命和青春年华书写着共和国曲折前行历史的特殊一章。

历史已经证明："六十年代末的上山下乡洪流，很大程度上应当说是一种迫不得已的权宜之计……既然无法用经济手段解决政治和就业问题，又不可能让千百万红卫兵成为无业游民，采用强制性的政治手段就成为当时唯一可供选择的方案。"[②]知青史研究表明，之所以发生知识青年上山下乡这一社会事

---

① 中共中央党史研究室著：《中国共产党历史》第二卷（下册），中共党史出版社，2011 年，第 1065 页。

② 王安忆、陈思和：《两个 69 届初中生的即兴对话》，《上海文学》1988 年第 3 期。

件，有国家决策者主观上的战略考虑，也有社会变动历史客观形势的迫使使然。评价它的发生因由、发展过程与发展后果，是历史学家的课题，需长期研究方有较准确的结论。但无论如何，历史在展示，知青在承担共和国探索前进带来的沉重，都在书写共和国曲折前行的历史。这成为知青文化内涵的重要组成部分，成了我们经久探索的思想领地。

历史的发展有自身的规律，其发展形势有时是不以人的意志为转移的。上山下乡，不好说它绝对是错，但作为一个运动，作为对一个国家整体青年的发展走向的规定，基本可以认定是历史长河中的一段倒流。为此作褒贬评说的时代已经过去，重要的是要明了我们从那段历史里得到了什么，十年"文革"和知识青年上山下乡给我们的人生、给我们的国家烙上了一些什么，历史留给后人是一段财富，人生经历在你的后半辈子里也是一种财富，只有认真总结历史，才能获得财富。能从最黑暗最无望的境地和年代里走出来的人们，眼前的种种困难，咬咬牙，总是能冲破它的，这就是知青一代人所独具的人生财富。

(二)建设社会主义新农村的创业历史

知青体验了农村的苦难，参与了建设社会主义新农村的创业历史。他们在农村，在经历了自身肉体与精神的双重磨炼的同时，也以满腔热情和全部精力投身农业生产和农村建设，有的投入兴修水利的建设工程，有的开展农业高产的科学实验，有的背上药箱治病救人，有的走上讲台教书育人，有的肩扛钢枪巡逻边防。现在中国农业博物馆工作的广西知青曹幸穗，当年在广西东兰县隘洞公社板老大队插队时就开展农业科技实验并取得成果，如今在开展"中国农业科学实验史"学术课题中介绍了当年广西知青开展农业科学实验和广西农业技术推广的历史及经验。他深情地说："他们在传播现代科技文明、推动农业生产力的发展方面发挥了重要作用，与广大农民一道，开创了社会主义新农村建设的事业。"①曹幸穗担任中国农业博物馆学术委员会副主任、研究部主任、研究员，他通过自身的实践和几十年的农业科技学术研究，得出结论："'农业科学技术的研究和应用'是知青的重要实践。"②这是我们认识知青、了解知青的重要思想。

千千万万知识青年在建设社会主义新农村的实践和奉献，必将记载于中国农村发展史册。

---

① 曹幸穗：《广西知青农科实验学术成果的启示》，载广西知青文化研究会编《2013 年广西首届知青文化学术研讨会论文选辑》(内部编印)。

② 曹幸穗：《从知青农科实验的学术成果说起》，黄少雄主编《难忘的知青岁月》，第 673 页。

1974 年，南宁三中到邕宁县那龙公社插队的知青在田间喷洒农药(右为蓝玉)(蓝玉供图)

(三)人才成长的经典历史

知青的青春时光，苦难与奋斗并存，理想与困惑并存；知青以青春的行动和一生的命运，谱写了特殊年代一代青年曲折成长的历史，有的成为青年成长的经典样板。

1.苦难和挫折是人才成长必经的压力

每一个知青都有在苦难中磨炼的经历，都有在精神的深刻反思，并在一生留下深刻的“知青”烙印，成为成长的基因、奋发的动力。在那个国家曲折前行的年代，苦难和挫折没有摧毁他们的生命力，反而磨炼了他们的意志与品性，正如孙悟空被太上老君的炼丹炉磨炼了七七四十九天那样，反而强化了其本领。习近平曾说：“基层离群众最近，最能磨炼人。”他在回顾知识青年生活时深有感触地说：“上山下乡的经历对我的影响是相当深的，使我形成了脚踏实地、自强不息的品格。脚踏在大地上，置身于人民群众中，会使人感到非常踏实，很有力量；基层的艰苦生活，能够磨炼一个人的意志。而后无论遇到什么困难，只要想起在那艰难困苦的条件下还能干事，就有一股遇到任何事情都勇于挑战的勇气，什么事情都不信邪，都能处变不惊，克难而进。”[①]这话是很多知

① 习近平：《自述》，福建省省大学校友会等机构编《跟博士握手——福建博士风采》，海潮摄影艺术出版社，2002 年。

青的共同心声，很好地诠释了知识青年成长的秘诀。

1974 年，容小宁（中）在南宁市郊心圩公社明华五队与贫下中农一同劳动（李宁供图）

2.拼搏与奉献是他们成长的动力

压力可以变为动力。知青以青春和热力投身于广袤原野的开垦劳作之中，在拼搏中成长。广西灵山县知青冯艺回忆当年的劳动情景时深情地说："我清楚地记得，我们曾经参加一支青年突击队，到一个叫作烟墩公社的地方营造一片荔枝生产基地。……我们沿着前人踏出的小路，奔向荒芜深处；我们顶着酷暑，铲平山丘，靠手锄肩挑，种下了一片荔树林。我们的青春像一滴滴露珠无声地渗入了灵山秀水。我不知道自己这滴露珠对于滋润广袤的大地是否曾经起过哪些作用，但我永远不能忘记荔乡这块土地怎样锤炼了我。"[①]知青以拼搏与奉献，抗击着周遭的苦难与挫折。这批被城市抛弃的青年人，在物质与精神均十分匮乏的环境里，在理想与前途一片渺茫的时代，之所以最终在农村坚持下来，一年两年，三年五年，有的甚至是一辈子，唯有以更强大的力量与坚强的意志，才能生存下来。他们与农民一样，早出晚归，披星戴月，年复一年地劳作，如一位知青在回忆中所说："我在那里生活了将近六年。挑粪、犁田、插秧、耘田、收稻、晒谷、舂米、种菜、打草鞋、编竹筐、伐木、放排、烧炭、烧石灰、

① 冯艺：《我的荔乡情》，《逝水流痕》，花城出版社，2002 年，第 52—53 页。

修水利，等等，几乎什么活都干过了，其中的苦与累，很难几句话说得清。”[①]正是由于他们如此拼搏地劳作，奉献自己的青春热血，时代最终并未将其抛弃，他们在后来的岁月里，不仅有大批知青在改革开放年代里升入大学，许多人还成了各个行业的精英与杰出人才，有科学家、文学家、企业家，也有走上政治领导岗位，成为各级党政领导干部甚至党和国家领导人的出色人才。知识青年有理由骄傲：以当年承担祖国沉重的历史，以今天对祖国做出的奉献。

3.理想与信念是他们成长的支撑

如此艰困的生存环境，如此严峻的考验，为何在后来产生了众多的知青人才？知识青年是怀着对毛主席无限忠诚之心、怀着建设社会主义祖国的伟大理想到农村去的，尽管在艰苦的环境下，知识青年有过痛苦，有过疑惑，甚至有的人产生动摇，但坚信毛泽东思想的光明和正确，坚守建设共产主义的理想和信念，坚守勤劳善良的良知和道德，坚信未来不会永远如此黑暗，等等，是支撑着他们坚守十年的坚硬磐石。有一首题为《总有一天》的知青诗歌，表现了他们这种“坚信”“坚守”的强悍与坚韧：

总有一天，
失落的种子会在无涯的森林中，
选择一块墒透的土壤落脚萌根，
用盘缠的经络和森林连理。

总有一天，
遗忘的涓滴会在逢春的沟壑中，
睁开明亮的眼睛用朗朗的歌声，
回答田畴的顾盼长河的希冀。

总有一天，
悠长的牧笛会在幽深的谷底响起回声，
跳荡的每一记音符，
沾湿草芽蘖动到黎明。[②]

---

① 李建平：《光阴倏忽四十年——记渐行渐远的知青生活》，黄少雄主编《难忘的知青岁月》，第28页。
② 引自2008年1月11日18：02麻辣社区 www.mala.cn。

历史没有辜负他们的“坚守”，在几年以后的1976年，“金色的十月”给他们带来了期待的收获，知青的命运由此改变。

在如今思想解放社会开放的年代看来，知青们的这种“坚信”“坚守”显得有点愚忠，但不容否定他们对祖国的忠诚与对生活的坚贞。他们由此在成长的道路上勇敢面对艰难困苦和种种磨难，并且从纯朴、坚韧的农民身上获得依靠与支撑，最终化腐朽为神奇，将苦难转化为生命成长不可或缺的一种营养，其间的优秀者，成为生命的强者，社会的中坚，这在人才成长之路上是颇具光华的。

三、熔铸精神

知青精神是知青文化的核心。经过初步提炼，我们认为知青精神大体包括以下几个方面：

（一）不畏艰辛，勇于担当

1968年12月22日，《人民日报》公布了毛泽东的“最新指示”：“知识青年到农村去，接受贫下中农的再教育，很有必要。”毛主席一声令下，一场千百万知青上山下乡的高潮由此高涨。在短短的几个月时间里，被称为“老三届”的全国数百万城市知识青年全部下到农村，变成了青年农民。以后连续十年不间断，十七八岁的年轻人前赴后继走上上山下乡之路，到农村农场与工农大众相结合，共同建设社会主义新农村。当时的农村还很落后，环境十分艰苦，许多地方连饭都吃不饱，知青在农村，没有物质基础，没有精神体验，更是困难重重。虽然有少部分知青没有坚持下来私自提前返城了，但大多数知青坚守在农村艰苦的环境里，不畏艰辛，任劳任怨，以稚弱的身躯抗争物质的和精神的重重压力，客观上为共和国承担起建设乡村、保卫边疆的重大责任，为祖国度过艰难的“文革”年代贡献了最宝贵的青春年华。知识青年上山下乡能持续十几年不间断，除了国家政策的规定外，与知识青年具有的不畏艰辛、勇于担当的精神不可分割。

（二）脚踏实地，自强不息

知识青年在农村里，身陷最底层的群众，面临着最基本的人生生存问题，最艰苦的生活环境，因而来不得半点做作与虚伪，靠的是真诚、实干，不唯天，不唯命，脚踏实地，实事求是，自强不息，一步步走下去，一个一个坎地迈过去，再困难，再黑暗无望，也坚信奋斗不息、自强不息是人生生存的唯一出路。正如习近平总书记所说：“上山下乡的经历对我的影响是相当深的，使我形成了脚踏实地、自强不息的品格。”[①]他们咬紧牙关地坚持，一边参加繁重的劳动，一边潜心读书，刻苦自学，深入社会实践，磨炼一身本领，提高思想，修身苦熬，如此一天天成长，一步步走向理想的彼岸。许多知青在当时就获得了农民们的赞许和信赖，在后来的事业中焕发出新的光彩。正是这种境遇下的苦难磨炼，铸就了知识青年的特殊品格与精神，打下了后来他们取得成就的基石。

（三）联系群众，关爱社会

知识青年上山下乡最成功的一点在于使城市知识分子下到中国社会的最底层，与农村群众紧密联系在一起。知识青年在农村，不仅仅做到了那时讲的“同吃同住同劳动”，最主要的是，“扎根一辈子”的目标，将他们与农民的命运相连。尽管这种“扎根一辈子”的目标后来证明是一种虚幻的光环，但不容否定，知青贴近了基层，贴近了中国社会的实际，形成了他们与群众的联系和亲密情感。习近平总书记对知青年代的自述有一段很深情的话语：“上山下乡的经历使我对基层有了深刻的了解……上山下乡的经历，使我增进了对基层群众的感情。对于我们共产党人来说，老百姓是我们的衣食父母，我们必须牢记全心全意为人民服务的宗旨。要时刻牢记自己是人民的公仆，时刻将人民群众的衣食冷暖放在心上，把‘人民拥护不拥护，人民赞成不赞成，人民高兴不高兴，人民答应不答应’作为想问题、干事业的出发点和落脚点，像爱自己的父母那样爱老百姓，为老百姓谋利益，带着老百姓奔好日子。”[②]

经过几年甚至十几年的情感交融与思想磨炼，知识青年的身心真正系在了乡土，系在了老百姓身上。联系群众、关爱社会成为他们内发于真情，外显于作为的优良品质，日积月累，积淀成本质，成为一种可贵的文化精神。这种精神，不仅存在于当年知青的生活与行为中，存在于他们在农村近十年的劳作与坚守中，也存在于数十年后的今天。这批早已离开了农村、已进入老年的知青们，今天依然拥有这种品质，弘扬着这种精神。无数老知青常常返回当年的知青点探望乡亲，仍在为乡村的建设和发展出谋献策，捐物献金。如当年到邕宁县插队的广西大学教授吴学东，2013 年退休后，她加入到精准扶贫的队伍中。她和其他知青朋友在社会上募集善款，奔走在田野山乡，在充分调研的基础上，对确有困难的贫困农民送款捐物。她已经在东兰、巴马两县奔走了两年多，每年有十个月在乡下活动，不遗余力地为农村、农民服务，再续知青精神。在如今各行各业工作的环境里，许多老知青依然是其中参与社会公益活动的

---

① 习近平：《自述》，福建省省外大学校友会等机构编《跟博士握手——福建博士风采》。

② 同上。

先行者。党的十八大以后全党开展的党的群众路线实践教育活动，强调的就是坚持党的群众路线的优良作风，改进党的工作作风，扫除“四风”。知青延续至今的“联系群众，关爱社会”的精神，是党的群众路线在青年群体的一种具体体现，无论在历史的知青和今天的老知青身上，我们都能感受到这一点。

(四)昂扬向上，永葆青春

“革命人永远是年青”，这句 50 多年前在中国大地流行的歌词，现今仍能很好地诠释知青面貌与精神。知青已成为历史，当年的知青仍然存在，依然活跃。唯其“知青”以后无来者，因而“知青”为那一代人所专有，其人永远是“知青”，最多也只能加个“老”字——老知青。无论如何，终究还是知青——知识青年，如此，“知青”一辈子与这批人生命相连。是否正是这一原因，使得这一批人总是激情飞扬、昂扬向上、永葆青春呢？在如今我们周围看到的知青文艺会演、知青体育比赛、知青展览、知青文化研讨会、知青文化城(园)、知青之旅、知青聚会、知青网站、知青小说等等，都在散发青春气息和蓬勃热力。其实，这是知青成长之初就诞生了的知青精神。正如田晓明所说：“喇叭里每天都播放着‘到农村去，到边疆去，到祖国最需要的地方去’的豪迈歌声。我们这一代从小就受着革命英雄主义的传统影响，加上受这些氛围的感染，作为拥有共同身份的一个群体，绝大多数的插青下乡伊始，都满怀‘和贫下中农打成一片，战天斗地改变山河’的豪言壮志。”①正是有着这种昂扬向上、永葆青春的精神，他们才能在农村艰苦环境里苦熬支撑，才能在最底层的土壤里发芽生根，生长成才；也正是有这种精神，他们在 20 世纪 80 年代初返城后，能奇崛挺立，在改革开放年代的社会主义现代化建设的各个岗位做出各种不平凡的贡献，他们都有一条“失去受高等教育机会——插队农村——上大学”的青年时代成长主线，而在知青上山下乡的过程中，他们得到磨炼，了解了中国，增强了奋发努力的意志。正如习近平总书记回忆知青生活时所说：“7 年上山下乡的艰苦生活对我的锻炼很大。最大的收获有两点：一是让我懂得了什么叫实际，什么叫实事求是，什么叫群众，这是让我获益终生的东西。二是培养了我的自信心。记得父亲要求我们从小就要做讲团结和善于团结的人。走上社会后，对这一点的体会就更深刻了。”②可以说，这一代知青能永葆青春，能促进中国社会永葆青春。青春有梦，中国梦可行可信，也一定能够实现。

---

① 中国人民政治协商会议广西壮族自治区委员会编：《广阔天地　难忘岁月——政协委员中知识青年上山下乡亲历实录》，第 183 页。

② 习近平：《自述》，福建省省外大学校友会等机构编《跟博士握手——福建博士风采》。

张承志曾说:“无论我们曾经有过怎样触目惊心的创伤,怎样打乱了生活的秩序,怎样不得不时至今日还感叹青春,我仍然认为……在逆境里,在劳动中,在穷乡僻壤和社会底层,在痛苦、思索、比较和扬弃的过程中,在历史推移的启示里,我们也找到过真知灼见,找到过至今感动着,甚至温暖着自己的东西。”[①]这就是知青精神的根源,这就是知青精神绵延至今持久不衰的奥秘。知青精神,不但鼓舞着千百万知识青年当年在农村艰苦环境下成长进步,也伴随着老知青们今天在改革开放岁月里继续做出巨大贡献,并向全社会扩散其正能量的功能,我们应当很好地总结和发扬知青精神。

四、独特艺术

(一)新中国文学的独特类型

知青文艺,伴随着知青回乡和上山下乡出现在中国文坛上。“文革”前,已有电影《我们村里的年轻人》、话剧《年青的一代》、豫剧《朝阳沟》和一些感人的知青诗歌出现。1978 年 12 月党的十一届三中全会召开以来,共和国进入新的历史时期。新时期文学是新中国文学中最辉煌的一段,知青文学大量涌现,成为新时期文学的特殊内容。它以特殊的作者、特殊的内容表现和特殊的影响力,构成了新中国文学中的一种特殊类型。其特殊性及其艺术魅力表现在以下几点:

1.共和国曲折历史的艺术再现

知青文学反映了共和国进程中一段独特的历史。有反映知青在农村锻炼成长的,如电影《我们村里的年轻人》、话剧《年青的一代》等,有反映知青在农村的苦难遭遇的《在小河那边》、电视剧《蹉跎岁月》《雪城》等,有反映知青悲壮命运的《血色黄昏》等,有反映知青返城后的彷徨苦闷的《本次列车的终点站》,有探索历史遗留问题——知青二代的社会位置的《孽债》,等等,构成了反映六七十年代中国农村社会变迁和青年成长历史的重要的文学内容。

2.独特的创作身份与艺术体验

知青文学的创作者都是知青生活的亲历者,他们以独特的经历和切身的感受写下自己最沉重的记忆,其成果的独特魅力是旁观者和后来者所不可企及的。如卢新华的《伤痕》、孔捷生的《南方的岸》书写知青生活的苦难遭遇;梁晓声的《今夜有暴风雪》通过描写黑龙江知青返城前后的激烈冲突展现知青的

---

① 张承志:《老桥》,北京十月文艺出版社,1984 年,第 276 页。

苦难，给人以强烈震撼；叶辛的《孽债》描写知青及知青二代的命运纠葛，令人有沉重的思考；还有史铁生的《我的遥远的清平湾》、张承志的《绿夜》、韩少功的《归去来》和《蓝盖子》、朱晓平的《桑树坪纪事》等等，都是独特的艺术奉献与艺术创造。这些生活和艺术表现，构成了知青文学的独特品格与独有魅力。

思乡主题大约在知青文学作品中所占分量最重。下面一首南宁知青写的题为《邕江之歌》的歌词颇有代表性：

我站在邕江边，
俯瞰着邕江水，
邕江的江水后浪推着前浪，
奔向那远方。

忘不了那一天，
妈妈她安慰我：
不要想那家乡，
不要想那爹娘，
不要想那心上的姑娘。

啊……我怎能不想我衰老的爹娘？
啊……我怎能不想我心上的姑娘？
满脸的泪水，
满腔的悲伤，
我离开家乡。[①]

这首南宁知青原创的歌词，深刻真实地反映了知青远离家乡思念亲人的悲苦心境，实在是只有知青独有的心理体验才能产生的艺术表现。

（二）青春励志的形象塑造

知青文学创造了一系列或感人或令人深思的人物形象，其中以青春励志的人物形象最为打动人心，感染和激励青年成长。

《年青的一代》中的肖继业给当代青年人树立了“革命者志在四方”的榜

---

① 戴嘉枋：《“文革”期间知青的地下歌曲》，http://mooc.chaoxing.com/course/13846.html。

样，在60年代激荡着无数年轻人的心；由梁晓声以《今夜有暴风雪》等作品叙写的“悲壮的青春”，在北大荒风雪中奋战的年轻人，给那段辛苦岁月染上了黄金般的色彩；李建平在诗作《新党员与老支书》里塑造的“新党员”形象，写他“三年前来到这长工屋，拿起了战天斗地的枪和锄”，也具有理想主义的色彩，激励年轻人的成长；《棋王》中的主人公王一生，是个名副其实的“棋呆子”，小说讲述了王一生不平凡的传奇人生，主人公的“圣贤”境界在一次次的下棋、一次次的认知顿悟中升华，反映了中华文化的传承与魅力，凸显出知青群体中一个奇崛的身影。这些人物，演绎出一幕幕或曲折艰难的人生际遇，或温馨关爱的情感经历，给人强烈的情绪感染和心理感受，打动人心。

(三)独特的价值

1.反映历史的纪实价值

前已说到，知青史构成了共和国曲折前行的历史的一个部分。知青文艺，全面真实地记载了这一段历史，一些成功的作品，叙写厚重历史，勾勒人物曲折命运，具有深刻的文化内涵和地域风味，读来令人震撼。我们从一些小说中看到了那一时代活生生的场景再现，给人直观立体的感受，认识更为深刻。这不禁使人联想到别林斯基对《欧根·奥涅金》的评论：它足以称得上是“俄国生活的百科全书”。像《蹉跎岁月》《雪城》《人生》等作品，确已具有反映20世纪60年代至70年代中国农村社会生活“百科全书”式的长篇小说的魅力，具有充分的反映历史的纪实价值。

2.艺术创造的审美价值

知青文艺作品，在高超的文艺家的笔下和舞台影视平台的表演艺术呈现下，同样形成了较高的艺术美感，产生较高的艺术价值。这种美的形式主要有：

知青精神的崇高美 知青文学较普遍地充盈着英雄主义精神和浪漫主义激情，其艺术审美意义上呈现出悲壮、崇高的美学特征，这在梁晓声、张承志、张抗抗等作家的作品中表现得较突出。正如有评论家所说：“张承志将茫茫的草原、咆哮奔涌的北方的河、神秘的金牧场等组成一个近乎幻觉般的充满了青春的激情与生命的活力的多彩世界。梁晓声将荒芜寒冷的北大荒诗化为心灵深处的一片神奇的土地。张抗抗将陆岑岑的人生理想化为远在天边那道绚丽夺目的北极光。史铁生将遥远的清平湾视为精神与灵魂栖息的温馨宁静的家园……”[①]这一切，融汇成一种悲壮、崇高的艺术魅力，撼动人心。

人物命运的悲剧美　知识青年上山下乡并不是一片莺歌燕舞，许多知青遭遇了无法克服的挫折甚至惨痛的伤害，悲剧性的遭遇和命运安排，使许多知青留下了悲痛的记忆，有的由此断送了一生。在四川大邑参观樊建川创建的知青博物馆时，在博物馆门前首先进入眼帘的就是10位成都女知青遇难的墓碑。1971年3月10日，因一名知青看小说，不慎把油灯碰倒引燃了茅草房，结果10名成都女知青被烧死。这些年轻姑娘刚到云南生产建设兵团，仅仅第7天就在这场大火中丧生，留下了10块墓碑。生活的无情和命运的多舛，在此触目惊心！许多知青作家在作品中给我们记载了这种人生悲剧，刻画出令人悲怆的悲剧美。如竹林的《生活的路》，写了女知青娟娟在社会重压和自身无力的挣扎中逐渐堕落，直到最后走向毁灭的故事，作者在写出人物性格决定人物命运的生命历程的同时，也折射出造成娟娟悲剧结局的社会原因。老鬼的《血色黄昏》，用真实而直白的叙述，就知青文学的整体性颠覆以往知青文学中的英雄主义、理想主义腔调和宏大叙事模式，在奔腾的感情宣泄中展开对那个时代的控诉，揭示了那一时代知青群体的整体性的悲剧本质，给人在惊悚中升华出深邃的思考。北岛的诗句高度凝练而形象："如果海洋注定要决堤，让所有的苦水注入我心中；如果陆地注定要上升，就让人类重新选择生存的峰顶。"[②]短短两句诗，高度概括了知青的本质与精神，无比美丽，无比高贵。知青，无疑是那一时代为祖国、为中华民族担当了"选择生存的峰顶"的一群无私无畏、注定与悲剧命运伴随的青年群体。正因如此美丽，故而至今依然炫目！

人物本性的自然美　"文化大革命"时期，文化倒退，人性泯灭。以"革命样板戏"为代表的文艺作品描写和歌颂的都是没有家庭和亲人，只有革命战友，缺失七情六欲的"英雄人物"，满脑子装着"无产阶级专政下继续革命"。"人性""人道主义""人权"这些人类本性和本质及其共同价值，统统被划入被批判的腐朽没落的资产阶级意识形态范畴。知青生活在大自然里，生活在最底层的民众中，生活催生了他们生命中的本性，许多知青文学呈现人性本原的爱，呈现出人性本原的自然美。这在当时知青爱情诗中有较多流露和表现，请看下面这首知青诗：

我的沉寂好像一条枯藤，

---

① 康长福：《论知青文学的英雄主义精神》，《齐鲁学刊》2000年第6期。

② 北岛：《回答》，《北岛诗选》，新世纪出版社，1986年。

却又像萤火一样放着光晶，
姑娘，你万一梦到它时，
千万，千万不要意乱心惊……

我的沉寂在你面前悄悄潜行，
却又像白云浮动一样没有声音。
冰雪覆盖的严冬只有耐心地等待，
等待着春雷炸响的那一瞬。[①]

这首属于流露“心底秘密”的情爱诗，表达了即使在贫穷和孤寂相伴随的艰苦日子里，人性的本能依然渴求着异性的温暖和关爱，发出阵阵呼唤。青年内心冲撞着的情感波澜，看似平静，却无法抑制，终究要有“炸响的那一瞬”。诗作对人性中的爱和生命力的表现，让读者体会出人性的美与情感的纯。

3.传播正能量的社会价值

知青文艺，以对农村广阔天地的赞颂描写，对知青与农民相濡以沫的生存的温馨描写，对知青在困境中拼搏成长的奋斗描写，等等，熔铸成知青文艺的正能量本质。这些内容的表现，至今仍能激荡人心，濡染人性，昂扬社会正气，起到“净化人们的灵魂，提高人们的精神品质，鼓舞人们的意志，在当时和以后的行为中，做出有利于自己所属的社会群体（全人类或自己的国家、民族、阶级等）的事情”[②]这样的美的价值作用。

（四）丰富多彩的文艺样式

早在“文革”时期，生活在农村、农场的知青就以其文化知识和艺术才华在农村传播文化，开展包括文艺创作和举行文艺演出的各种文艺活动，创造出了多样的文艺成果，包括知青文学作品的发表、知青美术作品参加各类画展、知青文艺演出活动在乡村的演出等等。仅就广西知青而言，在农村插队期间就写作和发表了文学作品的知青就有聂震宁、孙步康、李建平、麦春芳、孙如容、黄乃康、张兴劲、潘茨宣、黄琼柳等多人，在农村就开始画画的知青有张达平、陈中华、余永健、罗传洲、黄敬佳等，这批人后来许多成为广西文艺界的中坚。“文革”时期的知青文学还有一类是“地下文学”，即未能公开发表且以控诉与

① 转引自何青《知青原生态诗歌的人性本原追求》，《西南民族大学学报》2004 年第 7 期。
② 黄海澄：《文艺学与价值论》，《走向现代化的文艺学》，江苏文艺出版社，1988 年。

反思为主要内容的文学作品，如南京知青创作的《南京知青之歌》、郭路生（食指）的《相信未来》、北岛创作的《回答》等等。广西知青也写有不少流露真情实感，抒发对社会对生活沉重思考而未能发表的诗作。这批作品，在"文革"结束后特别是70年代末开始在社会流传，有的成为朦胧诗的代表作，《相信未来》被称为"唤醒了一代青年诗群"[①]。

改革开放以后，知青文艺融入改革开放大潮，呈现新的发展，已构成独立的文艺样式。文学中的知青文学成为文学史的一种文学范式，读者广泛。影视剧中的知青电影、电视剧形象生动，深入千家万户，尤其以80年代的电影《今夜有暴风雪》、电视剧《蹉跎岁月》、90年代的电视剧《孽债》、2011年的电视剧《知青》等影响最大，传播最广。以《小芳》为代表的知青歌曲广为传唱，至今不衰。知青文艺会演紧锣密鼓，遍布祖国各地，传播正能量信息。广西知青与广西群众艺术馆联合每年举办一届知青文艺会演，至今已举办六届。演唱会上，尤以《我们年轻人有颗火热的心》的旋律最为激动人心，五六十岁的老知青们唱起它，红心激荡，青春飞扬，仿佛仍是一群一二十岁的年轻小伙与大姑娘。知青文化的艺术内涵，支撑着知青文艺构成新中国文艺的一种特殊艺术样式。

① 杨健：《文化大革命中的地下文学》，朝华出版社，1993年。

第五章 知青文化价值判断

20 世纪 90 年代以来，知青文化热在全国兴起：小说、纪实文学、影视作品等知青文学再度繁荣；各种知青杂志报纸、知青网站等交流场所纷纷出现；各地举办各种知青文化活动、联谊会、研究团体等，出版知青回忆录，从“青春无悔”“劫后辉煌”“青春凋零”“蹉跎岁月”等不同角度表达述说着知青历史，扩充知青文化内容。知青文化交织着理想与现实、城市与乡村、粗鄙与圣洁、绝望与调侃、放纵与牺牲等各种话语，体现了其表达历史、实证青春、交织文化、贡献能量的独特文化价值。

一、苦难岁月的历史表达

（一）反映“扎根农村干革命”的历史

作为知识青年上山下乡运动表现形态的上山下乡，1955 年的青年垦荒队就正式开启序幕。20 世纪 60 年代初至“文革”前已有大批自愿下乡的知青，组织垦荒队、远征队到农村、山区、边疆，立志扎根农村，成为广阔天地里的新农民，改变农村落后面貌，邢燕子、董加耕、侯隽等就是这个时期的知青楷模。1968 年 12 月，毛泽东发出“知识青年到农村去”的号召。知识青年上山下乡的意义被提高到“反修防修”，缩小工农差别、城乡差别、脑力劳动与体力劳动差别，培养无产阶级革命事业接班人的高度。知青上山下乡的政治动员和政治压力因素加大，逐渐演变成一场规模巨大的政治运动而具有强制性，知识青年上山下乡运动形成规模，席卷全国。出于对毛主席和党中央的无限热爱，要求自己成为改造旧农村、改造旧世界的先锋，成了知青最大共性。董加耕日记里的“身居茅屋，眼观全球；脚踩污泥，心忧天下”，成为知青经常引用的名言。主动要求到最艰苦地方“做毛泽东时代的新型农民”的知青为数不少，有的插队知青在“斗私批修”中与贫下中农结合，甚至与农民结成婚姻。1976 年 10 月以后，随着“文革”的结束，“扎根农村干革命”不再是主流话语，但是知青奉献社会、吃苦耐劳、忠于国家、舍己为人等共产主义道德品质的闪光点，与当地农民一道为改变贫穷面貌而忘我奋斗的精神不应该受到否定。

（二）记录知青的"蹉跎岁月"

知青下到乡下后，农村严酷的自然环境、高强度无休止的劳作、穷苦难熬的生活、单调贫乏的精神生活，使部分知青感到受挫、迷惘、痛苦，"文化大革命"中的"地下文学"作品真实地记录了知青苦难。许多大城市的知青都有自己的思乡歌曲，如北京知青有《山西知青离乡歌》，南京知青有《南京知青之歌》，表达了忧伤、思念和无望的情绪。在知青文学中，食指（郭路生）的《鱼儿三部曲》是知青从受挫、失望到苏醒、充满希望的精神写照。"文革"结束后的"伤痕文学"，像王安忆的《绕公社一周》《广阔天地的一角》、竹林的《生活的路》、叶辛的《蹉跎岁月》、孔捷生的《在小河那边》等等，乡村普遍被描述为苦难与伤痕、丑恶与痛苦的地方。知青作家以怨愤的情感批判极左暴政，表达的是对造成自身精神和肉体双重创伤的灾难性运动的愤怒和控诉，致力于展示知青一代的不幸遭遇。李锐的《黑白》为知青模范的自杀谱写了一曲挽歌；陆天明的《海边也是一个世界》和《上下都很平坦》无情地展示了知青屈服于淫威的怯懦；《血色黄昏》感伤地暴露了知青中的人性异化的灵魂……每一个知青，都有一段蹉跎岁月，刻骨铭心。

（三）宣告"青春无悔"

部分知青淡化苦难，不重诉苦。他们认为上山下乡的苦难经历是一种不可多得的财富，他们讴歌悲壮的经历，塑造崇高的人物形象，以此张扬知青身份，他们以苍劲、激切的悲剧性笔调将那辽阔的大草原、苍莽的黄土高原、神秘的北大荒抒写为"世界上最美好的地方"，是一片"神奇的土地"。张承志就明确地说："我不以为下述内容是一种粉饰的歌颂：无论我们曾有过怎样触目惊心的创伤，怎么样被打乱了生活的步伐和秩序，怎样不得不时至今日还感叹青春；我仍然认为，我们是得天独厚的一代，我们是幸福的人。在逆境里，在劳动中，在穷乡僻壤和社会底层，在思索、痛苦、比较和扬弃的过程中，在历史推移的启示里，我们也找到过真知灼见，找到过至今感动着、甚至温柔着自己的东西。"[①]梁晓声的作品更是用极富感染力的语言塑造了李晓燕、梁珊珊、王志刚、刘迈克、裴晓云等知青形象，彰显其英雄主义、理想主义的人格基调。梁晓声曾直言不讳地说过：被卷入这场运动前后达十一年之久的千百万知识青年，是极其热忱的一代，真诚的一代，富有牺牲精神、开创精神和责任感的一代。"我写《这是一片神奇的土地》《今夜有暴风雪》，正是为了歌颂一代知青，歌颂一场

① 张承志：《中华散文珍藏本（张承志卷）》，人民文学出版社，1997 年，第 221—222 页。

荒谬运动中的一批值得赞颂和讴歌的知青。”[①]20 世纪 90 年代以后，北京、成都、上海、天津、南京、重庆、广州、昆明等城市的昔日兵团先后举办各种形式的回顾展，并出版多种纪念文集，都围绕着这样一个浪漫主义主题——青春无悔。许多普通知青的回忆录写作也充满了轻松的怀旧和乐观态度，突出对理想的执着追求是其主题，艰苦插队生活的磨炼，造成他们命运的坎坷，人生的痛苦，同时也铸成了他们人生的基石。许多知青携带着自己的妻女不远千里重返曾经生活过的农场和建设兵团，证明自己的青春价值和英雄业绩。

(四)诉说个人体验

20 世纪 90 年代之后，在思想观念和价值判断日趋多元的背景下，许多知青作家更多地从个人化的角度去切入历史，从写作的群体性向个性化到个人化演进，从作家的救世立场转到民间立场。后知青文学更多地是把视点转向了自身，从挖掘自身的心理机制开始，将反思推进到自我的精神内部，平民化、世俗化是其在审美表现上的显著特点。王小波的《黄金时代》以其戏谑、私人化的创作手法揭示了知青原生态的生存窘况与精神世界。《黄金时代》中的知青王二冷眼旁观所发生的一切，用纯粹个人的行为方式——“性”来超越和逃避主流意识形态的支配，以对自然的生命形态和精神自由的追求来抗衡强权政治和主流话语。池莉的“新写实派”写法完全放逐了激情，只是“客观公正”地叙述生活的“原生状态”。刘醒龙、李洱、赵刚、韩东、韩少功、毕飞宇等相继推出知青题材作品，推动了后知青文学的发展潮流。后知青文学通过农民话语的介入、英雄主义的解构、“性”的暴露、知青触角的延伸，以其独特的私人化叙事方式而存在，尽力去还原历史全貌。

二、青年成长的实证范本

知青上山下乡运动是毛泽东建设社会主义新农村的实践，知识分子工农化、工农分子知识化是毛泽东延安时期以来的革命战略，毛泽东期望知识青年到农村去，走与工农相结合的道路，变成有文化的新农民。1964 年 12 月，周恩来也指出：“知识分子劳动化，劳动人民知识化，‘文化革命’的目标，所有的知识分子都不能放松自己的改造，改造的根本途径是：加强政治学习，长期深入工农兵群众，参加生产劳动。”[②]“文革”期间，知青上山下乡得到了社会的强烈

① 梁晓声：《我加了一块砖》，《中篇小说选刊》1984 年第 2 期。

② 刘文杰：《周恩来和知识青年上山下乡运动》，《当代中国史研究》1998 年第 5 期。

响应，当时的社会反应是积极的。一位知青说："从我自己的切身体验中，感到农村是最好的锻炼人的地方，许多东西是工厂和学校里学不到的，我感到下乡这几年比从学校里出来直接去工厂收获要大得多，这充分体现了上山下乡的伟大意义。"①他们纷纷按照党中央"四个面向"的要求：面向农村、面向边疆、面向工矿、面向基层，打起背包，辞别亲人，满腔热忱地奔赴祖国各地的村寨、工矿、农场安家落户接受再教育。据统计，到"文革"结束时，先后有 736 万多知青进厂、参军、升学，接近知青总数的一半，可以说，上山下乡确实是知青接受教育的一个阶段。在那个盲目个人崇拜的年代，"毛主席挥手我前进"，一时成为普遍接受的话语。知青一代大都尚未成年，独立的世界观、人生观和价值观尚未成熟与定型。知青深入到社会底层，面对农村中普遍存在的贫困、落后、愚昧现象，了解了农民纯朴、宽容、坚韧的品质，受到精神的陶冶和意志的锻炼，培养了他们自强、自立的品格，学会了劳动技能，积累了生活经验，为他们走上社会积累了应有的准备。在这个意义上，上山下乡是一场"教育人的运动"。②

知青们在乡村的磨炼中成长是毋庸置疑的。在 20 世纪五六十年代特定文化背景下，城镇的知识青年在中小学受到教育时，对农村的认识可以说完全是概念式的。知识结构是畸形的，系统的基础知识教育甚少，他们在下乡前内心的文化空白待填充处甚多，他们的社会视野也有很大局限。下乡以后，他们从城市到农村，从学生到农民，经历了人生道路上一场极为艰难的磨炼，在思想、体能、生活、感情等许多方面发生了很大的变化。原内蒙古兵团一位北京知青说："我对上山下乡这条道路一点也不后悔。只有在这条道路上，我才体会到了劳动人民脸上皱纹里的艰辛，才知道他们肚里装的是什么。也正是在这条道路上，我由一个骄傲自负的中学生，锻炼成为一个自愿与人民同呼吸共命运的老农工。"③

正是长期在这种艰苦磨炼的过程中，知青才逐步对中国的国情有了更为真切的了解，正是基于这种认识的提高，才产生了强烈的服务农村的愿望和责任感，使得知识青年能比别人更真切地体验出人民的疾苦，感受到国家的困难，并相当自觉地为民排忧，与国共难。上山下乡的特殊经历，在痛苦、思索、比较和扬弃的过程中，知青经受政治风雨的锤炼，成为具有较强独立辨别是非

① 知青日记书信选编委员会编：《知青书信选编》，中国社会科学出版社，1996 年，第 188－189 页。
② 张曙：《"文革"中的知识青年上山下乡运动研究述评》，《当代中国史研究》2001 年第 2 期。
③ 郑承军：《知识青年上山下乡运动的历史评价》，《同舟共进(广州)》1996 年第 10 期。

能力的一代。他们学会了独立思考，从脱离现实“解放全人类”的空洞说教中清醒过来，更加深刻理解后来中共十一届三中全会以来不断深化的经济体制改革的必要性和深远意义。知青群体后来成为国家建设的骨干力量，他们是改革开放的积极拥护者和参与者，为改革开放准备了干部队伍，也为改革开放作了思想、组织准备。

贫困苦难的农村生活，艰苦劳累的田野劳作，培养了知青对农村对农民满腔热爱的思想感情，培养和增强了知青们摆脱落后现状的社会责任感。《桑树坪纪事》《拂晓前的葬礼》《远村》等一大批优秀的知青文学作品深刻地把握、体现了乡土中国的历史底蕴与文化根性，刻画和剖析当代中国农村真实复杂的现状。知青大多来自城镇，来自相对单纯封闭的校园，正是在农村这所社会大学里，在复杂、艰难的环境中，历经坎坷与磨炼，使他们成熟起来。习近平曾说：“上山下乡的经历对我们影响是相当深的，形成了一种情结——叫黄土地情结。在遇到困难时想到这些，就会感到没有解决不了的问题。”[①]在今天的中国，无论是当了省长、市长，还是做了知名专家、学者的知青，或是成了下岗、退养工人的知青，回想当年，他们都深深感到尽管在农村插队消磨了青春年华，失去了许多本应该得到的东西，但经受了多方面的锻炼，增长了才干。经过上山下乡磨砺的这一代知青中，有一批人以其成熟、坚毅、脚踏实地、有责任感、自强自立等独特的精神风貌，成为各行各业的骨干、国家的栋梁，当年的知青有一批已成为社会的精英和各级政府的中坚力量。

三、理想与世俗交织的文化模块

有论者说：“知识青年上山下乡运动是一场始于浪漫主义而终于现实主义的运动。”[②]其实，下乡与返城，迷茫失落与重建精神家园，理想主义、浪漫主义、怀旧情怀、回归意等等，知青下乡到回城，不只是现实主义简单取代理想主义的过程，它始终是一个理想与世俗交织的结合体。

从童年到青年，知青一代经历了一个完整的新中国的毛泽东时代，在共产主义教育中憧憬着一个至纯至善至美的世界。纵观中国历史，没有哪一个时代的人们能像 20 世纪六七十年代的中国青年一样，狂热地崇拜领袖，崇拜英雄，渴望无私奉献。知青一代以革命理想主义和英雄主义激情为底色的共产主义信仰，其价值取向的本质是以集体主义和利他主义为根基的。前辈革命

---

① 习近平：《我是如何跨入政界的》，《中华儿女》2000 年第 7 期。

② 赵林：《我们更多地领略了生活》，《今日名流》1998 年第 10 期。

者已经描绘好了“革命理想”，知青一代只需要躬身践行。这一时期的知青一代都有强烈的“革命”认同，在他们的心目中，“革命”身份有着至高无上的神圣性。作家张抗抗曾说：“我在中学三年中所接受的，是老师们以无产阶级革命的名义灌入的种种神圣不可侵犯的似懂非懂的政治概念。”[①]这种政治概念也以一系列人格化的英雄模范体现出来，刘胡兰、董存瑞、罗盛教、黄继光、邱少云、雷锋、王杰、欧阳海……，深深被革命榜样崇高正义的人生境界和无私无畏的英雄气概所感染、吸引并净化。毫不利己，专门利人，鄙视、摒绝一切个人利益，把一切献给党、做革命事业大机器上的螺丝钉是知青坚定不移的人生追求。知青群体从小便被告知：他们肩负着比父辈们更伟大、更重要的历史使命——埋葬“帝修反”和资本主义制度，去解放世界上占总人口三分之二的苦难人民……。知青接受了类似宗教的精神洗礼，感觉到自身的崇高和伟大并获得生命的最终意义。少年时的共产主义接班教育，上山下乡时改天换地的抱负，革命理想主义和道德理想主义的崇尚，知青无不意气风发、激昂豪迈。正是以这些纯精神的信仰作为人生的信条，支撑着他们度过了艰难而坎坷的岁月，并充满无比壮烈和迫不及待的殉道精神。北京市长辛店铁路中学高二学生蔡立坚，1966 年“大串联”时站在刘胡兰烈士墓前，流着泪坚定了落户杜家山的决心，给自己改名为立场坚定的“立坚”。1970 年，广东兵团围海造田，遇台风袭击，兵团战士手挽手跳下海水，用胸膛和意志乃至生命保卫拦海大堤。刚下乡时，大多数知青是怀着“屯垦戍边、反修防修”的神圣使命感走上山下乡这条路的。至 1967 年底，北京已有 4000 名 66、67 届中学毕业生自告奋勇前往东北、内蒙古等地插队。[②] 邓贤在《中国知青梦》中这样说：“对于六七十年代的知青来说，英雄主义曾经是哺育他们成长的摇篮，是不可缺少的精神滋养，渴望无私奉献，渴望通过献身即为某种神圣目的而死来达到升华精神的崇高境界。”[③]

尽管知青是中国社会中最具理想主义、最有责任感的一代人，在这理想主义高扬的时代中，我们仍然看到知青上山下乡的世俗动机。“文革”爆发后，考试制度废除，红卫兵小将们终日无所事事，既然升学无望又在城市就业无门，于是就响应党和政府的号召自愿下乡。当时知青去农村，被宣传为一个大有作为的职业所在，但下乡与不下乡的抉择也关联着知青的政治和事业发展前

① 张抗抗：《从西子湖到北大荒》，《新苑》1982 年第 3 期。

② 刘小萌：《中国知青史：大潮（1966－1980）》，中国社会科学出版社，1998 年，第 142 页。

③ 邓贤：《中国知青梦》，国防大学出版社，1996 年，第 105 页。

途。后来的“九一三事件”使现代“革命”神话彻底崩溃，知青们从噩梦中醒来。穷乡僻壤的实际经历，知青们早先的“革命”认同受到了严重打击，产生了极为普遍的迷茫情绪：所谓的“革命者”们，知青一代的“革命理想主义”在“剥离”了“革命”成分之后所剩余的“理想主义”，往往只是一种浪漫的“精神品性”，“而不是意义话语”。① 1970 年，高校恢复招生，但采取“群众推荐，领导批准，学校复审”相结合的形式。1971 年 2 月，政策规定下乡两年以上的知青可成为招工对象。此后，通过招工、招生、征兵开启了知青返城。为了在城市工作，先到农村去便是先决条件。很多知青相当程度上充满矛盾地归顺了当时流行的政治规则：表现积极，争取日后的回城。至于“文革”后期，对多数知青来说，下乡更是一种无可奈何的选择。1977 年，高考恢复。1978 年 12 月，云南农场知青请愿、罢工要求回城。他们离开乡村是坚决与毫不犹豫的。1980 年，轰轰烈烈的上山下乡运动以慷慨悲壮的“知青大返城”狂潮而告终。大部分知青对这场运动的见解和心理变化，概括起来说，大致经历了四个过程，即盲从、迷惘、觉醒和抵制。

知青在返城后，物质、功利追求占据社会意识中心地位的现代城市商业气息与知青的思想格格不入。在世人纷纷走向务实的年代里，理想主义的火炬并未熄灭。新的理想是建立在古老人文精神基础上的审美乌托邦和乡村乌托邦，取代了革命乌托邦。梁晓声源于现实生活对他的压力和他对平庸现实的失望，为我们描绘了一幅可歌可泣、可悲可叹的北大荒垦荒图。《这是一片神奇的土地》《今夜有暴风雪》对知青生活赋以悲壮、雄奇的壮美与悲剧色彩。张承志的《金牧场》《心灵史》等作品，对于理想主义的界定和讴歌几乎升华为一种纯粹的宗教感情。张承志“以笔为旗”，用一支遒劲之笔于理想之旗上雕刻一个鲜明的时代勇士的自我形象，与世俗“抗争”，自觉抵御拜金主义、享乐主义和极端个人主义等腐朽思想。史铁生、陈村等人则着力将插队生涯与乡村进行诗意化和温情化塑造。史铁生的《我的遥远的清平湾》《插队的故事》等以抒情的笔调、感伤怀旧的语言充分赋予知青生活与乡村世界以美丽温情和诗情画意，描绘出一幅幅田园风情图，将遥远的清平湾视为精神与灵魂栖息的温馨家园。知青作家们至今仍然未脱尽乌托邦文学语境的话语方式。“蹉跎岁月我们不蹉跎”，在那个非常年代里，知青用刀斧和锄头这些原始工具使千年荒山变成了胶园，“北大荒”变成了“北大仓”，一辈人的青春化为汗水滴在祖国

① 刘小枫：《这一代人的怕和爱》，生活·读书·新知三联书店，1996 年，第 133 页。

大地上，怎能说毫无价值呢？梁晓声所塑造的李晓燕、曹铁强等知青形象证明：尽管时代是荒谬的，但这一代人的理想是神圣崇高的。

进入 20 世纪 90 年代，中国社会改革开放的进程加快，在商品化、市场化潮流的驱动下，实利主义空前膨胀。对照着都市中包装着华丽外表而自以为是的庸俗市侩，知青们更深刻理解了农民和乡村文化，农民的淳朴、善良、坚韧、宽厚，有力地支撑着知青度过了那段岁月。一曲《小芳》将感恩、愧疚的负心郎复杂情感渗透到悲怆的忆念中。平民化、世俗化的《孽债》《年轮》等影视将知青家庭的悲欢离合与上海都市的生态、心态、人文景观、文化特征融为一体，富于人情味、人性美，在广大观众中赢得了热烈的反响。知青餐馆、知青博物馆、知青电视剧和知青回忆录相继出现，与毛泽东像和革命歌曲的流行交相辉映。一些娱乐场所在墙上垂挂着大幅广阔天地的装饰画，四周点缀着用各种仿真材料制成的草鞋、草帽、镰刀、锄头等饰物，营造出独特的乡村氛围，洋溢着“精神回乡”的情怀。怀念过去的那段悠远的乡情，怀念心中那份圣洁的理想，怀念已逝的青春。在怀旧中，人们不知不觉地消费着历史。“知青”渐渐演变为提供娱乐、消遣的消费符号，反映了一种社会心态——知青情结。知青情结“具体表现为对土地的眷恋、对人民的热恋、对青春的追恋和对精神的苦恋四大社会特征”①。知青不约而同地表达对自然母亲的依恋与敬慕，对未曾污染过的乡村乐土的礼赞，对乡村纯朴的世俗生活的认同。知青还举办知青扶贫基金会，帮助那些能力孱弱、身体多病还挣扎在贫困线上的知青。一些知青在离开农村返回城市十几年之后，依然对第二故乡怀有眷恋之情，通过不同方式表达对第二故乡的回报之情。在知青们怀旧、恋旧的背后是团结互助，是一方有难八方助，真、善、美等传统美德的弘扬。王安忆认为“城市是一个人造的环境，而农村是一个很感性的、审美化的世界”，乡土生活“因是从自然的状态中生出，就有了一种神性，成为仪式，因而具有了审美的性质”。② 乡村乌托邦的建构反映了知青与乡村文化无法割断的精神联系。

---

① 赵小石：《“知青情结”的社会特征和社会影响》，《南昌大学学报》（社会科学版）1995 年第 3 期。

② 转引自王雪瑛《农村：影响了我的审美方式——王安忆谈知青文学》，《解放日报》1998 年 9 月 2 日。

四、贡献社会的正能量

总的来说，知青在广阔天地里改变不了农村，最终回归了城市，贫下中农也教育不了知青。这是由工业化初期资本积累以及错误的政治运动决定的，虽然这场运动在某种程度上客观地有着和现代化潮流相吻合的一面，但也有着与现代化相偏离的一面。大量知青放弃学业，造成人才断层，给国家现代化建设带来了长远困难，但知青在特定历史时期的贡献是应该肯定的。

历史已经证明："六十年代末的上山下乡洪流，很大程度上应当说是一种迫不得已的权宜之计……，既然无法用经济手段解决政治和就业问题，又不可能让千百万红卫兵成为无业游民，采用强制性的政治手段就成为当时唯一可供选择的方案。"①新中国成立初期，我国确立了工业化为主的发展战略，在短时间内要建立起独立的民族工业体系，强调优先发展重工业，中国工业资金中的 90％投向重工业，而资本密集型的重工业能够吸纳的就业人数很少。这一时期，知青眼看升学、就业无望，为了探寻出路，自愿走到乡下，并得到了党和政府的支持。知识青年上山下乡对于减轻城市负担、促进国民经济的恢复和发展，具有重大的意义。知青把青春毫无保留地献给了祖国，献给了农村。而大规模的上山下乡成为强制性政治运动，也给国家带来了严重的灾难，知青被耽误的同时也承担了共和国的艰难困苦。上山下乡减轻了城市就业压力，却增加了农村负担。但中国地域发展不平衡，广大农村是多么落后，大片荒地有待开垦，需要有文化的建设人才。特别是边疆地区还处在商品化程度很低的自然经济状态，个别地区还保存着刀耕火种的原始风貌。广大知青立志以自己的青春热血改变农村的现状，并为此抛洒了汗水。他们支援边疆建设，参加劈山引水、改土造田、开垦荒地、种粮植树、科学种田等农田基本建设活动，在农垦事业、农村文化教育和农业科技、移风易俗等方面有所贡献，为祖国不发达地区的开发建设做出了贡献。

正如上海知青张刚所说的那样"当年我们不是被赶走的，而是满怀热望满怀理想到边疆的"②，知青上山下乡，客观上是一次城市文明和农村文明的交融，是不同思想观念、价值观念、生存观念、生活观念的一次碰撞，形成了中国城市文化跟农村社会的一次大规模交流，在局部范围内提升了中国农村的文明水准。千百万知青到农村和边疆，改变农村贫困面貌的愿望是极其真诚的，

---

① 火木：《光荣与梦想：中国知青二十五年史》，成都出版社，1992 年，第 173 页。

② 贾宏图：《我们的故事》，作家出版社，2008 年，第 261 页。

知青积极地运用自己的知识、文化去影响农村、改造农村。在这之前，农村与城市生活方式上，特别是卫生习惯的差异无疑是巨大的。农村的男主外、女主内等生产生活模式，受过城市文明浸润的知青们是不会认同的。知青足迹所到之处，乡村小学、乡村诊所、农技排灌站等纷纷建立，知青都逐渐成为其间的中坚骨干。知青带来了音乐、篮球、足球、歌曲、报纸、普通话、卫生习惯等多方面的现代生活，把城市文明带到了闭塞落后的偏僻农村，改变了一些农村地区封建迷信的旧俗，开化了那里的民风民智。两种不同文化的接触是相互影响、相互作用的，乡村文化传统的与人为善、扶危济困的观念与行为，也造就了知青群体互助互爱的精神。

20 世纪 90 年代以来，中国社会发生了深刻变化，摒弃理想主义、放逐精神价值的消费主义文化形态逐渐完成了物欲对心灵的统治，建立起对大众日常生活实施控制的文化霸权。随着中国社会从计划经济转入市场经济，社会商业化程度不断提高，庸庸碌碌、胸无大志的实利主义生存态度和市侩哲学对各种社会领域广泛渗透。改革开放、市场经济给社会带来了一些负面的影响：许多人变得唯利是图、金钱至上，真、善、美的传统美德渐渐远去。知青一代“从诞生之日起，就被灌输了某种理想，他们也真诚地信奉这种理想”①，雷锋精神、革命英雄主义人生观、把一切献给党和人民等利他的道德理想经过二十多年的历史积淀，对知青来说，不再是一种宽泛的说教，而是在极其艰苦的岁月里互相帮助、互相关心、互相鼓励的体验。知青情结所体现出来的怀旧情怀，实质上表现出知青们对传统美德的向往和追求，对倡导良好的社会风气有一定的积极作用，是对以追求物质、功利为人生目的的庸俗人生，对金钱万能、物欲横流的庸俗社会的一种纠偏。

① 刘小枫：《这一代人的怕和爱》，生活·读书·新知三联书店，1996 年，第 141 页。

第六章 知青文艺研究

一、“文革”时期的知青文学

在中国当代文学的百花园里，知青文学是一朵散发着独特芬芳的奇葩。知青文学作为中国当代文学史一个重要的文学现象，与20世纪中期那场声势浩大的知青上山下乡运动密切相关。青春热血的知识青年从大中城市奔赴关东塞北、巴山蜀水、高原戈壁、南疆莽林，到农村的广阔天地里接受贫下中农再教育和劳动改造，这是中国当代史上最为特殊的时代。那些阔别自己熟悉的城市，走进陌生、偏僻、贫困而又苍凉的农村，与农民日出而作、日落而息的知青们，也成为中国当代史上最为特殊的一代人。上山下乡的知青生活和经历，影响了整整一代人的思想情感及命运轨迹。

知青文学是在那个特殊的历史背景和文化氛围下催生和发展的，带有鲜明的时代印记。目前，学界对于“知青文学”的概念还没有一个统一的定义，在《中国知青文学史稿》中，郭小东认为，“知青文学”就是以上山下乡为题材，展现知识青年上山下乡的生产生活、思想情感与精神风貌的一种文学样式。[①] 他把知青文学分为五个阶段：“前知青文学”“‘文革’时期知青文学”“知青追忆文学”“知青后文学”“后知青文学”。这样的界定应当是有利于我们把握知青文学发展脉络。

（一）“文革”时期知青文学概貌

“文革”时期知青文学主要是指1968年至1978年十年间的知青文学。[②]“文革”前期（1966—1971年），我国文学遭到了严重的破坏，文艺园地百花凋零，一片荒芜。自1971至1976年，国家对文艺政策进行了一定的调整，文艺书刊开始有限度地出版。1971年9月，《广西文艺》以《革命文学》为名率先复刊（1972年起恢复《广西文艺》刊名）；12月，由原北京市文联主办的《北京文艺》以《北京新文艺》为名复刊。随后，《广东文艺》和《革命文艺》（内蒙古）等文

---

① 郭小东：《中国知青文学史稿》，北京十月文艺出版社，2012年，第4页。

② 同上。

艺杂志相继复刊。到1973年,全国大部分省市文联主办的机关刊物都已复(创)刊。同时,文艺书籍出版也有一定程度恢复。可以说,在"文革"后期,文学创作活动在一定范围里开展,这一时期的知青文学在主题思想、创作手法、叙事模式、人物刻画等方面都深受"文革"文学的影响,与"文革"文学保持一致的同步性。在叙事方式上,"文革"时期知青文学的叙述方式是革命战争式的宏大叙事,革命战争式的宏大叙事是"十七年"时期形成的文艺观念,在"文革"的主流文艺思想中继续被沿用了下来,深刻地影响知青文学的创作。在创作方法上,则主要采取革命的现实主义和革命的浪漫主义相结合的创作方法。知识的知青作品,尤其是在报刊上发表的作品,主要表现的是知识青年响应伟大领袖的号召,在祖国边疆、农村、农场的"广阔天地"接受贫下中农教育,自觉改造思想,克服重重困难,战胜大自然,用双手改变祖国贫困落后面貌的火热生活。例如银川知青胡大雷到宁夏回族自治区泾源县兴盛公社插队时创作并发表的一首诗《试验田》就是这样的作品:

绿油油,水汪汪,一块稻田映蓝天。叶叶茂,株株壮,好像都长在咱心田。

是咱在乱石中开出地,劈山开渠引清泉;地边上插木牌:"知青水稻试验田"。

山深水冷气候又多变,搭起暖棚开秧田。用咱浑身热情暖山泉,秧苗才长得格外欢。

肥沤了一次又一次,地耙一遍又一遍。江南带来的良种陪伴咱,扎根开花结实在山里边。

站在青青的稻田边,支书满面笑容作指点;心红人勤稻香飘,誓叫咱山区处处都有大寨天。①

(二)知青作品

这一时期的知青文学作品主要以小说、诗歌、散文、报告文学为主。公开发表的代表作品有:1973年由广东人民出版社出版的《峥嵘岁月——上山下乡知青短篇小说集》,该小说集收入了主要由知识青年创作的19篇小说,反映了知识青年到山区农村接受贫下中农的再教育,在阶级斗争、生产斗争和科学实

① 胡大雷:《试验田——在广阔天地里之三》,《宁夏日报》1973年5月23日第3版。

验“三大革命运动”中锻炼成长；1974 年，上海人民出版社出版了《青春颂》，这本书被称作是“反映上山下乡知识青年斗争生活的专辑”，包括小说、散文、诗歌等多种文学体裁；同年，该社又推出“上山下乡知识青年创作丛书”，第一种为短篇小说集《农场的春天》，收入包括孙颙的《长江后浪推前浪》、王小鹰等的《小牛》、王周生等的《雏鹰》在内的 15 篇小说，任犊所作的《序》说，这套丛书的出版“有着巨大的政治意义和思想教育作用，而且也将推动社会主义的文学事业的发展”①；1973 年，上海人民出版社出版了郭先红的长篇小说《征途》，内蒙古人民出版社出版了张长的《青春》；1974 年上海人民出版社出版了汪雷的《剑河浪》；1975 年，上海人民出版社出版了张抗抗的《分界线》；1976 年，人民文学出版社出版了王士美的《铁旋风》，浩然的长篇小说《金光大道》、中篇小说《西沙儿女》等组成主流文学的强大阵营，北京大学中文系 72 级创作班工农兵学员（其中大部分是知青）集体创作的长诗《理想之歌》，表现了高昂的革命激情、理想主义和浪漫主义精神，在当时影响很大。“文革”时期出版的知青诗歌集有《军垦集》《新芽集》《新绿集》《火焰般的年华》等，散文集有《南岭新松》《春满南疆》等，报告文学集有《踏遍青山》《北疆战士》等。除此之外，一些报刊还以“在广阔天地里”“广阔天地歌声高”等栏目形式，集中发表反映知识青年生活的诗歌、散文作品，如广西壮族自治区的《广西文艺》《广西日报》《玉林文艺》《百色文艺》等，发表过聂震宁、黄琼柳、杨克、麦春芳、黄乃康、张兴劲、李建平、林冬、潘茨宣等知青的诗文，知青文学在数量上形成一定规模。

（三）地下文学

这时期除了公开出版的主流文学作品，非主流的地下文学以手抄本的形式在知青中盛行，如《年轻的朋友你来自何方》《这就是美丽的西双版纳》《我的家乡》（又名《南京知青之歌》）这类单纯抒发乡愁的诗歌和歌曲，还有一些抒发个人真情实感，具有现代诗风的诗歌，其中最有价值和影响的是诗人食指的诗。食指的两首诗《这是四点零八分的北京》《相信未来》在知青中广为流传，《这是四点零八分的北京》抒写了诗人作为上山下乡中的一员在离开北京的那一瞬间，突然感受到了心灵的强烈触动，“北京车站高大的建筑，/突然一阵剧烈的抖动。/我吃惊地望着窗外，/不知发生了什么事情。/我的心骤然一阵疼痛，一定是妈妈缀扣子的针线穿透了我的心胸。/这时，我的心变成了一只风筝，/风筝的线绳就在妈妈手中”。诗人捕捉住火车开动这一历史性的时刻，把

① 邹菡：《文革文学中的知青文学》，《涪陵师范学院学报》2004 年第 1 期。

远离父母家乡的惜别之情，对未来的茫然，都汇聚在“四点零八分”这一瞬间，使这一瞬间浓缩了一个特定时代的重大历史内涵，该诗作被认为是新时期朦胧诗崛起的先声。广西合浦县知青张兴劲，也在1977年办起油印文艺刊物《浪花》，发表知青作品，出版了六期后被县宣传部通知停办。这批被称为“地下文学”的作品，是知青文学的重要组成部分，更具文化内涵。

知青上山下乡运动早已烟消云散，然而，历史将永远不会忘记1700多万知青奔赴祖国四面八方贡献自己青春韶华的豪迈气概。尽管这一时期的知青文学作品深深地打上了时代的烙印，具有一定的局限性，甚至某些作品纯粹是空洞的说教。但是我们应该看到，知青作品中所体现出来的理想主义、爱国主义以及奉献主义精神，在当下物欲横流、功利主义至上的商业社会里却显得特别弥足珍贵，这是值得肯定的。因此，我们应该用历史的、辩证的眼光来看待此时期的知青文学。

二、1979年以来的知青文学

回顾中国新时期的文学，“知青文学”是一股不可忽视的现象，知青作家是一个非常重要、非常醒目的群体，如从新时期初期的叶辛、孔捷生、陆星儿等，再到后面我们熟悉的王安忆、张抗抗、韩少功、张承志、郑义、阿城、李杭育、陈村、王小鹰、史铁生、陶正、马原、张炜、矫健、陆天明、陆星儿、晓剑、卢新华、李晓、柯云路、李锐、老鬼（马波）、邓贤、朱晓平、乔瑜、郭小东等。“知青文学”这一说法最早源于1983年，即当时的知识青年用各种各样的文学作品来展现自己的知青生活。20世纪60年代末，一场轰轰烈烈的“上山下乡”运动，不仅改变了无数青年的命运，更是促进了知青文学的繁荣。知青作家用自己手中的笔从多个角度来抒发自己的知青感悟，多元的叙述立场反映出了知青作家复杂的思想态度，也构成了知青文学的多元支流。

知青小说的叙述姿态，大体是从批判到留恋再到辩证的发展，它体现出知青作家们对知识青年上山下乡运动逐渐深入的思考，也是知青文学自身的成熟过程，不同的叙述姿态从侧面表现了知识青年上山下乡运动的复杂性。新时期最初的“伤痕文学”对知识青年上山下乡运动呈现出否定态度，控诉和揭露占很大一部分比例，它主要书写知青生活的苦难遭遇，记录自己的苦难经历，比如卢新华的《伤痕》和叶辛的《蹉跎岁月》。在此潮流之后，知青作家开始对那段历史呈现出追忆叙述。知青作家把更多的情感因素加入其中，他们把知青生活描写成一种美好和自然的乡村生活。在许多知青作家那里，乡村也就顺理成章地成为他们的心灵港湾，比如梁晓声的《这是一片神奇的土地》和《今夜有暴风雨》、孔捷生的《南方的岸》、史铁生的《我的遥远的清平湾》、王安忆的《本次列车的终点站》和张承志的《绿夜》等。还有一些作品对知识青年上山下乡运动持辩证的态度，不再是仅仅给予简单的肯定和否定，而是从辩证的角度来反思历史和自身，比如在孔捷生的《大林莽》中，他把“大林莽”看成苦难的制造场，但是它又催促着作者的成长。阿城的《棋王》、韩少功的《归去来》和《蓝盖子》、朱晓平的《桑树坪纪事》都用更加深刻的眼光来看待历史，也深化了对知识青年上山下乡运动的价值判断。

“百废待兴”可以说是新时期的典型特征。从十一届三中全会开始，我国全面展开了改革与开放的进程。“以阶级斗争为纲”口号的果断停止使用，也标志着我国的思想和文化都进入了一个崭新的阶段。从上而下的政治改革，从沿海到内陆的经济改革，作家们的思想都在发生着日新月异的变化。从八十年代初期的“伤痕文学”“反思文学”到八十年代中后期的“寻根文学”“改革文学”“新现实主义”，再到九十年代之后蓬勃发展的泛知青现象，在众多知青作品中激荡着作家们对“青春无悔”“劫后辉煌”“乡恋之情”的纪念。

(一)1978—1985年知青的“伤痕文学”和“反思文学”

在20世纪80年代初期，文学的主要表现形态是“伤痕文学”和“反思文学”。卢新华的《伤痕》拉起了“伤痕文学”的导火索。描写“文化大革命”中的创伤是其主要的主题，愤怒成为这一时期知青文学的主要感情特征，揭露伤痕成为作品的主要内容，强烈的批判色彩和无法摆脱的哀伤情绪构成了这些作品的基调。这些作品的出现与当时的社会思潮紧密相连，知青作家们由于自身的经历，在回顾历史时，就很容易找到内心不平的原因，农村自然环境的恶劣和现实环境的单调更是让知青作家在农村“看不到出路”。在“文革”初期，他们从意气风发的少年，再到接受领袖检阅和革命串联，这一切的荣耀都与“广阔天地”的暗淡形成了对比。这一时期比较突出的有竹林的《生活的路》和叶辛的几部长篇小说。《生活的路》较为集中地写出了知青们在“广阔天地”的矛盾心理，小说中的娟娟在社会矛盾和自身矛盾中挣扎，她从单纯走向复杂，直到最后走向毁灭，作者更多地强调了造成娟娟悲剧的社会原因。叶辛的《我们这一代年轻人》《蹉跎岁月》和《风凛冽》，把关注的焦点对准知青自身的命运，用很大的笔墨写出了知青内部的生活矛盾和心理冲突，展现出了知青在特定历史环境中的独特命运和思想历程。

“反思文学”顺应发展紧跟其后。对于“伤痕”的揭露和控诉，慢慢平息了人们心中的怒气，社会和经济的平稳发展使得知青作家们开始反思历史，冷静地思考事情产生的深刻原因。知青文学反思的内容相对于其他体裁的作品，有着自身的独特意义，其他作者反思的目光多集中于对国家命运、民族道路及“极左路线”产生的历史根源的探究上，知青文学反思的重点则是客观地、实在地冷静估价自己所走过的道路，在反思的基础上重新给自己定位。王安忆的《本次列车的终点站》较早地透露出反思色彩，表述出了知青内心的失落感和迷茫感。在经过了艰苦岁月的磨炼，在面对向自己敞开的新的道路，一代知青该如何体现自我价值？在梁晓声的《今夜有暴风雨》《这是一片神奇的土地》、路遥的《人生》、史铁生的《遥远的清平湾》、张承志的《北方的河》、孔捷生的《南方的岸》中，我们可以看到作者们的反思，知青岁月作为一种潜意识，潜移默化地影响着作者们的思想，他们从不同的角度再次展开了那段岁月，反映出了知青们的不断成长。“又一次列车即将出站，目的地在哪里？他只知道，那一定是更远、更大的，也许跋涉的时间不只是一个十年，要两个、三个，甚至整整一辈子。也许永远得不到安慰。然而，他相信，只要到达，就不会惶惑，不会苦恼，不会怅然若失，而是真正找到了归宿”①，王安忆没有给知青具体的归宿却又给了归宿。

由梁晓声提出的“悲壮的青春”适时地给予了知青莫大的心理慰藉，同时也给那段辛苦岁月染上了黄金般的色彩。梁晓声的《今夜有暴风雨》是英雄主义和理想主义色彩的典型代表，《这是一片神奇的土地》《今夜有暴风雪》《雪城》等可以看成是反映知青生活的系列作品。在他的作品中，知青岁月不是一段简单单调的辛酸岁月，在文章的字里行间可以看出作者的激情，除了对北大荒无限的思念和深深的爱恋之外，更表达了一种对于人生的思考，哲辩的思维成为文章的灵魂。知青们在返城之后，此时的城市发生了翻天覆地的变化，一片片陌生的景象显现在眼前，住房、就业、婚姻、子女等现实问题再一次打击了知青们的心灵，乡下的山清水秀此时则扮演了“第二故乡”的角色。那片神奇的土地成为在城市中挣扎的动力来源，乡村给知青的生活注入一股股温暖的力量，甚至有些乌托邦的色彩。

（二）1985—1990 年知青作家发动的“寻根”文学

如果说上一时期的知青文学把重点放在自身，这一时期的知青作家则是以追寻着螺旋式的发展方式，进一步加深思考层次，从苦难生活和思想困惑中

---

① 王安忆：《本次列车的终点站》，《上海文学》1981 年第 10 期。

发掘出积极进取的精神。知青作家们扩大自己的视野，透过自己的知青经历，立足于自己的生活领域，从更加宏大和整体的角度把握民族的历史道路。孔捷生的《大林莽》就是以小见大，从局部看整体的代表作品，他站在时代的高度，用历史的眼光来看待知识青年上山下乡运动。在八十年代的后半期，政治体制进一步完善，经济制度进一步发展。在文化上，传入了一股清新的味道，西方18、19世纪的现实主义、浪漫主义渐行渐远，代替巴尔扎克、托尔斯泰、别林斯基的是一些新兴的西方现代主义流派，存在主义等哲学思想也进入人们头脑，人们也开始在这种碰撞中反思自己文化的精华与糟粕，运用新的理论尝试着解决文学自身的问题。商品经济社会的发展而产生种种新问题，知青作家在城市生活的复杂现状，英雄梦和当年理想主义的破灭这一切都使得知青们更加关注当下的生活。著名评论家张奥列分析此时的知青文学时睿智地指出："作品的内涵超越自身题材，这是知青文学的新趋向。上山下乡运动，诗歌是特定社会环境下的历史现象：知青题材，大概不会是文学创作的永恒题材。但它的内容可以不断拓展，主题可以继续深化。"①知青作家们已经不满足于从一般意义上创作知青作品，而是寻找着新的路径，不断地实现知青文学的超越。通过对特殊年代里人生价值的实现，表现了知青作者对自身命运的超越，对时代痛苦的超越，完成了作者对人、对生命内在价值的肯定。

在20世纪80年中期，"寻根文学"流派成为文学重镇。许多知青作家也积极投入到这一浪潮之中，如阿城的"三王系列"（《棋王》《树王》《孩子王》），张承志的草原系列《骑手为什么歌唱母亲》《黑骏马》、孔捷生的《大林莽》等。在与世界文化对话中，许多知青作家试着恢复原有的价值体系，如阿城"三王系列"中的道家文化，王安忆作品中对于传统文化的另类描写等。《棋王》《树王》《孩子王》始终贯穿着阿城对于文化的追求，对于传统文明的寻根，知青的乡村生活推动着他对传统文化新的理解，对传统文化的归附。《棋王》的主人公王一生，是个名副其实的"棋呆子"，吃和下棋是其一生中最重要的两个主心骨，在王一生的背后则是知青群体。在知青群体生活的平凡场景中，讲述了王一生不平凡的传奇人生。王一生虽然生逢战乱时期，却是"道家生活哲学的具体形象化"。王一生把人生提升到比一般的知青人生更高的高度，主人公的"圣贤"境界在一次次的下棋、一次次的认知顿悟中升华，开始文化的传奇寻根。

随着从城市到农村、从沿海到内陆的改革步伐，我国的经济以惊人的速度

---

① 张奥列：《知青题材的超越——对孔捷生〈大林莽〉的思考》，《当代作家评论》1985年第6期。

向前发展，改革文学就经济市场、政治制度在我国实际情况中产生的种种问题，进行了由浅入深的描写，较真实地反映了我国的社会现状。在80年代后期的改革文学中，知青文学同样占有重要地位。知青作家们在认真观察社会现象和亲身体验改革的基础上，结合自己的实际情况，给予了深刻的分析，将知青角度和改革角度相互融合，来表现社会各阶层中的矛盾，更加深刻地反映了改革开放中的困惑。如知青作家柯云路的《新星》《夜与昼》《汾城逸闻》等，陆天明更多地从苦闷的角度来描写知青生活，《桑那高地的太阳》《啊，野麻花》是两部典型代表。知青在经历了苦难生活之后面临着尴尬的境地，以严峻深刻的角度来揭开知青们"伪装的坚强"，把柔弱之后的"残忍"展现在作者面前。往年的英雄主义和理想主义，在陌生的城市面前受到冲击，正是曾经受到过毛主席的"知识青年到农村去，接受贫下中农在教育，很有必要"的"为人民服务"式的教导，使得知青们在失败面前出现惶恐、恐惧的情绪。

从批判现实主义到新写实主义的轨迹，正是知青价值体系丧失到新的价值体系重建的轨迹。20世纪80年代中后期，在写作方法上，依然是以写实主义为主，但是融入了"零度叙述"，提倡作家"退出小说"，让生活自己说话，还原生活的原生态，刻画生活的本质，用冷漠的态度来描绘生活的本来面目，荒诞、丑陋、灰暗和无奈都有出场，透露着黑色幽默的苦涩味道。如果说批判现实主义是从人道主义的立场来重建价值体系，那新写实主义则是试图用生存主义来对旧的价值体系进行解构。知青作家在新时期创作了丰富的作品，如朱晓平的"桑树坪系列"，老鬼的《血色黄昏》，李晓的《继续操练》《机关轶事》《屋顶的草帽》《浪漫主义和病退》《小镇上的罗曼史》《七十二小时的战争》，池莉的《烦恼人生》，王安忆的《69届的毕业生》《流水三十章》《本次列车终点站》以及孔捷生的《普通女工》等。

这些作品极大地丰富了知青文学，把知青视角提高到国家和民族的高度，发掘其中民族命运和知青命运的深刻关系。"在我们这个国家，不真正了解农民，也就谈不上从深层意义上了解我们的这个民族"①，正是这种认识，使得知青作家们把自己的眼光转向中国广大的农民，如朱晓平深刻地体察农民的生活，关注农民的命运，塑造了李金斗、李金明等一批生动鲜明的农民形象。李金明是一位典型的中国农民，默默忍受着艰辛的生活，在贫瘠荒凉的土地上日复一日地默默劳作，那个叫"豁子"的老牛也可以看成是金明命运的写照。这

① 《中国青年报》1986年6月20日朱小平和浩非、张陵关于该小说的通信，转引自吴志峰《为了告别的葬礼——八十年代中后期知青小说对农民形象的重新塑造》，《文学评论》2011年第5期。

种感情立场和叙述目标的变化有着重大的意义，它完成了对城市与农村、知青与农民之间的隔绝与冲突的跨越，这是值得我们反思之处。另外一部重要的批判现实主义的作品是老鬼在1987年创作的《血色黄昏》，老鬼打破了传统知青文学的叙述模式，用真实的生活强有力地打破了之前知青文学中对英雄主义和理想主义宏大的主流叙事策略，在奔腾的感情宣泄的背后则是对那个时代的控诉，对大西北内蒙古大草原的深深的情感。作者在《血色黄昏》中曾这样说："……比起那些纤丽典雅的文学艺术水平来说，它只算是荒郊野外的一块石头，粗糙、坚硬。"①

（三）1990年之后的后知青文学

青春岁月是人生中最美好的年华，对青春的缅怀和对岁月的追忆也是人之常情。许多知青作家用手中的笔来抒写心中感慨和回忆青春岁月，如《青春无悔》《知青档案》《辉煌的青春梦》《北大荒启示录》等，这些作品反映着当年知识青年上山下乡运动的方方面面，与典型的真实叙述手法不同的是，这些纪实作品抛弃了慷慨昂扬的政治批判和道德判断，淡化理想色彩，不刻意追求深层的文化底蕴，而是较大可能地还原历史的真实，通过毛茸茸的真实来感受当年的社会、文化和政治等，其中也闪烁着作者对人生的哲理思考。全景式的纪实也在这时大规模出现，《中国知青部落》《中国知青梦》《热血冷泪》等是代表作品，通过全景式的描述，"上山下乡"运动以更加直接的方式与读者见面。对于一般的纪实作品，全景式的叙述以更加宽广的层面来看待历史，给予了我们可信而又具体的史料，是一笔丰富的精神财富。

后知青文学和泛知青现象是九十年代后期知青文学的典型特征，知青回忆录、知青题材电视剧和知青岁月回顾展是此时的文学形态。曾经接受过"农村是个广阔的天地，在那里是可以大有作为的"精英教育的知青们，现在已渐渐融入城市，身上的往昔光辉开始逐渐退却。从90年代开始的"知青文化热"燃烧着祖国大地，知青文化回顾展、30周年纪念活动、40周年纪念活动、知青生活的回忆录如雨后春笋般发展。如东北知青于1990年在中国革命历史博物馆举办的《魂系黑土地——北大荒知青岁月回顾展》，此后各地纷纷"效仿"。知青文化也开始进入影视界，如电视连续剧《孽债》《年轮》《雪城》《遭遇昨天》《荣辱商界》《北京人在纽约》等。

《广西日报》《南国早报》不断地登载广西知青们所特有的"第二故乡"回忆

---

① 老鬼：《血色黄昏》，工人出版社，1987年，第1页。

录，由南宁知青黄少雄主编的《难忘的知青岁月》也已出版，它用700多页的篇幅详细地刊载了广西知青们的记忆。有学者这样分析知识青年上山下乡运动："从本质和内涵上看，那是一种社会实践、动态学习，是一种心志的历练和情韵的释怀，更是一个对社会对人生的认知扩大，理念提升的过程和感悟。"[①]《难忘的知青岁月》不仅仅从横面上描绘了知青历史，更是从深度上给予了知青现象、知青文化难得的分析。在李建平的散文《又见故乡草木欣——重返故乡杂忆》中，作者把插队六年的兴安县称为"第三故乡"，他这样写道："光阴倏忽四十年，回首往事不汗颜。白日苦耕红土地，黑夜恋翻旧诗篇。九载蹉跎终有限，一声高考入校园。如今岁月翻新页，各自珍重看人间。"[②]在李建平六年的知青生活中，兴安县金石公社是断粮之地，但是在时光渐行渐远之后，它却变成了魂牵梦萦之乡。

90年代后期，人们的价值体系逐渐呈现出多元化的情形，这也带动着知青文学的"私人叙事"的产生。知青作家生活的不断丰富，个性化的叙述角度成为知青生活的另一种传达途径，这也是新时代人道主义的体现。《黄金时代》《马但丁》《老知青聊斋》《谁为我们祝福》《归去来》等传达出不同于主流叙述的私人情感。《黄金时代》是以云南的知青生活为背景，反映了70—80年代的性意识。王小波抛弃了传统的写作方式，是对知青文学较大的超越。在《黄金时代》里，王小波成功地塑造了两个"不一样"的知青人物即王二和陈清扬：主人公王二不在乎别人对自己的看法，把"痞子"气息贯穿于自己追求生命之真的始终；陈清扬对于"破鞋"身份的看法转换，也是对以往女性知青形象的颠覆。他们的故事是对传统思想观念和道德模式的强烈冲击，在黑色幽默之余却引起了人们对于自身的思考。

总之，通过新时期知青文学发展的脉络，我们可以看出知青作家们的视野逐渐从狭窄走向宽广，从对自身的叙述发展到审视民族的高度，文学自身也完成了螺旋式的成长。知青文学，从对自身命运的关注到对自我价值实现的追求，从对理想主义精神的渲染到对民族命运的把握，从对历史发展的思考到对人生底蕴的理解，完成了一个又一个的超越。知青文学给我们呈现出了多元化的叙述方式，这既是源于知识青年上山下乡运动的复杂性，也是知青作家们自身感受性的差异。然而正是多元化的叙述，才使得知青文学的色调不再单

---

① 杨健：《中国知青文学史》，中国工人出版社，2002年，第437页。

② 覃瑞强主编：《重返故乡》，广西人民出版社，2011年，第410页。诗中的"九载"指插队六年和到地质队工作三年。

一，思维模式不再刻板，“百花齐放，百家争鸣”下的知青天空才会更加辽阔。多元化叙述不仅彰显了人性的本真，也让知青文学在新时期被赋予了新的精神内涵。

“上山下乡”运动渐行渐远，往日的浓烈感情逐渐转化成了深沉、冷静的思考，在那个特殊的年代里，知青们有过苦难和迷茫，也有过甜蜜和温暖。从伤痕中反思，从反思中超越，知青文学给予了我们一个全新的角度看待历史，知识青年上山下乡运动成为知青作家们心中的一笔精神财富，丰富多彩的知青文学也永远不会在读者心中丧失光芒。

三、知青题材艺术作品与演出活动

（一）从单一走向多元：知青题材影视作品

知青题材影视作品因其题材的特殊性，天生便同意识形态有着剪不断的关联，而它自产生至今，也经历过几次重要的社会转型，因此不同时期的知青题材影视作品都带有其所处时代的鲜明特征。从思想内涵和艺术风格方面来说，知青题材影视作品总体上呈现由单一革命话语到多元化的发展轨迹。

1.革命圣经：新时期以前的知青题材影视作品

知青题材影视作品其实在“文革”前便已经出现，知青电影的发端可以上溯至1958年的《上海姑娘》，此后出现的电影还有《我们村里的年轻人》《年青的一代》（1965年版）、《朝阳沟》《生命的火花》《山村姐妹》等，这批电影反映的内容主要分为青年知识分子投身农村建设或边疆建设两类，而故事情节则具有非常固定的模式，即受过教育的年轻人主动来到农村或边疆从事生产建设，通过知识与技术改造农村面貌，他们在此过程中受到挫折，却又不畏艰难险阻，以自己的努力与坚持克服困难，最终获得成功。严格来讲，这批电影并不是以真正意义上的以知青为叙述主体，但其中所表达出的知识青年到农村去的主题，已然发出了“广阔天地，大有作为”的政治号召，这种充满革命激情的鼓动，亦可视为大规模上山下乡运动的序曲。

值得一提的是，这些电影塑造了一批以《我们村里的年轻人》中的高占武、《年青的一代》中的肖继业、《朝阳沟》中的拴保和银环等为代表的青年形象，他们因年轻而富于朝气，又具有十分优秀的外貌条件，在那个娱乐匮乏的年代产生了不小的社会影响。譬如在由豫剧改编的豫剧电影《朝阳沟》中，拴保的唱段“我决定在农村干它一百年”在当时曾一度成为流行歌曲，但澎湃的激情并不能改变人物公式化、概念化的弊病，以及电影叙事层面的苍白单薄。究其原因，是因在这类电影中，电影作为一种艺术形式的艺术性被压缩，而政治功利性超越艺术性，使电影成为政治的工具。

及至"文革"期间，当更严格意义上的知青电影出现时，这种政治功利性则在更大程度上被放大。在"文革"文化专制的氛围下，对于意识形态的理解收缩为仅有政治意识形态一个方面，与这种文化霸权相比较，电影显得如此羸弱。这一时期占据电影江山的作品全部是革命抒情剧，知青题材电影亦不可幸免地遭到了政治的绑架。在当时被奉为"文艺创作塑造无产阶级英雄人物必须遵循的一条原则"的是"三突出"原则，[①]在僵化死板的创作原则指导下，毫无疑问将会产生一批极为教条且毫无艺术活力的知青题材电影，如《征途》《年青的一代》(1976 年版)、《山村新人》《决裂》《甜女》等。"文革"时期知青题材电影非常突出的特点就是剧情千篇一律，人物塑造完全符合"三突出"原则，政治目的和"以阶级斗争为纲"的立场张扬到极致，电影彻底沦为宣传手段，艺术成为政治的牺牲品。例如改编自同名话剧的电影《年青的一代》继 1965 年版本之后，在 1976 年又被翻拍为彩色版本，新版本中，遵循"三突出"原则，男一号肖继业增加了许多戏份，而他的第一个镜头便是那种"高大全"式的亮相，具有鲜明的时代特征。

与电影相比较，电视剧在中国出现的时间则相对较晚，中国第一部电视剧诞生于 1958 年。因其产生的年代，中国电视剧从一诞生便与政治意识形态相伴而行，从 1958 年到"文革"结束的 1977 年，中国电视剧基本上是作为政治宣传工具而存在的。但由于当时电视机还未能达到普及，因此电视剧的影响力也十分有限。这一时期知青题材电视剧的代表作是上海电视台录制于 1975 年的《公社党委书记的女儿》和《神圣的职责》，这两部电视剧具有很强的政治功利性，以肯定上山下乡运动、宣传"极左思潮"为目的。

新时期前的知青题材影视作品，在那个阴霾的文化专制年代，营造出一个充满激情的革命"乌托邦"，然而这种扭曲时代的产物毕竟是经不起时间考验的，口号喊得再铿锵有力依然无法掩盖艺术层面的苍白黯淡以及人文关怀的缺失。

2.青春祭：八九十年代的知青题材影视作品

"文革"结束后，上山下乡运动亦随之落幕，随着返城政策的开展，大部分知青都踏上了返城之路回到城市。政治风向的改变，带来的是文化政策的宽

---

① 南帆：《二十世纪中国文学批评 99 个词》，浙江文艺出版社，2003 年，第 72 页。

松，特别是改革开放后，思想解放的时代思潮使得文化事业出现了从未有过的活跃和繁荣，而知青题材的影视作品也进入一个崭新的时期。

与新时期以前的知青题材影视剧多改编自在社会上产生一定影响的戏剧作品不同，八九十年代的知青题材影视剧则多改编自知青题材文学作品，如电影《棋王》《孩子王》《天浴》《今夜有暴风雪》，电视剧《雪城》《年轮》等。这一时期的知青题材文学作品在文坛叱咤风云，诞生了许多文学佳作，这无疑为知青题材影视剧的创作提供了丰富的沃土。亦正因此，这一时期的知青题材影视剧也如知青文学一样，经历了从"伤痕"到"反思"的思想脉络。此外，随着电影理论的"西学东渐"以及电视机的普及和电视剧理论的发展，中国的影视剧进入了美学自觉阶段，开始注重艺术性，从而诞生了一大批艺术性与思想性兼顾的精品之作，如电影《苦恼人的笑》《生活的颤音》《泪痕》《神奇的土地》《牧马人》《人生》《勿忘我》《我们的田野》《他们并不陌生》《今夜有暴风雪》《青春祭》《孩子王》《棋王》《天浴》，电视剧《蹉跎岁月》《孽债》《雪城》《中国知青部落》《情满珠江》等，这些作品中的大部分都在社会上引起了强烈反响。如由广西电影制片厂出品、张艺谋执导的《我的父亲母亲》曾获得 1999 年第二十届金鸡奖最佳故事片奖和最佳导演奖、1999 年百花奖最佳故事片奖和最佳导演奖、2000 年 2 月第五十届柏林电影节银熊奖等奖项，[①]在国内外都拥有一定的影响力。而因电视机的普及，像《蹉跎岁月》《孽债》《情满珠江》这样的高水准电视剧作品也曾轰动一时，观众之广、影响之大前所未有，在当时曾造成万人空巷的观看盛况。

八九十年代知青题材影视作品的特点是呐喊与控诉并存，温情的追忆和深刻的反思成为这一时期知青题材影视作品的主题。"文革"被彻底否定，上山下乡运动结束，社会巨大的变革正展现在眼前，刚经历过轰轰烈烈的"文革"的知青又将走向惊天动地的改革开放，社会与历史翻天覆地的变化似乎总被他们这代人承担，因此他们站在那个巨大的转折点上，开始审视他们留在"广阔天地"里的那永远无法追回的青春。只有看清过去，才能认识自己，从而以更加自信的态度面对未来。这一时期的知青题材影视作品的作者多为当年的知青，如《棋王》《孩子王》的原著作者阿城，《今夜有暴风雪》《年轮》《雪城》的原著作者梁晓声，《孩子王》的导演陈凯歌，《我的父亲母亲》的导演张艺谋，《蹉跎岁月》《孽债》的原著作者、编剧叶辛等。知青身份让他们对"文革"及上山下乡

---

① 罗丽丽：《论中国知青电影的流程与范式》，广东技术师范学院硕士论文，2010 年 5 月。

运动有了更为深刻的体会，而此时开放的社会文化环境也使得他们具有更大的创作空间，因此，我们可以在这一时期的知青题材影视作品中看到对“文革”和上山下乡运动施与那一代青年的痛苦的强烈批判，亦能看到对于这段沉重历史的深入反思，而与批判和反思同在的，则是对于那段永远无法追回的青春岁月饱含深情的追忆，这种追忆有时并非创作者刻意追求的，但却如同血液一样，始终萦绕于八九十年代的知青题材影视作品当中。

3.万物花开：新世纪以来的知青题材影视作品

进入新世纪以来，中国社会发生了更为广泛与深刻的变革，这一时期是知青题材影视剧多元化发展的时期，代表作品有：电影《巴尔扎克与小裁缝》《美人草》《青红》《太阳照常升起》《走着瞧》《高考 1977》《山楂树之恋》等，电视剧《血色浪漫》《甜蜜蜜》《北风那个吹》《雪花那个飘》《知青》《山楂树之恋》等。中国影视行业在这个时期实现了全面繁荣，同“文革”刚结束的时代不同，对于“见多识广”的新世纪观众而言，传统的故事情节与艺术手法已不足以吸引他们，于是越来越多的影视作品展开了种种全新的尝试，如《太阳照常升起》中魔幻现实主义手法的运用，《巴尔扎克与小裁缝》中叙事视角的转移等，大胆而各不相同的艺术尝试使知青题材影视作品呈现多元化的发展态势。[①]

与八九十年代知青题材影视剧在社会历史的宏大视阈下对知青命运的深沉观照不同，新世纪以来的知青题材影视作品常常将那段历史仅作为背景进行描绘，更侧重于个人化、边缘化的叙事，且带有不同程度的消费主义色彩。我们或者可以说，在许多这一时期的知青题材影视作品中，“知青时代”仅仅只作为烘托个人与个人情感的工具，以“怀旧”来迎合中老年观众，吸引年青一代观众。我们在这些作品中看不到对于那个畸形年代的审视与反思，有的只是个人化、边缘化的情感言说，以及套着“怀旧”外皮的模式化爱情故事。如号称“史上最干净爱情”的电影《山楂树之恋》，其实讲述的不过是“王子灰姑娘”式的爱情童话。同样将“王子灰姑娘”模式搬演至“文革”背景的还有电视剧《甜蜜蜜》，这部电视剧启用邓超与孙俪这对明星情侣来扮演剧中的男女主角，想必也是有着某种商业上的考量。而另一部在商业上大获成功的电视剧《北风那个吹》，若失去了“文革”这一背景，也不过只是一段“公子落难，佳人相救”[②]的爱情故事。这些影视剧的核心故事反映的是爱情、亲情、友情等普遍性情

---

① 罗丽丽：《论中国知青电影的流程与范式》。

② 范志忠：《后知青时代的电视叙事——评电视剧〈北风那个吹〉》，《浙江师范大学学报》2010 年第 2 期。

感，对于知青题材中那些最为敏感、尖锐的问题采取了弱化方式处理，注重展示的是个人经历而绝非整个时代的特点。

新世纪以来的知青题材影视作品还有一个很突出的特点就是国际化视野。《巴尔扎克与小裁缝》《美人草》《山楂树之恋》几部影片同样改编自小说，但小说作者戴思杰、石小克、艾米虽也有过知青经历，却与一直立足本土的梁晓声、叶辛不同，他们旅居国外，且小说写作时间并非“文革”刚结束之时，而是在有过海外生活经历后，这就使得这些小说本身便具备了一定的国际视野。而在演员的选择上，《巴尔扎克与小裁缝》选用陈坤、刘烨、周迅，《美人草》选用刘烨、舒淇，亦能使我们感受到知青题材影视剧的国际化视野，“启用年轻、在国际上获奖、在国际上有知名度的演员，这也是另一种减少异域观众心里接受可能的有效方式”①。

（二）从禁锢到释放：知青题材戏剧及演出活动

在发展轨迹上，知青题材戏剧同知青题材影视作品其实有某种相似性。如前文所述，“文革”以前在社会产生巨大影响力的知青题材电影中，有不少都是由戏剧作品改编而成，如《朝阳沟》改编自同名豫剧，《年青的一代》改编自同名话剧等。其中，《朝阳沟》受到当时领导人的高度重视，江青本人更是八次修改剧本以符合其政治意愿。②《朝阳沟》的意义在于，这部作品不仅把知识青年投身农村作为一种理想主义的号召，更将这一行为视为道德评判标准，在这一标准下，银环对下乡的动摇，银环母亲对下乡的排斥，都成为改造对象。

大规模的上山下乡运动开始后，真正意义上的知青戏剧开始登上演出舞台，这一时期的戏剧形式主要是话剧，而由于演出规模、演出场合等方面的限制，绝大多数知青话剧都出现在实行军事化组织方式的生产建设兵团。所谓知青话剧，指的是“由知青创作、表演、反映知青生活”的话剧。③ 这其中，一个不能忽视的问题是，纵然知青话剧的主创人员多为知青，但从总体上对作品的思想内容、主题立意进行掌控的还是当时的兵团领导阶层，这自知青话剧的创作流程便可见一斑。以黑龙江生产建设兵团编演的著名的知青话剧《风云哨卡》为例，这部话剧的编剧和演员皆为知青，但总导演彭湃却是黑龙江农垦总局话剧团的专业导演，而总导演之上的直接领导则是由兵团政治部指定的领

---

① 黄婧：《知青电影中的人物形象和叙事视角的时代性变迁》，《中国知识青年上山下乡研究文集》，上海社会科学院出版社，2009年，第608页。

② 罗丽丽：《论中国知青电影的流程与范式》。

③ 窦桂萱：《兵团时期的知青话剧》。

导小组。在演员的选择、剧情的设置上,主要是领导小组和澎湃共同决策的结果。[①]

宏观来说,新时期以前的知青题材戏剧作品更多地具有的并非艺术功能,而更像是一种舆论工具。"文革"结束后,一些具有反思意味的知青题材话剧作品开始出现,如1985年在北京上演的《WM我们》。但这部话剧因当时被认为传递了灰色的情绪,而被建议停演,最终只上演了23场,直到23年后的2008年,随着全社会性思想解放的深入,它才再次得以上演。当年在剧中担任主演的演员濮存昕在复排时转而成为策划人,他认为这部话剧"可能是我们这一代人,最后一次在舞台上缅怀我们的青春"[②]。濮存昕所说的"缅怀"其实是当下社会的一种普遍情绪,当怀旧成为一种全社会的集体心态,许多知青题材话剧也便应运而生,如2006年上演的《荒原与人》、2010年上演的《甜蜜蜜》、2011年上演的《老知青客栈》、2013年上演的《沙枣花香》等,这些话剧作品中固然存在或多或少的重审历史倾向,但更大程度上则是浓浓的怀旧情绪,对于知青生活有不同程度的美化色彩,甚至还带有一定的"消费历史"意味。最具代表性的便是由同名电视剧改编的话剧《甜蜜蜜》,该话剧所选用的演员多为知名演员,其中女主角林心如更是一位台湾偶像明星。在内容层面,这部话剧虽对电视剧有一定程度的改编,但总体架构上仍是宣传纯美的"知青恋"。这种将"文革"历史作为背景,侧重边缘化、个体化、商业化叙事的话剧创作,同知青题材影视作品的发展脉络是相一致的。但我们也应看到,因现代媒体的发展,话剧演出在我国一直呈现一种衰败趋势,话剧与影视的关系已由"话剧改编为影视"转而成为"影视改编为话剧",而如《甜蜜蜜》等话剧的商业化考量亦不失为一种吸引更多观众,特别是年轻观众走进剧场的尝试,虽然这种尝试有可能收到的效果是经历过知青年代的观众觉得失真,而年轻观众则觉得矫情。

(三)哀歌里传递出的希望之声:知青歌曲

在中国音乐史研究领域,"文革"期间知青歌曲始终近乎空白状态,然而它却是中国现代音乐历史进程中不可或缺的一部分,在"文革"期间,尽管它的创作和流传都只能隐藏于地下,但却仍产生了巨大影响,甚至对日后中国通俗音乐发展都产生了深远影响。

知青歌曲是指由知青创作并被人咏唱及流传的歌曲,广义的知青歌曲可

---

① 窦桂萱:《兵团时期的知青话剧》。

② 牛春梅:《知青话剧〈WM我们〉23年后复排缅怀青春》,《北京日报》2008年12月4日。

以按照主题与内容分为两类：一类虽然由知青创作，但它们除了少数自发创作以外，多数是遵循所在农场、生产建设兵团、各级革命委员会的宣传部门指定题材而创作的歌曲。[①] 其内容多为赞美歌颂上山下乡运动，这类知青歌曲可视为主流意识形态的产物，有不少专业音乐家也参与其中，如 1968 年 12 月 28 日《人民日报》刊载的歌曲《知识青年上山下乡》。这类歌曲当然具备一定的艺术价值，但更多的功能则是舆论宣传。另一类值得我们投射更多目光的则是由知青自编自创的歌曲，代表作有《南京知青之歌》《锁链》《鸭绿江之歌》《从北京到延安》等。这类歌曲对于知青所处环境及知青情感命运的描绘与前一类歌曲截然不同，选择了与主流意识形态相悖的另一条路，其内容多以思乡、爱情为主，情感基调亦不同于前一类歌曲的铿锵激昂，而是低沉哀伤，因此在那个时代被斥为"黄歌"，只能在地下传播。相比较官方话语所描绘出的虚假的"革命圣经"，很显然这些地下知青歌曲才能够真正触及知青的情感脉搏，打动他们心灵。在那些歌曲里，没有口号式的宣扬，没有豪迈的政治激情，有的只是知青心灵深处最真最纯的情感需求与心灵指归，因此无论官方怎样禁止，它们依旧通过知青间的"民间渠道"得到广泛流传。在知青贫乏的文化生活中，唱歌依然成为他们一种宣泄情感、调适心理的方式，"集体性的唱歌和其他音乐活动在知青群体中经常性举行，是知青仪式化行为的重要组成部分"[②]。而传唱这些"黄歌"，在"文革"期间是被作为"传播资产阶级思想"而被严格禁止的，为此，《南京知青之歌》的作者任毅甚至在 1970 年被捕入狱，最初被判死刑缓期两年执行，后被改判为十年有期徒刑，直至 1979 年才获得平反。[③]

地下知青歌曲以其哀伤沉郁的独特风格，完成了对"文革"主流音乐的反叛，它反映了那代年轻人的真实心路历程。而从中国流行音乐历史发展的角度来看，地下知青歌曲本身所具备的"流行性、民间性、自娱性"特点，亦正是现代流行音乐的特点，因此地下知青歌曲可被视为我国现代流行音乐的先声。[④]当一曲《小芳》红遍大江南北，当"羽・泉"组合在演唱会上唱起《南京知青之歌》，我们或许可以说，有一条无形的线索贯穿于中国流行音乐发展过程的始终，而那条线索的发端，是知青以自己所经历的苦难所创作出的。

---

① 戴嘉枋：《乌托邦里的哀歌——"文革"期间知青歌曲的研究》，《中国知识青年上山下乡研究文集》，第 278－279 页。

② 吴艳红、[美]J.David Knottnerus：《日常仪式化行为：以知青为例的研究》，同上书，第 436 页。

③ 任毅：《"我们曾经的青春岁月——知青下乡 40 周年座谈会"上的讲话》，同上书，第 580 页。

④ 戴嘉枋：《乌托邦里的哀歌——"文革"期间知青歌曲的研究》，同上书，第 303 页。

（四）纸上乌托邦里的青春火焰：知青美术与知青画家

知青美术指上山下乡运动中知青所创作的美术作品，它是诞生于特殊社会历史条件下的文化现象，同前文所提及的其他文艺形式一样，知青美术亦同“文革”及上山下乡运动有着极为密切的联系。它们活跃于“文革”时期，从属于当时的主流意识形态。我们甚至可以说，在某种意义上而言，知青美术是上山下乡运动的一种舆论工具——当上山下乡运动一经展开，“数以万计的毛主席语录画和各种形式的宣传画在报纸杂志上迅速出现”[①]。对于“文革”与上山下乡运动的肯定和歌颂是知青美术创作贯穿始终的主题。

大部分的知青画家，在下乡插队或进入生产建设兵团之前，便已经掌握了一些绘画的基础知识，他们大多数都在少年宫或中学美术班接受过一定程度的正规训练。特别是“老三届”的知青画家，他们中的很多人在“文革”开始时，就参与了毛主席像及其他宣传画的绘制，这些机械而烦琐的工作也对他们提高自己的创作能力产生了一些作用，而更使他们乐于从事这项工作的原因则是他们可以借此“免费获得大量油画颜料”[②]，以供他们在工作之外尽情进行美术创作。当上山下乡运动开始后，他们便也参加进下乡所在地的文艺宣传活动中，以他们充满着青春激情的画笔，歌颂“文革”及上山下乡运动。

知青美术是“文革”美术的一部分，当时比较著名的知青画家及其代表作有：上海崇明前进农场知青徐纯中和陈逸飞合作的《毛主席的红卫兵——向革命青年的榜样金训华同志学习》，刘伯荣的《胸怀朝阳何所惧，敢将青春献人民》《一家亲》《坚持不懈》，何绍教的《学耕》，沈嘉蔚的《为我们伟大的祖国站岗》，张达平的《苗山新绣》等。这其中，张达平为广西本土知青画家，他以知青身份创作的国画作品《苗山新绣》虽也是以传播官方意识形态为目的，但人物刻画清新灵动，构图饶富新意，最为人称道的是作品中浓浓的广西地方色彩，使整幅作品更具感染力。当然我们也应该注意到，这些知青美术作品虽有一定程度的独创性，但绝没有脱离“文革美术”的辖制，带有很强烈的“文革美术”特征，即“政治宣传主题加‘红光亮’手法”。[③] 在一些有影响力的作品上面，“文革美术”的这种政治工具的本质体现得更加鲜明，这些作品中表现出激进的革命热情和理想主义，描绘出一个纸上“乌托邦”。当时涌现出很多知青画家的黑龙江生产建设兵团美术学习班版画组甚至有一套十分成熟的集体创作流

---

① 王明贤、严善錞：《“文革”时期的知青美术》，《中国知识青年上山下乡研究文集》，第375页。

② 王洪义：《知青美术源流述略》，同上书，第562页。

③ 王洪义：《知青美术源流述略》，同上书，第567—568页。

程:“他们各自构思草图,然后集体进行修改,让能力较强的人改稿,定稿后指定一人刻印。”①

然而当我们耐心剥离开这种对于政治主题的追逐,另一条属于知青美术的痕迹便显现出来,那就是那个年代的青年所特有的青春、阳光和激情。在表达政治观念的同时,年轻的知青画家们还能够以自己的真情实感对艺术层面的缺失进行一定程度的弥补,这让他们的作品也能够在历经时光的洗涤中绽放出不一样的光华。知青画家中的许多人在后来经过系统的学习后,逐步成长为专业画家、美术教师、美术编辑等,很多当年的知青画家,已成为中国美术界的中坚。

上海知青徐纯中和陈逸飞合作的水粉画《毛主席的红卫兵——向革命青年的榜样金训华同志学习》

(五)夕阳无限好:知青文艺演出及其他文艺活动评析

上山下乡运动中,那些相对集中,实行军事化、半军事化管理的生产建设兵团、农场等,都会设有文艺宣传队,一些知青比较集中的乡村知青点,也会建立文艺宣传队,其成员大多是知青。文艺宣传队以歌舞、戏剧等表演形式对当时的官方意识形态加以歌颂、宣传,以实现将文艺转换为思想控制工具的目的。

以广西荣光农场文艺宣传队为例,自 1973 年 1 月至 1976 年底四年间,“荣光农场文艺宣传队 20 多名文艺战士,在东起防城,西至那良、板八、垌中的祖国南陲边境线上演出了近百次”。因当时的时代局限性,知青们只能“配合当时形势”,以“鼓励知青扎根农场树红心”为主导思想编排节目。② 荣光农场文艺宣传队在“文革”期间除表演“八个样板戏”等作品选段及一些革命歌舞外,还创编了歌剧《流动图书室》、表演唱《我们是连队八大员》、舞蹈《割胶舞》等。在那个带着思想枷锁的特殊年代,知青们依然用自己的青春激情和对于文艺的无限热爱在“广阔天地”中描绘出美好的艺术图景,他们一方面自农村

① 王明贤、严善錞:《“文革”时期的知青美术》,《中国知识青年上山下乡研究文集》,第 382 页。

② 黄观如:《专业水平的业余宣传队》,黄少雄主编《难忘的知青岁月》,第 238 页。

张达平创作的国画《苗山新绣》，发表于《广西文艺》1973 年第 6 期封面

黑龙江生产建设兵团美术学习班版画组创作的作品，发表于《连环画报》1974 年 1 月总第 4 期

吸收丰富的民间艺术养分，扩充自己的艺术修养，另一方面也将戏剧、舞蹈等现代化的艺术形式带入农村，达到了普及文化艺术的目的，为农场职工、部队官兵以及广大人民群众带来了精神享受。

1969 年，南宁市郊区三塘公社三塘大队那廖村知青文艺宣传队在田间地头演出《长征组歌》

上山下乡运动结束后，知青时代亦随之结束，遍布全国各地的知青组织瓦解，返城后的知青由群落聚集分散为单一个体，知青时代所形成的知青文化在此时也归于沉寂。然而随着 20 世纪八九十年代知青文学的创作热潮，知青文化也渐渐回归，甚至出现了“知青文化热”现象。特别是进入新世纪以来，知青一代也都已逐渐进入花甲之年，思想上多伴有“落叶归根”的怀旧情绪，再加上网络等新媒体出现，扩展了知青间情感与文化交流的平台，知青的热情再次被唤醒，参与进知青活动之中，许多省市都出现了知青自发组织的文艺演出团体。知青经常性的文艺活动还有画展、书法展、诗歌朗诵会等，[①]这些活动主要

① 关于这些文艺活动的情况、资料，笔者多自以下网站得到，红豆社区：http://hongdou.gxnews.com.cn/，知青文艺网：http://www.shart.cn/。

是由知青一代的怀旧情结所引发的，知青们通过文艺活动的外在形式，抒发自己对于青春的缅怀、对于艺术的热爱，丰富晚年生活，进而达到实现自我价值、增进彼此友谊的目的。这些活动也于无形中丰富了知青文化内涵，使我们更加真切全面地了解知青、了解那段逝去的岁月。

总览知青题材各类艺术作品，我们不难发现，它们虽类型不同，但都不同程度遵循了一条发展轨迹，那就是：压抑——释放——多元化。

在政治高压的年代，各种艺术门类无一例外都成为舆论统治的工具，这种精神上的束缚同他们所经历的艰难岁月一起，在物质与心灵两方面压抑着勃发的青春。然而恰如顾城的诗歌说的那样："黑夜给了我黑色的眼睛，我却用它来寻找光明。"愈艰苦的环境，愈能磨炼青年的意志，身心所承受的苦难转化为精神财富，使那些清醒而睿智的佼佼者从中获益，他们没有在蹉跎岁月中耗费自己的青春，反而以强大的意志力在艰苦的环境中坚持学习，并把自书中获得的知识与生活体验、社会观察结合在一起。时代和条件的局限使他们鲜少接触自然科学，因此他们中的许多人都在文化艺术及社会科学方面有所建树，从而成长为一代文化精英，在文化专制被推翻的新时期创造出丰富的文艺作品。我们甚至可以说，在一段时间内，他们是中国文艺事业的主导力量，而他们亦通过自己的文艺作品，使他们的人生观和世界观一度影响了社会整体性价值氛围。

然而，我们也应该看到，随着思想解放在全社会范围内的广泛与深入开展，当知青题材文艺作品进入后知青文化时代，知青题材作品也便经历了由怀旧、反思到消费主义的过渡，这亦是由中国社会现代化的飞速发展所带来的。这一现象留给我们的思索是：当知青时代远去后，我们应当以怎样的态度看待这段历史，又该以怎样的叙述姿态去叙述这段历史。

四、知青文学中的理想主义

（一）知青文学与理想主义

在60年代后期及70年代，成千上万的知识青年响应"到农村去，接受贫下中农的再教育"的号召，离开城市，去往祖国各地的农村、边疆，开展轰轰烈烈的上山下乡运动。上山下乡运动改变了许多年轻人的命运轨迹，时过境迁之后，一批以知青为出身的作家步入文坛，以各自独特的生活体验，以自己对时代的体验和思索，书写了知青生活，形成了以上山下乡为共同经历的同一题材汇集为特征的"知青文学"。

知青的年代跨度极大，使得“知青文学”的概念显得相当含混，没有统一的标准。目前对知青文学的界定方式大致有三种：一种是题材论，另一种是作者论，还有一种是题材作者双重限定论。这种界定方法兼采题材论及作者论的含义，以知青作者书写知青生活的文学作品为知青文学。本文取第三种界定方法，论及的知青文学，是指新时期以来，在“文化大革命”时期，从城市到农村插队落户的知青所创作的与知青生活有关的文学作品。

作为一种文学类型，知青文学从发生到发展，自身也历经了类似于“伤痕——回归——反思”的历史建构和变迁过程。早期的知青文学带有很浓厚的“伤痕”性质，书写了知青生活的苦难历程，竹林的《生活的路》、叶辛的《蹉跎岁月》等即是代表作。到了80年代，知青文学在对知青生活的阐述上产生了分裂，“或者继续坚持对‘文革’的‘上山下乡’运动的否定，和生活的荒谬性的冷静批判。或者在复杂的历史过程中，‘剥离’出值得珍惜的因素，维护一代人的‘青春年华’和献身精神”①。前者以对人性扭曲的思考为特征，代表作有陆天明的《桑那高地的太阳》、朱晓平的《桑树坪纪事》等；后者对知青生活持肯定态度，书写了青春的激情及其理想主义，代表作有梁晓声的《这是一片神奇的土地》、张承志《北方的河》等。也有摆脱政治视角，挖掘民间美好人性、怀念人民的淳朴善良的佳作，史铁生的《我的遥远的清平湾》即是此类代表。进入90年代后，适逢社会、经济、文化的转型期，知青文学逐渐从对自身经历的回望，转变为对过去的怀旧，反思与批判的色彩几乎消失殆尽，出现了许多纪实性文学，在叙述上产生了重大的变化，农民话语的介入、对英雄主义的消解及对哲学意蕴的重新思索都是这一时期的新特征。

在知青文学中，一个绕不开的话题便是其理想主义情结，新时期的知青文学尤其如此。情结作为精神分析学派中的一个概念，是指被意识压抑而持续在无意识中活动的、以本能冲动为核心的愿望。“在荣格那里，‘情结’走出了性本能的狭小天地，而成为一般精神生活的特征和普遍现象。”②

当知青上山下乡运动宣告停止，知青们用尽一切努力回到他们梦寐以求的城市之后，却发现城市并没有他们的立足之地，城市的冷漠、人生理想的破碎、价值的失落造成了他们的无所适从。于是，他们以各种形式回忆和纪念那段往事，这种对过去的共同经历的追怀，就是我们所说的“知青情结”。“知青情结”这一术语被用来描绘新时期知青文学中的某些作品表现出来的审美特

---

① 洪子诚：《中国当代文学史》，北京大学出版社，1999年，第268页。

② 赵小石：《略论“知青情结”》，《齐齐哈尔师范学院学报》1994年第3期。

征，这些作品高扬“青春无悔”的主题，反映了浓厚的怀旧情绪，表现了强烈的回归意识，充满浪漫主义精神并显示出厚重的理想主义色彩。

在许多人看来，上山下乡运动让千千万万青少年们浪费了光阴，蹉跎了青春。但是，许多知青的回答却出人意料，他们认为他们获得了旁人体会不到的精神财富，他们在上山下乡中练就的勇敢、执着、坚韧、奋进的品格是无价的。

张承志极少诉说个人蒙受的苦难，甚至有些厌恶过分的控诉，他认为：“无论我们曾有过怎样触目惊心的创伤，怎样被打乱了生活的步伐和秩序，怎样不得不时至今日还感叹的青春，我仍然认为，我们是得天独厚的一代，我们是幸福的人。”[①]持相似观点的还有梁晓声，他也认为知青们应该得到社会的理解，知青们的真诚不应该被否定。

上述两位作家的看法具有代表性，写出了很多知青人的心声，知青是最坚定的理想主义者。这个群体真诚地相信以他们的努力，可以改变历史。由于所经历的时代环境和特殊的“知青”身份，知青作家们初登文坛之时，不约而同地贴上了“理想主义”的标签，在创作时，总是带着知青情结来回顾知青生活，对理想主义的追怀也成了新时期知青文学的重要指向。

（二）理想主义书写在新时期知青文学中的表现

着力描绘知青对理想的坚持是新时期知青文学的一大主题，这类作品以理想主义的浪漫笔法，凸显激情、坚定、理想、奉献等美好品质，转化成一代人的精神资源，将“一片神奇的土地”展现在世人面前。那遥远的清平湾、神秘的北大荒、无边的大草原、美丽的西双版纳都是他们实现理想抱负的广阔天地，在这里，他们对大自然的热情改造，他们的激情奉献，他们真诚地与人民结合，他们挖掘到的民间的人性美，他们对生命的哲思，均从各自的层面体现出理想主义的不同侧面。

1.塑造战天斗地的不悔青春

新时期知青文学对理想主义的描绘之一，便是对知青的青春理想与价值的肯定。可以说梁晓声是知青一代的代言人，他作品中体现出来的热烈的赞美知青们的英雄主义及理想主义精神使他在知青文学写作中独树一帜。在书写知青们的“青春无悔”中，梁晓声从集体视角出发，书写的是社会主义时代、群体道德层面的理想主义。“一条腿屹立在大地上，另一条腿长跪不起；一只

---

① 张承志：《老桥·后记》，北京十月文艺出版社，1984年，第76页。

手托着改天换地的豪情高举过头顶，另一只手蒙着脱胎换骨的虔诚扣于胸前”①是他为知青们凿塑的雕像群像。梁晓声始终以饱满的激情、浪漫的笔调去歌颂知青们的英雄主义和理想主义，这是他知青小说的共同主题与创作风格。

战天斗地，征服自然 梁晓声知青小说中“青春无悔”式的理想主义，首先体现在与自然环境的对峙与征服中。“在我国，在20世纪六七十年代那特定的社会环境和政治背景里，我们无法从作品中看到人类的真正的精神本质和价值，更看不到超然于阶级斗争之外的大自然的神韵和风格。”②他们一开始在与自然相处时，就认为他们与自然是一种对立、紧张的关系，这种文化心态在新时期知青文学作品中比比皆是。

梁晓声的知青小说多把地点置放于北大荒里，北大荒的自然生态环境是险象环生的。《这是一片神奇的土地》中，罕无人迹的鬼沼简直成为不可征服的象征。北大荒的冬夜可以冷到极点，《今夜有暴风雪》就描述了这样一个让人望而生畏的雪夜。北大荒多变的气候同样显示出不可征服的威力，即使在收获的秋季，气候也坏得令人不寒而栗。《为了收获》中知青们征服了“满盖荒原”，但在不断袭来的阴雨和出血热面前，人类的力量显得太单薄。

这一系列意象，向读者呈现出知青们所处的生存困境。然而，在糟糕的自然环境面前，知青们并没有胆怯，越是恶劣的自然环境，越能勾起他们的征服欲。而且，也正是在这样一种紧张的对立关系中，知青对自然环境的搏斗与征服才越发显得有意义，征服后带来的成就感也才更为巨大。

《这是一片神奇的土地》中由于“垦荒先遣小队”拓荒失败，团里决定解散这个小分队，但是副指导员李晓燕反对这个决定，为了洗刷耻辱，他们主动请缨前去鬼沼垦荒。李晓燕和她的战友们与自然搏斗，他们在鬼沼遇到了野狼的袭击，遇到了出血热……但在他们的努力下，鬼沼终被征服。在文本中，人与自然是对立紧张的关系。在人与自然的对峙中，人是最终的胜利者。李晓燕、王志刚等知青们让我们看到了他们战天斗地，想凭自己的努力改造恶劣的自然环境，把荒原改造成良田，让后人过上幸福美好生活的真诚理想。

塑造英雄，颂扬英雄主义 梁晓声知青小说中“青春无悔”式的理想主义，也体现在对英雄的塑造与对英雄主义的颂扬上。他认为，“在人人需要证明忠

① 梁晓声：《梁晓声知青小说选：今夜有暴风雪》，经济日报出版社，1997年，“序”，第1页。

② 冯小萍：《自然：知青苦难青春的象征——知青文学自然形象论之一》，《湖南城市学院学报》2007年第4期。

勇的年代，英雄主义是青春的至高涅槃”[①]。时人心中的英雄情结，使知青们在上山下乡时满怀豪情壮志，成为英雄是他们的追求目标。再者，树立人生崇高感的英雄姿态往往与人化的自然背景相连，当他们踏上一块陌生而又神奇的土地时，建功立业的信念油然而生，在这样一种使命感之下为自己“树立丰碑”，由此，英雄主义顺理成章地在文本中突显。

《今夜有暴风雪》中的曹铁强是烈士之后，为了继承父母的遗志，来到北大荒这片神奇的土地。这个身世孤苦的年轻人在与北大荒的搏斗中练就了坚忍、豪爽的品格。他同情弱者，小瓦匠、裴晓云、刘迈克都受到了他的照顾。他也勇于正视错误，承担责任，面对自己因鲁莽而造成的不良后果，他会积极地处理。这个被作者倾注了大量的心血塑造出来的理想人物形象是作者心中的英雄，是知青灵魂的化身，他的身上流淌着理想主义的血液。文本中在暴风雪夜的大火之中与趁火打劫的不法之徒搏斗的刘迈克也让人为之动容。裴晓云在没人换班的时候凭着自己坚强的意志，与严寒抗衡，一直坚守哨岗，坚强的品格与羸弱的外形形成了巨大的反差。

为理想献身，以苦难为神圣，以死亡为极乐　梁晓声知青小说中“青春无悔”式的理想主义，还体现在知青的情感诉求在献身中得到升华。在许多知青小说中，死亡甚至成为作品不可或缺的结局。在梁晓声的作品中，将主人公推向死亡是他惯用的写作手法。

《这是一片神奇的土地》中，垦荒先遣小分队在向鬼沼挺进的路途中，就牺牲了许多战友，穿越成功后的兵团战士们也难逃厄运，副指导员李晓燕因罹患出血热去世，王志刚丧命狼口，梁珊珊陷入了沼泽，失去了年轻的生命。但是他们的努力没有白费，满盖荒原被他们征服了。在一定程度上，对身体的折磨，可以促进精神的成长。在小说的结尾，作者饱含激情地写道：“我们经历了北大荒的‘大烟泡’，经历了开垦这块神奇土地的无比艰辛和喜悦，从此，离开也罢，留下也罢，无论任何艰难困苦，都绝不会在我们心上引起畏惧，都休想叫我们屈服。呵，北大荒！”[②]这种历经磨炼后得胜的生命体验，是知青们得到的珍贵财富。

在这些小说中，死亡已经不是单纯意义上的宣判一个生命终结，而是证明个人价值的有力证据。知青们的理想主义在他们的献身中得到升华，梁姗姗、

① 梁晓声：《梁晓声知青小说选：今夜有暴风雪》，“序”，第1页。

② 梁晓声：《这是一片神奇的土地》，《梁晓声知青小说选：今夜有暴风雪》，第29页。

王志刚、李晓燕、刘迈克、裴晓云等都是在实现自己的理想过程中走向死亡的，死亡是他们奉献青春、践行信念的最凄怆也最壮美的形式，并且具有了神圣的意味。

2.表现赤诚火热的人民之子

不同于以群体为本位的梁晓声式的“青春无悔”的宣言，新时期知青文学中有一种文学类型试图通过歌颂下乡时所接触的底层人民，通过自觉地与人民结合，通过表现出对人民的深沉的感情，来体现另一种理想主义的形式。这一种表现形式，可以说张承志是走得最远也最为成功的，也只有他一枝独秀，任何后来人都无法匹敌。张承志在一路前行的时候，总是执着地深入民间，融入人民之中，力图使自己民间化。

额吉——成长的启示　张承志曾经说过：“一个知识青年插队的往事，到头来是该珍惜还是该诅咒、他的青春是失落了还是值得的，依我看只能取决于他能否遇上一位母亲般的女性。”[①]他本人就是这样的，他在插队时遇到的母亲——亦即额吉，对他产生了深远的影响。他一直在写额吉，他的处女作就是关于额吉的文章——《骑手为什么歌唱母亲》，这也奠定了他早期的歌颂母亲的主题。此后的很多文章，也都围绕着额吉的形象来写，他还狂妄地说过“要把额吉这个词输进汉语”[②]，即使他离开了草原，依然深深地怀念草原上的额吉，还在不断地写，“手都写酸了心都写累了”[③]，但是依然顽固地写着。

在张承志的知青小说里，额吉形象汇聚了所有美好的人性理想，她是张承志创作中的人民的理想形象的化身。人民的美好品性，无一不在额吉的身上淋漓尽致地体现出来：在凌厉的白毛风中毅然脱下哈达给知青穿的博爱母亲(《骑手为什么歌唱母亲》)；对生活不断追求，坚毅、隐忍而又沉默的额吉(《金牧场》)；慈爱、豁达、忍受生活苦难，对一切生命一视同仁的老奶奶(《黑骏马》)。这些母亲通过不同的方式，表达出了她们的母爱，展现出了理想人格。

人民——自觉的结合　“命运——这个词被许多人挂在嘴上并玷污得多么可悲——把我那么深地送进了广阔的草原和朴实的牧人之间，使我得到了两种无价之宝：自由而酷烈的环境与‘人民’的养育。庆幸自己在关键的青春期得到了这两样东西，我一点也不感到什么耽误，半点也不觉得后悔”[④]，这是

---

① 张承志：《张承志文学作品选集·散文集》，海南出版社，1995年，第3页。

② 张承志：《二十八年的额吉》，《张承志散文》，人民文学出版社，2005年，第198页。

③ 同上。

④ 张承志：《绿风土》，作家出版社，1992年，第106页。

张承志在回望知青生涯时候的感慨。四年插队生涯，使受到额吉生活上照顾和精神上启示的张承志融入了草原，“草原是我全部文学生涯的诱因和温床，甚至该说，草原是养育了我一切特征的一种母亲”①。与底层人民的朝夕相处，使他真正的置身于人民之中，发现了“人民”，并与人民在精神上高度契合。至此，张承志从内心认同底层人民，以人民之子的身份，“为人民代言”。

草原上的人民大多是处在底层的普通人，在艰难的人生中默默跋涉，但是他们却是充满着活力的。他们珍视生命，乐观面对生活中不公的事情，即便索米娅(《黑骏马》)被黄毛希拉玷污，额吉想的却是知道孙女能生养也是一件让人放心的事情。他们像草原一样承受着人世间的苦难，马倌敖日布(《骑手为什么歌唱母亲》)放马摔断了腿，还总是笑呵呵的，吉格木德爷爷被骆驼砸断了三根肋骨却连医生也不找，“牧人从不把伤疾看成残废，也从不过多地对不幸者讲宽心话”②。这种看淡苦难的精神感染了张承志们，造就了他们的坚毅。张承志们还从骆驼倌桑结(《金牧场》)身上学到了尊严。在他被查家兄弟污蔑为“内人党”时，他不愿遭受这样的屈辱，在无力辩解的情况下，他选择了上吊来解脱自己。他以死来反抗无端的污蔑，以死对自己所受的莫须有罪名进行了彻底的否定，这种清洁的精神使张承志受到了极大震撼并影响了他的一生。

综观张承志的创作，他自发现“人民”伊始，便时时刻刻都自觉地与人民结合在一起，他的精神世界、思想的形成离不开人民的参照。“为人民”的思想贯穿着他的文学创作，这个崇高的文学主题，是他理想主义外化的一种具体体现。

追寻——彻底的坚持　张承志自称是蒙古草原人民的义子，但是他并没有在草原上落户，草原母亲赋予了他一种不安的游荡的气质，他的作品中多塑造一个孤独的骑手形象。“如果可以用一种姿态来描述张承志作品中的主人公，那就是行走；如果用一种动作来表示，那就是寻找；如果要用一个词来象征其活动的空间，那就是‘在路上’。”③他作品中有一个类似于“离去——归来——再离去”的情节模式，主人公多在传统与现代、愚昧与文明、原野与城市两个对立的圈子中徘徊。要么如《黑骏马》中的白音宝力格，在草原上出生，走出草原，来到城市，再以经过调整的文化心态又回到古老的草原重新审视草原上的人和物；要么如《老桥》中的“他”，生于城市，到草原插队，离去后又带着对

① 张承志:《美丽瞬间——张承志草原小说选》，北京师范大学出版社，1993年，“自序”，第1页。
② 张承志:《骑手为什么歌唱母亲》，《人民文学》1978年第10期。
③ 张柱林:《一体化时代的文学想象》，广西师范大学出版社，2009年，第129页。

草原的怀念回归，重寻青春理想。在两种文化之中不断地穿梭，以此更深刻地获得对生活的感悟与对理想的坚持。

为了理想而奋斗的自强不息的精神在《北方的河》里表现到了极致。小说写了知青一代人的生存困境，着重塑造了一个为了理想努力拼搏并坚信理想能够实现的主人公。这里的“他”已经长成了真正的男子汉，为了自己的理想——考上研究生，对北方的河一一进行考察，实际上，他是在对逝去的青春进行追忆，为当下的年华求证生命力的一种举动，他第二次游渡黄河，是出于对生命力的挑战，更是对生命理想的一种证明。他满怀一腔热血，凭着自己的努力追回自己被耽误的青春，与所处的逆境进行顽强的抗争，相信未来会成功。他的身上充满了理想主义的激情，是一个与生命搏斗，与命运抗争的男子汉。张承志在“他”的身上投入了自己的感情与思想，“他”对理想的追求，正是张承志对于理想主义的执着坚持。

（三）理想主义与生命哲思

新时期知青文学中秉持理想主义写作的知青作家还有史铁生，他在书写知青岁月的理想主义时，不同于梁晓声式的悲壮豪迈地为知青代言，也有异于张承志式的热烈激越地歌颂人民，他以明确的个人立场来反观知青生活中的理想主义。史铁生以平和宽容的心态去回顾知青岁月，他的文本中充满了关于知青岁月的温暖记忆，饱含着对农民生存状态的悲悯，凝聚着对个体生命与命运的哲思。

1.以平和的心态追怀青春

在《我的遥远的清平湾》中，并不存在所谓的丑恶和折磨，而是充满了对清平湾的无限温情的眷恋。史铁生始终以柔和的眼光，注视着老乡们的生活，在平淡的叙述中展开清平湾的面貌。清平湾的人们生活贫困，在这里，作者丝毫不提知青们的苦难，而是呈现农村和农民们艰苦的生活条件，“我们那地方突出的特点是穷，穷山穷水，‘好光景’永远是‘受苦人’的一种盼望”[①]。但是乡亲们很容易满足，对物质的欲望不高。陕北的民歌丰富，破老汉一肚子歌，爱唱歌，也唱得好，有一种苦中作乐的积极心态。“‘老汉的日子熬煎咧，人愁了才唱得好山歌。’确实，陕北的民歌多半都有一种忧伤的调子。但是，一唱起来，人就快活了。”[②]歌由心生，陕北的民歌反映出人们的心态，显现出无比的诗意。

① 史铁生：《我的遥远的清平湾》，北京十月文艺出版社，1985 年，第 123 页。

② 同上书，第 126 页。

这里的人朴实善良，队长关怀队员，体恤知青，队员们也把知青当亲人一样看待。留小儿乖巧活泼；夜晚喂牛时，破老汉还主动分担"我"的工作，认为半夜正是后生睡好觉的时候。乡亲们以无私的心情，照顾远到而来的知青，在这里没有政治斗争，没有钩心斗角，有的是知青与队长、老汉、孩子安闲自在的和谐相处。史铁生以充满怀旧情绪的语调述说知青在乡村生活处处温情，描摹出一幅幅田园牧歌的景致，乡亲们的淳朴善良、乡村的恬静诗意，充分展示了知青们插队的静好岁月。无怪乎许纪霖认为史铁生是"另一种理想主义"，"他的理想主义也不再是咄咄逼人的、侵略性的，而是温和的、宽容的、充满爱心的"[①]。他有一种可贵的自觉的理性精神，没有把他的残疾归罪于历史，而是面对现实，坚定地往前走。

2.跳出知青视野，反观农民生存状态

史铁生在写作知青小说时，把生活在黄土地上的乡亲们放置于文本中心，跳出单纯的知青视野，把目光聚焦在农民的身上，这种超前的姿态，是十分难能可贵的。郭小东甚至认为《我的遥远的清平湾》是可以列入知青文学的另类书写的，"《我的遥远的清平湾》的出现，预示着知青文学另类书写的平民姿态和向简朴原初的人本立场延伸的文学态势"[②]。它没有此前的文本那种自哀自怜的情绪，"从描写主体的位移，到悲悯焦点的转移，再到对弱小生命状态的尊重，乃至对劳工神圣的礼赞，《我的遥远的清平湾》可说开了知青文学民粹主义精神的先声"[③]。

史铁生的知青小说中，将知青的苦难让位于农民的苦难。他从与人民的接触中，在劳作的过程中，反思了上山下乡运动。《插队的故事》讲到在分红这件事上，知青们在这个拥有"彻底的贫农、烈属"身份的爷爷的嘴里，他们听到了实话："小队分红好，可还是不顶单干。"这对于知青们来说无疑是一次思想上的冲击。

农民们觉得单干比分红好，恰巧反映了村里所面临的现实状况：处在底层的人民实在是太穷了。《插队的故事》有一对苦命的母子，那就是明娃和他的母亲。文本通过描述这对母子的遭遇，将农民沉重的生活负担细致地展现出来。文本中有一句话，"明娃若生在北京，至少不会那么年轻就死"[④]。这句话

---

① 许纪霖：《另一种理想主义价值、意义、信仰》，《文学界》(专辑版)2001年第4期。

② 郭小东：《中国知青文学——非主流倾向的现状表述》，《汕头大学学报》2005年第5期。

③ 同上。

④ 史铁生：《插队的故事》，山东文艺出版社，2001年，第103页。

有意无意地体现了不公平的城乡差距。书写底层人民的生活状态，表达对弱势群体的关怀，展现对于人权的思考，对普通人的人生价值进行探讨……这一切思考的背后，正隐含了人道主义的思想。

3.以哲学的高度思考生命意义

史铁生的知青小说，以细致的眼光，深入挖掘在陕北农村插队时遇到的农民的美好品质。史铁生把知青的集体记忆书写转移到对底层人民的关注和同情的情怀，在体会到农民的沉重的苦难生存状态的同时，也激发读者对平凡的个体生命的思索，这是史铁生知青小说达到的又一高度。

史铁生在考量个体的命运的时候，采取的是人道主义的视角。他撇开自己的苦难不提，而去述说普通人的苦难命运，充满了悲悯情怀。"小说平静平淡平缓的叙述，不着声色的显示，把人世间最落后最原初最粗糙的生活写得尤其神圣纯洁，把粗粝不公的人生状态，也以平常的口吻说出，其间没有哀怨与愤懑，没有强烈的不平与抗争，有的是深长的怜悯与痛惜。"①

史铁生的知青小说还通过对死亡的观照，来思索生命的意义。《插队的故事》中多次展现了对死亡的思考。在去插队的时候，"我"没有怀念在北京的生活，也没有对插队生活进行设想，却偏偏想到了死亡，这是"我"对死亡的第一次朦胧的思考及展现。

小说里的第二个对死亡的思考，是通过明娃展现的。明娃是个苦命的孩子，然而，在老红军的眼里，却不是这样认为的，"明娃死了，从那老汉的表情看，未必就是灾祸"②。老汉不仅对苦难的生活泰然处之，对死亡也超然物外，这样的心态近乎哲人。

老汉和他的老伴对他们自己的死亡，也是安然地迎接的。老两口为自己备好柏木棺材，每年都仔细地为棺材上一遍漆。老汉似乎有先知功能，他在离世的当天早晨，还把琐碎的事情都自己做了，才安详地辞世。老汉走得平和，老婆儿也处得淡然，老汉入殓的时候，几乎半个村子的晚辈都给他戴了孝，而老婆儿只是"平平静静地坐在棺材旁，摸模棺材上的漆"③。这种对待死亡的态度与《我与地坛》里对死亡的思考一脉相承，"死是一件不必急于求成的事，死是一个必然会降临的节日。这样想过之后我安心多了，眼前的一切不再那么

---

① 郭小东：《中国知青文学——非主流倾向的现状表述》。

② 史铁生：《插队的故事》，第150页。

③ 同上书，第151页。

可怕”。[1] 这是史铁生苦苦思索后，得出的对死亡的基本态度。

“刚去陕北插队的时候，我实在不知道应该接受些什么再教育，离开那儿的时候我明白了，乡亲们就是以那些平凡的语言、劳动、身世，教会了我如何跟命运抗争。”[2]人民的博大胸怀，变成史铁生的精神资源，让他忘掉他们自己的苦难，反观农民的生存状态，关注生命的意义，以此来追怀他们充满温情的理想青春。

“知青”的时代已经终结，知青历史已经成为永远的过去，知青文学也不再辉煌，然而我们对它的研究还远远没有结束。时至今日，对知青文学的评价还是褒贬不一，尤其是对新时期知青文学中的理想主义篇章更是争论不休。但毫无疑问，在物欲横流、信仰缺失的当下，对理想主义的重拾显得尤为必要。新时期知青文学体现的理想主义，以及当年的知青作家如今在当下对理想主义的捍卫，都是对利益至上的价值观的一个有力对抗。时代在发展，价值取向也日渐多元化，然而，理想主义不管放在哪里，都会有其积极意义。

---

① 史铁生:《秋天的怀念》,《我与地坛》,华夏出版社,2011 年,第 21 页。

② 史铁生:《我的遥远的清平湾 · 代后记》,第 392 页。

下　篇

广西知青文化实践

第七章　广西知识青年上山下乡历史回顾

知识青年上山下乡，是新中国成立后由政府组织的、牵涉面极为广泛、社会影响极其深远的社会活动。它所跨时间长，从1955年开始，到1980年结束，历时20余年；地域广，所涉及的地区遍布全国各省、市、自治区大小城市和广大农村，波及内地和边疆；参与人数多，1700万人以上的城镇知识青年成为广阔天地的新农民，其中仅广西就达43.98万人。[①] 考察20多年来知识青年上山下乡的历史过程，许多问题仍然值得当代人深思。

一、初始阶段：以回乡青年为主的上山下乡(1955—1959年)

知识青年上山下乡最初是在人口剧增和城镇就业压力日益增大及农业合作化运动蓬勃兴起的社会条件下被提出来的，其根本出发点是试图把解决城镇失业问题同改变农业生产落后的状况结合起来，探索一条解决城镇就业问题和发展农村的新路子。

随着1953年社会主义商业改造的开始，我国进入了一个和平建设时期。“一五”计划提前实现，社会主义建设出现一个高潮，在取得巨大成绩的同时，也出现许多问题。比如人口增长较快、企业招工过多、经济效益下降等。通过“三大”改造，我国逐渐走上计划经济轨道，就业制度也开始实行统一分配。城镇能容纳的就业人数，取决于执行计划经济所需的人数，城镇知识青年的安置，主要靠国家企事业单位统一解决。公有制下的“一大二公”“纯而又纯”，从体制上杜绝了失业人员自谋职业的出路，使得城市就业的路子越来越窄。另一方面，新中国成立后，全国基础教育在原有基础上得到了很大发展。但由于历史的、社会的种种原因，初中所能容纳的应届小学毕业生仍然有限。全国50多万所中小学校，每年要毕业几千万青少年，除去升学和返回农村的以外，剩余的至少数以百万计。自1955年下半年起，省(市)人民委员会所属企、事业单位根据国务院决定，停止从社会上录用新职工。一方面有大批的毕业生不

---

① 广西壮族自治区地方志编纂委员会编：《广西通志·劳动志》，广西人民出版社，1995年，第33页。

能升学，另一方面由于城镇工商业发展有限，难以吸纳所有的毕业生就业。如何统筹安排如此庞大的新增劳动力就业，成为各级政府的难题。与此同时，随着农业合作社的高速发展，农村需要一大批财务会计、记工员、扫盲辅导员等，当时这些问题引起了共和国领导人的重视。1955年，毛泽东在《中国农村社会主义高潮》一书的按语中发出号召："一切可以到农村去工作的这样的知识分子，应当高兴地到那里去。农村是一个广阔的天地，在那里是可以大有作为的。"[①] 1957年10月，中共中央政治局讨论通过的《一九五六年到一九六七年全国农业发展纲要（修正草案）》中提出："城市的中小学毕业的青年，除了能够在城市升学就业的以外，应当积极响应国家的号召，下乡上山去参加农业生产，参加社会主义农村建设的伟大事业。"[②] 1957年4月8日，《人民日报》发表题为《关于高小毕业生参加农业生产问题》的长篇社论，明确提出"从事农业是今后安排中小学毕业生的主要方向，也是他们今后就业的主要途径。"自此，各种舆论工具都按此口径进行宣传，从而营造起以下乡务农为荣的气氛，一种强大的下乡磁吸效应开始形成。

广西知识青年上山下乡就是在这样的历史背景下开始的。广西各级党委、政府根据中央的精神，首先在南宁、柳州、桂林、梧州等城市宣传动员城镇知识青年下乡。在强大的舆论宣传的感召下，许多知识青年纷纷响应党的号召自愿到农村。1957年，梧州市动员600多名高小文化以上的社会知识青年到郊区和广西农业厅所属的西江、五星、三星、广福等农场参加农业生产。[③] 1958年，动员260名高小毕业以上文化的社会青年到广西茂青、西江、源头农场参加农业生产。[④] 桂林市从1957年开始就有知识青年上山下乡，当时是自愿报名随下放干部一起到郊区插队务农。

1958年下半年，"大跃进"运动骤起。在全面跃进的口号下，全国基本建设规模急剧膨胀，职工人数扩充了近一倍；文教事业的"跃进"使各级学校招生规模剧增。1959年4月，国家统计局在年度公报中宣布，在国民经济大跃进的基础上，"失业现象已经消除"。在这样的历史背景下，上山下乡的口号在报刊上销声匿迹，知识青年上山下乡工作也基本停顿下来。

---

① 《毛泽东选集》第五卷，人民出版社，1977年，第254—255页。

② 《一九五六年到一九六七年全国农业发展纲要（修正草案）》（单行本），人民日报出版社，1957年10月。

③ 梧州市地方志编纂委员会编：《梧州市志·政治卷》，广西人民出版社，2000年，第2937页。

④ 同上书，第2937页。

从1955年到1959年是知识青年上山下乡的第一阶段。这一阶段的知识青年上山下乡的重点是动员从农村到城市就读的毕业生回乡参加农业生产，部分家居城镇的毕业生也响应共青团省委的号召，自愿下乡支援农业合作化。这里面没有强制成分，基本不含政治动因，并不包含“接受再教育”这一内容。它的出发点，首先还是解决就业问题，其次是使“广大青年到农村去，利用自己掌握的知识做一番改变农村面貌的事业”，大都依靠知识青年自发而起，缺乏有效的组织、指导。这一时期，下乡知识青年人数不多，社会影响不是很大。

二、发展阶段：城市知识青年到农村插队的上山下乡（1960—1965年）

20世纪60年代初，为缓解“大跃进”失败造成的经济困难，国家开始了政策调整，压缩基建规模，大量精简职工，减少城镇人口，而知识青年上山下乡的做法又被重新提起，成为精简城镇人口措施的重要一环。

1960年8月10日，中共中央发出《关于全党动手、大办农业、大办粮食的指示》，要求认真清理劳动力，减少城镇人口，加强农业第一线。1962年中共中央国务院又发布《进一步精减职工和减少城镇人口的决定》，要求全国城镇人口在1961年末的1.2亿基础上减少2000万人。[①]

1960年，为压缩城市人口、精简职工，南宁市首动员首批41名社会青年到国营农场、林场工作。1961年6月23日，广西壮族自治区党委在南宁召开三级干部会议，确定广西今后的任务，在工业方面，认真做好调整工作，坚决压缩城市工业人口。年内，全自治区精简职工29.49万人，减少城镇人口31万人。[②] 到1963年6月底，全自治区精简职工和压缩城镇人口工作基本结束，共精简职工54.1万人（扣除在此期间所增加的国家统一分配的人员，共精简41.1万人），[③]减少城镇人口55.9万人；同时还压缩人民公社、大队企事业、工副业人员27万人，减少吃商品粮人口76.5万人。[④]

1964年初，中共中央国务院发布《关于动员和组织城市知识青年参加农村社会主义建设的决定（草案）》，把上山下乡确立为城镇知识青年就业的长远方针，纳入国民经济和社会发展计划。同年，中共中央“知识青年下乡指导小

---

① 中央档案馆，中共中央文献研究室编：《中共中央文件选集（1949年10月—1966年5月）》第40册，人民出版社，2013年，第212页。

② 广西壮族自治区地方志编纂委员会编：《广西通志·经济总志》，广西人民出版社，1998年，第75页。

③ 广西壮族自治区地方志编纂委员会编：《广西通志·劳动志》，第118页。

④ 同上书，第119页。

组”和国务院安置办公室成立，各级政府也成立了相应的机构。这就标志着知青上山下乡问题正式纳入党和政府的议事日程，标志着知识青年下乡进入有组织、有计划的阶段，这是知青史上的一大转折。

1962 年 8 月，在南宁市郊良凤江先锋青年农场的知青们(胡卓清供图)

是年，根据中共中央国务院发布的《关于动员和组织城市知识青年参加农村社会主义建设的决定(草案)》精神，广西壮族自治区党委、广西壮族自治区人民委员会决定，在全自治区动员知识青年上山下乡。动员对象是历届、应届高初中毕业生，年龄在 16—25 周岁的城镇待业青年和 40 周岁以下的社会待岗人员，身体健康，政治历史清楚，均属上山下乡对象。为此还专门成立了自治区安置城市知识青年上山下乡领导小组，下设办公室，编制 15 人，统一领导全自治区城镇知识青年和其他社会闲散劳动力下乡、回乡安置工作。各级党委、政府及有关部门密切配合，组织召开各种形式的宣传动员大会，有计划、有组织地动员知识青年上山下乡参加农村社会主义建设。先是在宜山县（今宜州市）庆远镇搞试点，然后铺开。

很多中学对学生开展上山下乡教育，要求学生做到“一颗红心、两种准备”，如果不能升学，就到农村去，到边疆去，到祖国最需要的地方去，为建设祖国贡献自己的青春。1962 年至 1966 年，全自治区城镇知识青年上山下乡人数达 4.55 万人。[①] 大部分到农村人民公社集体插队，小部分到林场、农场。

1960 年到 1966 年夏“文革”前，是知识青年上山下乡发展的第二阶段。这一阶段知识青年上山下乡基本上是有计划有组织地进行的，下乡的途径基本是集体插队和插场的方式，这样便于发挥青年突击队的作用，有利于安排生产和知青生活。此时期下乡仍然是自愿，但随着运动的开展，政治动员和政治压力的因素加大了，政治性日益显著，上山下乡的目的逐渐增多。1963 年 12 月 4 日，时任全国安置领导小组组长的谭震林总结说，动员城市青年上山下乡有三个必要性：（一）建设新农村，建设现代化农业，没有知识的农民是困难的，需要知识青年去当农民。（二）把城市青年动员下乡可以团结农村青年，稳定农村青年，改变他们不重视农业劳动的精神面貌。（三）解决城镇青年的就业问题，消灭流氓阿飞的产生根源，消灭修正主义的产生根源。由此开始到“文革”前，知青上山下乡的目的开始发生变化，由纯经济考虑变成多角度考虑，把支援农村建设放在首位，还重视思想教育。“就业只是其中的一个方面，更重要

1964 年 8 月 11 日，广西壮族自治区和南宁市领导与南宁市 1964 年第一批下乡知青合影

---

① 广西壮族自治区地方志编纂委员会编：《广西通志 · 劳动志》，第 33 页。

的积极方面是支援农业，消灭资产阶级的思想阵地。”[①] 1965 年 5 月 5 日《人民日报》社论指出，知识青年上山下乡“绝不是无足轻重的小事情，而是一项具有革命战略意义的大事情”，“应当从关怀和培养革命接班人的意义上来看待城市下乡劳动的知青”。自此，上山下乡被宣传为培养革命接班人的重要途径，开始带有了鲜明的政治色彩。这一阶段由于各级党委、政府的高度重视，以及舆论宣传的效果，下乡规模也大大超过前一阶段，有了较大的社会影响。

三、高潮十年：应届毕业生全面落户农村的上山下乡（1968—1978 年）

1966 年下半年至 1968 年夏季，由于受“文化大革命”动乱的影响，学校基本停课，大学不招生，工厂也基本不招工。在农村，上山下乡知识青年也被卷进了“串连”“造反”的浪潮，上山下乡工作停顿了下来。1966—1968 年三届中学毕业生基本上待在家里，既不能升学，也不能就业，成为突出的社会问题。为解决“老三届”毕业生就业问题，1968 年 12 月 22 日，《人民日报》发表毛主席“知识青年到农村去，接受贫下中农的再教育，很有必要。要说服城里干部和其他人，把自己初中、高中、大学毕业的子女，送到乡下去，来一个动员”的指示。全国各地包括广西进一步掀起知识青年上山下乡的高潮，一些大专院校的毕业生也加入了知青的队伍。各级党委、政府，各部门和街道居民委员会全面开展工作，对符合上山下乡条件的城镇知识青年，逐人逐户摸清情况，做好思想动员工作。人民公社一级非农业人口符合上山下乡条件的知识青年也动员下乡，由县统一组织与安排。据《广西日报》1969 年 5 月 5 日的报道，广西从 1968 年 12 月至 1969 年 4 月 23 日，到农村插队落户的城镇知识青年、居民、干部、教师及其家属已达 14.6 万人。1967—1969 年，高中毕业生和不能升学的初中毕业生，全部动员上山下乡。

1973 年调整国民经济，减少了城市招工，上山下乡又成为安置城镇知识青年的主要方式。是年 8 月，全自治区又掀起了上山下乡的新高潮。动员对象，除升学、病残、独生子女、多子女身边只有一个子女的、外国血统的中国籍公民的子女以及华侨学生不动员上山下乡外，其他年满 16 周岁的城镇中学毕业生及社会青年均动员上山下乡。南宁、桂林、柳州、梧州四市除在市郊区安排一部分外，其余安排到自治区指定县、农村人民公社。北海、凭祥二市由所在地区统一安排。各县均由本县自行安排，个别安排有困难的，由地区调整解决。

① 顾洪章等：《中国知识青年上山下乡始末》，人民日报出版社，2009 年，第 37 页。

驻军和中央、广西壮族自治区管理的厂矿、交通等企业事业单位的知识青年，由所在地市统一安排。

1974 年，将过去由学校负责组织分配中学生上山下乡改由学生家长单位负责，按系统按街道与社队挂钩，然后归口动员，组织下乡插队。1975 年，为了促进、巩固知识青年上山下乡工作的开展，有些城市规定国家机关、企事业单位不得招用符合上山下乡条件的知识青年。如南宁市规定：行政单位已招收使用符合上山下乡条件知识青年的，一律停止使用，动员他们上山下乡；清退单位并负责通知他们回其父母所在单位参加上山下乡学习班。

从 1966 年到 1978 年夏，是知识青年上山下乡发展的第三阶段。这一阶段知识青年上山下乡的政治化倾向十分明显。在极左思潮的影响下，知识青年上山下乡运动似乎不再和"解决就业""压缩城镇人口"等实际问题相关，而是以"接受再教育"为主要依据。在舆论宣传上，城镇知青上山下乡的目的，似乎只是为了到艰苦的农村"改造世界观""脱胎换骨""接受再教育"。这一时期的知识青年上山下乡，从表面上看来，似乎已经是一场"反修防修""培养接班人"的纯粹的政治运动。

1974 年 6 月，广西壮族自治区上山下乡知识青年积极分子代表大会在南宁隆重召开（摘自《广西画报》1974 年第 4 期增刊）

四、终结：知青返城（1979—1980 年）

1978 年 10 月 31 日，全国知识青年上山下乡工作会议在京召开，这次会议是知青下乡的一个转折点，会议之后继之而来的是知青大返城。

1978 年 12 月，中共中央批复《全国知识青年上山下乡工作会议纪要》及《国务院关于知识青年上山下乡若干问题的试行规定》，对上山下乡政策做了重大调整：一是缩小上山下乡范围，明确有条件解决就业问题的城镇，可以不动员上山下乡，需要下乡的采取举办农林场的办法，不采用插队办法；二是逐步解决已下乡插队的知识青年的有关问题，在国营农场中的青年，采取稳定的方针，但确有困难的可商调回城。

中共中央国务院做出上述决定后，广西基本停止动员上山下乡。从 1962 年至 1979 年，全自治区城镇知识青年上山下乡共计 43.98 万人。[①] 1979 年底，原上山下乡的知识青年基本上返城安排就业或待业，少数仍留在农村的，本着"国家关心，负责到底"的精神，就地安排有固定工资收入的工作，有困难的还给予一次性生活补助，补助金额在 100—500 元。[②] 1980 年 9 月以后，广西各级知识青年上山下乡办公室陆续合并到各级劳动部门，在劳动部门设待业安置处（科、股），继续做好知识青年上山下乡的善后工作。1980 年 11 月，广西壮族自治区召开全自治区安置就业工作座谈会，要求拓宽就业门路，采取多种形式解决回城知识青年的就业问题，具体措施是：全民单位和集体单位招工；组织回城知识青年办集体企业或从事个体劳动；一时安排就业有困难的，也暂回城待业。历时 20 余年的上山下乡运动基本结束。

① 广西壮族自治区地方志编纂委员会编：《广西通志·劳动志》，第 36 页。
② 同上书，第 37 页。

第八章　广西知青人才研究

“文化大革命”在一个较长的时间里中断了学校教育，大批十五六岁、十七八岁的知识青年在本该接受学校教育的年龄里被动员上山下乡，从事艰苦的劳动。他们处在好学探索的年龄，因而即使在条件匮乏、时间欠缺、身心疲惫的环境里，依然如饥似渴地寻找学习的机会，搜罗各种各样的书籍来读，充实自己，提升自己。许多人由此积累了知识，了解了社会，磨炼了本领，逐渐成为有知识、有技术，为社会所需要的人才，在农村里发挥了生力军的作用。1979年以后，他们返回城里，在改革开放时代里，许多人又获得了大学教育的机会，甚至研究生教育与出国留学教育，逐渐成为在各行各业里大显身手的栋梁之材。

一、知青人才类型

知青人才在改革开放年代里逐渐发挥作用，崭露头角，引人注目。最早出现在世人面前的是知青作家，梁晓声、叶辛、孔捷生、王安忆、张承志、老鬼等知青作家以其反映知青生活的文学作品，成为当代中国文坛重要的文学流派——知青文学。在经过80年代初的几年过渡期后，在80年代末到90年代初开始，一大批知青人才走向了各行各业的重要位置。

广西知青人才也很多，据有限范围内的一个初步调查，我们将广西知青知名人才作了一个大体的分类。凡身跨两型的人物，只归属于主要身份的类型，如教育界人士，同时兼社科专家的，归属于前一类，如作家艺术家同时担任厅级领导干部的，归入文艺家行列。

（一）领导型人才

大批知青在改革开放中锻炼成长，在党的培养下成为各级领导干部，有的进入高级领导干部行列。在广西知青中，国家领导人有马飚，省部级领导有彭清华、陈际瓦、李纪恒、陈武、李克、李康、危朝安、沈北海、林国强、刘新文、荣仕星、陈自力、王跃飞、高枫等；进入厅级领导岗位的也很多，主要有容小宁、彭钢、杜新、李格训、刘长林、唐良成、曾宁、黄健、黄德昌、周文力、韦刚强、张兴劲、秦胜武、文和群、李世荣、苏新生等，处级干部不可计数。

(二)教科文卫专家型人才

1977年恢复高考，大批知识青年踊跃参加考试，以后几年，每年都有知青考入大学。这批人才，后来许多成为技术性专家，进入教科文卫行业，成为技术型专家和艺术家。代表性人物主要有：

1.教育界专家

担任高校领导职务和各学科带头人的教授有：阳国亮、王枬、罗知颂（广西师范大学经管学院院长、教授）、李欣广、王杰、雷锐、容本镇、麦永雄、梁扬、吴学东、甄汉深（广西中医药大学教授、博导）、刘慧霞、秦晖（清华大学人文学院教授、博士生导师）、谭华孚（福建师范大学新闻学院院长、教授）等。

2.科技（含社科）专家

社科专家有吕余生、钟启泉、寿思华、尹建国、李建平、柯可等；自然科学和工程技术专家有曹幸穗、于起峰、农以宁（桂林理工大学教授）、林瑛（广西工业设计院总工程师）、陈永宁（广西南宁市植保植检站）等。

3.文艺界作家、艺术家

作家有聂震宁、林白、冯艺、韦俊海、罗传洲、董永佳、麦春芳、麦展穗、龙鸣、蒋咸美、祝子杰、黄乃康、潘莰宣等；艺术家有韦克义、郑军里、陈中华、余永健、张达平、张冬峰、张冬峰、阳山、谢森、谢麟、张国权、梁耀、苏旅、戴延兴、何明、容杰、杨步云、万立仁、韦雪峰、麦展穗等。

4.卫生界专家

黄光武、曾棉林、何巍等。

(三)企业家

王晓华、晏平、章崇廉、梁岳生、黄述言、戴保清、韦秉振、朱桂玲、杨农等。

二、知青人才贡献

(一)在党政领导干部岗位上领导和推进广西的改革开放和经济社会建设

经过艰苦岁月磨炼的知识青年，他们在长期的农村、农场生活和生产中，了解了中国社会最底层的生活实况和农民的疾苦，掌握了基本的管理知识，积累了基层工作的实践经验。不少人不仅在政治思想上十分成熟，在组织管理才干上也大大提高，有的在当时就成为全国人大会议代表，有的担任党支部书记、生产队队长等基层领导。改革开放后，不少人逐步走上领导岗位，有的担任县、市级领导甚至省部级高级领导，有的担任科技、教育、文化、卫生等事业单位的负责人，有的担任工青妇商残等群众组织的负责人，有的担任大型国企领导，在各行业各部门发挥规划运筹、指挥协调和组织管理等重要的领导工作。这批人才，成为党和国家改革开放事业和经济社会各项事业的栋梁，推动着县、市区域以至于广西全区方方面面的发展，关系着广大人民群众的生活福祉，其责任不可谓不重大，其贡献不可谓不突出。

(二)创办和管理大型企业创造巨大经济效益

知青中的一批人才进入了经济领域，有的担任大型国企领导，管理国有资产并使其不断增值，有的自办公司，发展壮大，逐年向国家缴纳税款。中国近30年来成为全球GDP增速最高的国家的这个经济奇迹，也与这批经济人才有关。

这里有几个知青企业家做出巨大经济业绩的具体例子。

王晓华，1968年12月下乡插队，1970年，刚满18岁的王晓华下乡插队归来，进到柳州工程机械厂铸钢车间当了一名工人。以后几十年，他在柳州工程机械厂兢兢业业地工作，脚踏实地一步步往前走，从车间支部书记、党委组织部副部长、厂长助理、副厂长，到广西柳工机械股份有限公司高级经济师、副总裁，直到总裁、董事长，创造了一份份突出的业绩。仅以1996年他出任广西柳工机械股份有限公司、柳州工程机械企业集团有限公司总裁以来的工作业绩而论，1997年的销售收入、利润总额、市场占有率分别比上年增长12.52%、8%、0.85%。企业荣获中国质协颁发的“三满意企业”，本人荣获1996年度广西壮族自治区“五一劳动奖章”和优秀管理者称号。

晏平，广西玉柴机器股份有限公司董事长、十一届全国人大代表，也是由知青成长为大型国企董事长的企业界传奇人物。中国设备网原创的一篇文章介绍说：“晏平当过知青、工人、工程师、团委干部、火车站站长、股份公司董事长和玉林市发改委主任，在深圳、大连等地辗转工作了27年，才回到家乡玉林。晏平用激情将团结、务实注入企业文化，也让企业呈现出发展的澎湃激情。他上任3年后，玉柴集团销售收入首破200亿元，同比增长13.51%，较2005年增长71.59%；柴油机产销规模达55万台，较2005年增长105.36%，写下了新的玉柴速度，给‘三年再造一个玉柴’的激情宣言画上了完美句号。因为成绩突出，晏平先后获得2005年‘全面建设小康社会十大榜样人物’、2006年‘CCTV年度经济人物提名奖’、2006年‘广西十大优秀企业家’、2007年‘中国工业经济先锋人物'、2008年'中国经济十大杰出人物'等荣誉。"[①]

聂震宁，又一个从知青成长为大型国企掌门人的经济管理型人才。2007年出版的《文学桂军论》介绍了他的出版经营业绩："聂震宁从80年代中期到漓江出版社任编辑起，就开始了文学创作与出版编辑这两个方面的工作。1990年，他担任漓江出版社副总编辑，1993年后，又先后任总编辑、社长。自90年代起，他在出版岗位上成功地转变为出版策划人、企业家。他最成功的策划案，一是在漓江出版社策划并操作了《文科知识：百万个为什么》，这套包含22个学科26分册数百万字的大型丛书，1990年当年策划、当年组稿、当年出版，第一次印刷2万套当年即售罄，并获得第五届中国图书奖一等奖，实在是创造了出版界的一个神话。1999年聂震宁到北京后调任人民文学出版社社长，在任上成功策划了《哈利·波特》系列书籍，共销售500万册，码洋达1.5亿元，获得第五届全国优秀少儿图书奖，[②]取得极大的社会效益和经济效益。在他担任人民文学出版社社长三年半的时间里，将出版社的销售码洋由1998年的6000多万元增长到2002年的2亿3千万元。写小说很棒的聂震宁，此时显示出他干出版策划和经营企业也很棒的本领。2002年4月，中国出版集团成立，他又调到集团党委和管委会担任领导职务了。"[③]如今，聂震宁已调任韬奋基金会董事长、中国出版协会副会长。

此外，还有许多知青企业家的业绩值得点赞。柳州市知青、现任柳州市海润生工贸有限责任公司董事长、广西壮族自治区政协委员梁岳生，柳州市知青、现任柳州市复印技术应用中心董事长、总经理、党支部书记，兼任中国现代办公设备协会副会长的章崇廉，南宁市知青、南宁振宁公司原党委书记、董事长韦秉振，南宁市知青、香港绿都企业有限公司总经理戴保清，南宁二中知青、原广西金海湾电子音像出版社总编辑、现任中国国际青年交流中心影音文化中心副主任、北京亿商传媒投资集团副总经理的黄述言，创办了有15000名学员的广西外国语学院董事长朱桂玲，等等，都有可观的经营业绩，他们在提供产品和社会服务、扩大社会就业、增加国家税收等方面，都做出了卓有成效的贡献。

（三）创作优秀文艺作品发展文艺事业，丰富人民群众的文化生活

广西知青文艺家在艺术实践中，创作了大量优秀的文艺作品，丰富了人民

---

① 《晏平：昔日小挖辉煌　今日重工腾飞》，中国设备网原创，发布时间：2009年2月28日。

② 聂震宁：《我的出版思维》，河北教育出版社，2004年，第246、248页。

③ 李建平、黄伟林等：《文学桂军论》，中国社会科学出版社，2007年，第248页。

群众的文化生活，也创新奉献出许多文艺新流派、新样式，促进了艺术事业的发展。

1.创作大批文艺作品

知青作家创作的知青文学，是改革开放以后80年代中国文学主流文学之一，为人民群众提供了大批感人的作品。广西知青作家聂震宁、孙步康、冯艺、林白、杨克、黄堃、黄健、黄德昌、麦展穗、李建平、黄乃康、麦春芳、张丽萍等，都在80年代时崭露头角，创作了一大批好作品，成为广西文坛耀眼的一族。广西画家更是知青人才荟萃的一族，当今风头最劲的广西画家，大部分是知青画家，如郑军里、阳山、张冬峰、余永健、陈中华、谢麟、谢森、苏旅等。他们的美术作品，进入许多大型展览馆、博物馆、宾馆和重要会议室等场所，进入无以计数的书籍画册之中。还有大批戏剧、曲艺、音乐、书法、电影、电视等艺术作品，都有知青文艺家的贡献。有关他们的创作成果，将在下一节里进一步介绍。

2.创新贡献文艺新流派新样式

在文学界，林白在90年代初创作出版了长篇小说《一个人的战争》，开创了中国当代女性文学的先河，成为中国女性文学的主将，在新时期文学史上占有重要位置。杨克在80年代中期，与梅帅元首倡“百越境界”说，后发展为广西文学的一种文学流派，影响了后来广西文学创作的嬗变，为90年代广西文学新桂军的崛起垒砌了一道坚实的基石，功莫大焉。

在曲艺界，万立人、张祖慰、柳研等和其他艺人一道，在70年代时的曲艺创作和表演中，借鉴江南春锣，在南宁师公戏和邕剧的基础上创新，将其改造成为广西曲艺的新曲种——南宁春锣，属板诵类曲艺体系，表演幽默诙谐，广受观众欢迎。

在美术界，以知青美术家为主体的一批画家，创立漓江画派，成为响彻中华画坛的艺术流派之一，其代表性作品在中国画坛占据一席之地。

（四）在教育岗位上培育出大批国家建设人才

知青人才在八九十年代后逐渐进入教育岗位，成为教育行业里一支重要的教学力量。他们有的进入领导岗位，掌管学校的发展和教学的走向，其中不少人在广西高校担任重要领导职务，如担任过广西大学党委书记的阳国亮，担任广西教育学院党委书记和院长的容本镇，担任广西医科大学党委书记的黄光武，担任过广西师范大学党委书记的王枬和副校长的王杰，等等。更多的是承担重要教学任务的教授专家们，他们不仅活跃在讲堂，为本科生授课，还带了大量的硕士研究生和博士研究生，培养大批硕士、博士等高级人才。他们不仅讲授学科基本知识基本理论，传授钻研各门学科的不同的研究方法，带领学生深入社会实践，进行田野调查，还率先垂范，以端正的学风和学者风范濡染学生们，使莘莘学子在吸取科学营养的同时，获得道德和修养方面的成长元素。几十年来，无数从知青队伍里走上广西教育岗位的教授专家们，为广西培养出数以十万、百万计的人才，为推动广西的改革开放和经济社会的发展，做出了巨大贡献。

广西知青人才，在改革开放的30多年里，以自己的辛勤劳动和智慧创造，真正实践了他们在五六十年代里高唱的歌曲里说到的“我们是共产主义的接班人”，他们接上了接好了前辈们的班，也创造了可喜的业绩，这，真不应忽视，不应遗忘。

三、知青文艺家评介

“文革”时期广西的文艺创作受到了严重摧残，作家无法进行创作，文学作品销声匿迹。1971年国家调整文艺方针后，广西恢复出版了《广西文艺》杂志，开始较多地发表工农兵业余作者的作品，成为青年业余作者的主要发表阵地。80年代活跃在文坛的一批作家，如韦一凡、聂震宁、柯天国、黄征、韦玮组、杨鹤楼、蓝汉东、林白、杨克等，都在上面发表了作品。此时期，在《广西文艺》上发表的知青作品有诗歌、散文和小说。而从作品的数量上看，这一时期的诗歌占有重要位置，因为诗歌是最能直抒胸臆、表达思想和情感的文学体裁，尤其是在“文革”特殊的历史语境下，知青作家对诗歌这种“短平快”的文学体裁情有独钟，聂震宁、麦春芳、李建平、杨克、黄琼柳、黄乃康等人在插队时的文学创作就多以诗歌为主。这一时期的诗歌作品在叙事方式上采用的是宏大叙事，在内容上以反映知青生活为题材，突出表现了知识青年在农村广阔天地里大有作为，在艰苦卓绝的环境中坚持学习、坚持斗争，在贫下中农的悉心教育下茁壮成长的事迹，表达了知识青年高涨的革命激情，作品中洋溢着崇高的革命理想和浪漫情怀。麦春芳的《好呵！我亲爱的三叶宝树》《春姑娘来到胶园》《寄桂林》《胶林夜曲》《胶园来信》《五彩的诗页》《穿云破雾的山鹰》等，聂震宁的《啊，祖国台糖》《警钟长鸣江山红》，黄琼柳的《收果图》《民兵的眼睛》，黄乃康的《绿海“银泉”》，李建平的《新党员与老支书》，等等，都具有那个时代的显著特征。

（一）知青作家

广西知青作家在20世纪60年代初期和“文革”时期上山下乡，通过对知青生活的描写，去感知、去反思那个不平凡的时代。他们都有过在“文革”中上山下乡的经历，体验过从理想主义的天真热情跌落到生活困窘的泥淖，从现实的维护者突变为叛逆者的精神巨变。

知青作家的小说是新时期文学中富有特色的一部分，它的精神特征深刻地联系着知青作家们的生活与文化历史。坎坷的生活经历促成了知青作家们超于同时代人的精神成熟，知青小说走在了时代觉醒的前面。曲折的生活道路和文化感受赋予知青作家多元的文化立场，使他们生发出对传统、农民文化和民间文化新的思考，促进了新时期文化新的转型。生活的成长性造就了知青小说的青春性和理想主义色彩。

广西知青作家群与全国各地方的作家群大都一样，他们的共性一是知青，二是作家。他们都有自己创作的文学作品。他们都在不同程度的发自内心感受去揭示那个历史时期的社会现象与现实生活的某种世界，给人反思的同时，也使人得到了心灵的回归。

广西知青作家群代表作家有聂震宁、林白、杨克、陈敦德、孙步康、冯艺、李建平、黄琼柳、麦春芳、罗传洲、董永佳、黄乃康、彭洋、林冬、张兴劲、蒋咸美、龙鸣、祝子杰、麦永雄、雷锐、潘茨宣等，[①]他们都是在插队期间就开始文学创作，在六七十年代就发表过作品的作家。他们的文学创作之路，始终都与广西这片土地分不开。

1.聂震宁

聂震宁，小说家，出版家。1950年生，南京人，幼时随母亲迁来广西宜山县(今宜州市)。1969年初，19岁的聂震宁像千千万万的知识青年一样，卷扛着简单的铺盖，下到宜山县德胜乡上坪大队接受贫下中农再教育。1970年，河池地区开始进行地方“三线”建设(即当时有名的“6927”工程)，需动用大量民工，修建一条从金城江到红山矿务局的地方铁路，聂震宁去做了三年的筑路民工。在“三线”建设工地，聂震宁与所有的民工一样，居住在低矮的工棚里，每天周而复始地从事劈山开路、砍柴割草、挖掘土方的工作。生活虽然艰苦，但他仍然一边坚持劳动，一边坚持学习，从未中断。无论是在农家的土屋还是在民工的草棚，年轻的聂震宁始终没有被生活环境所征服，仍然坚定酷爱文学的一颗

---

① 知青作家可分为两类：第一类是在农村插队和回乡劳动期间就开始文学创作活动并发表作品的作家，第二类是有插队经历但在农村时没有从事文学创作活动，只是在1979年以后返回城市才开始文学创作的作家。此处主要介绍更有代表性的第一类作家。

心，坚持写诗、写稿，发表在《广西文艺》1975 年第 2 期的《啊，祖国的台糖》是写得较好的一首。《啊，祖国的台糖》描写在甘蔗丰收的时节，作者由优良的甘蔗品种——台糖联想到了祖国的宝岛台湾，从而表达了祖国能够实现统一，海峡两岸人民能够早日团聚的美好愿望："祖国的宝岛呵，台糖的故乡/我们一定把你解放！/台湾的同胞哟，黄河的儿女/我们一定要欢聚一堂！"这首诗纯朴真挚，表达了两岸人民的共同心声。另一首《警钟长鸣江山红》发表于《广西文艺》1975 年第 4 期。由于聂震宁在《广西文艺》发表了诗歌，广西军区开展征集全区民兵斗争故事的工作时，宜山县武装部、县文化局调聂震宁参与了此项编写工作。

1975 年秋，聂震宁进入广西宜山县师范学校读书。1977 年后历任广西宜山县文化局、河池地区文化局创作员。改革开放以后，聂震宁做了出版社编辑，后进到鲁迅文学院学习，1985 年成为北京大学首届作家班学员。他发表过大量的中短篇小说，并以短篇小说《长乐》和《绣球里有一颗槟榔》、中篇小说《暗河》和《岩画与河》等作品赢得过大量读者的青睐和文学荣誉。特别是《长乐》，至今仍是当代小说选本的常选作品。聂震宁后来担任了漓江出版社副总编辑、总编辑、社长，广西新闻出版局副局长、人民文学出版社社长兼总编辑、中国出版集团公司党组副书记兼副总裁，2007 年又担任中国出版集团公司总裁，创造了出版界的辉煌业绩。2011 年后，他担任韬奋基金会理事长。

2.林白

林白，本名林白薇，1958 年生于广西北流，小说家，中国女性主义文学的重要代表作家之一。1975 年，年仅 17 岁的她到北流县六感公社插队，此期间当过民办教师。林白早期创作诗歌，后来转向小说创作。林白在《广西文艺》1977 年第 6 期上发表了处女作《从这里走向明天》（三首组诗），从此步入文坛。《从这里走向明天》表现了知识青年在革命的暴风雨中顽强斗争，在广阔的天地里成长成材的雄心壮志和豪迈气概。1978 年，林白考入武汉大学，从广阔天地回到了美丽的大学校园，走向更加美好的明天。毕业后从事图书、电影、新闻等行业，现为武汉文学院专业作家。1989 年，林白创作了长篇小说《一个人的战争》，开创了中国女性主义文学"私人化"写作的先河，在中国文坛引起轩然大波。她的主要作品有《守望空心的岁月》《说吧，房间》《万物花开》《妇女闲聊录》《同心爱者不能分手》《致命的飞翔》《致一九七五》等，2005 年出版的长篇小说《致一九七五》就是一部根据作者插队经历而写就的回忆文本。

有人问林白：小说为什么叫《致一九七五》，1975 这个年份有什么特别之处吗？林白回答道：我选 1975 就是因为它没有任何标志性，只是我在这一年下乡做知青。林白说："1975 年的知青比老三届的知青幸运多了。我们第一年去就有国家每个月给十块钱生活费，还供应米、猪肉、农具什么的，条件已经好很多了。我们那时革命激情完全谈不上，也没有那么苦难，就会滋生一种狂想。我一直觉得我会写那段知青生活，幸亏以前没写。如果 70 年代写就成了伤痕文学，80 年代写就成了寻根文学，90 年代写就成了新写实文学。而现在我写的跟别人都不一样，更接近《万物花开》的狂想式的写法。"

3.陈敦德

陈敦德，纪实文学作家、电影编剧，1944 年 12 月生于广西桂林。陈敦德自幼受家庭熏陶，酷爱文学，17 岁时即尝试翻译并写作。1964 年到南宁市郊五塘实验区插队，插队期间，他写作新闻通讯和诗歌作品。他写的《五塘"文化圩"文化下乡记事》发表于 1965 年 10 月 26 日的《南宁晚报》上，诗作《红色的农村(外一首)》发表于 1964 年 11 月 30 日《南宁晚报》，他与孙步康合作的诗作《早晨八九点钟》发表在 1973 年《广西文艺》第 4 期。80 年代初，他就读于北京电影学院电影文学系，毕业后任广西电影制片厂一级编剧、广西作家协会副主席、影协副主席等职务。1985 年加入中国作家协会。他后来著有长篇纪实文学《归根：李宗仁与毛泽东、周恩来握手》《探路之行：周恩来飞往非洲》《中法建交实录》，中篇小说集《女工牛仔》等，电影文学剧本《血战台儿庄》《铁血昆仑关》等。《法庭内外》获文化部优秀影片奖及金鸡奖最佳故事片提名奖，长篇纪实文学《毛泽东、尼克松在 1972》获全国优秀图书奖、全国图书金钥匙一等奖。

4.孙步康

孙步康，小说家，壮族，1952 年生，广西崇左人。1969 年，孙步康赴崇左县乡村插队务农。插队期间，从事业余文艺创作，1973 年在《广西文艺》第 4 期发表纪念毛泽东在邕江游泳的诗作《早晨八九点钟》(与陈敦德合作)。1974 年在《广西文艺》发表诗作《广阔的课堂》，后历任南宁电厂工人，广西歌舞团创作员，广西群众艺术馆《小草》杂志副主编，广西艺术创作中心副主任，国家一级编剧。1985 年加入中国作家协会，著有长篇小说《黑旗虎影》、诗集《苦楝树》、短篇小说集《遥远的槟榔树》、报告文学集《穿越死亡海峡》、随笔集《为人处世与〈水浒传〉》《紧跟老板之后》等。小说作品有：《广西当代作家丛书·孙步康卷》中的《黑八角》《歌魂》《感情危机》《村梦》《鬼雄》《卷毛的集邮册》等中篇小说集,《白罂粟》获全国第三届少数民族文学创作奖,电视剧剧本《边贸女人》获全国第十五届电视剧飞天奖,中篇小说《小镇蝶恋花》获广西首届铜鼓奖,长篇传记文学《陈玉成》获广西首届桂花工程奖。

5.冯艺

冯艺,散文家,壮族,1955 年 9 月生,广西天等人。1973 年由灵山中学高中毕业后到灵山县陆屋公社坝基大队插队。在劳动之余,大量读书并开始文学创作,诗作《我是工人》发表在 1976 年《广西文艺》。1976 年调到灵山县罐头厂当工人。1979 年考入中央民族学院中文系,1983 年毕业分配到《民族文学》杂志当编辑,不久回广西工作,曾任广西民族出版社社长、广西作家协会主席、广西文学院院长、广西文联副巡视员,系中国作家协会第七届全国委员会主席团委员、中国作家协会民族文学委员会委员。冯艺至今已经发表诗歌、散文诗、散文、报告文学等各类文学作品 300 余万字,结集出版著作有散文集《朱红色的沉思》(广西人民出版社 1990 年)、长篇报告文学《云山朗月》(广西民族出版社 1999 年)、散文集《逝水流痕》(花城出版社 2002 年),散文、散文诗、诗歌合集《广西当代作家丛书 · 冯艺卷》(漓江出版社 2002 年),历史长卷散文集《桂海苍茫》(广西人民出版社 2004 年),其中散文集《朱红色的沉思》1992 年获得第四届全国少数民族文学奖。主编《中国散文诗大系》《中国少数民族作家作品大系》《中国散文集粹》等多卷本丛书。2002—2004 年组稿并执行主编的《广西当代作家丛书》(60 卷本)是新中国成立以来广西最大的文学积累工程。《广西当代作家丛书 · 冯艺卷》中收有冯艺早期创作的诗作,有《青春和生命》《相信吧天会蓝的》《像风一样》《母校我的码头》《榕》《岩松》《回望十万山》《看见落叶》《草原》《三宣堂》等。这些诗本质上都属于青春题材,不少与知青生活关联。1998 年获“广西壮族自治区有突出贡献的优秀专家”称号。

6.杨克

杨克,诗人,1957 年生于广西大厂矿区,1973 年高中毕业后他到南丹县插队。杨克爱好写作,插队时写了不少诗歌作品,给《广西文艺》投稿,其中一首长诗《红花朵朵》发表于该刊 1974 年 11、12 月号合刊上。他在知青时期写的诗作,还有一首发表在合浦县知青张兴劲主编的内部刊物《浪花》上。杨克 1977 年 12 月参加高考,考入广西民族学院(今广西民族大学)中文系。1982 年 1 月毕业后分配到广西作家协会工作。1991 年加入中国作家协会。1985 年春,他与梅帅元提出文学创作的“百越境界”主张,并写出理论文章《百越境界》和示范性诗作《走向花山》，诗作和“百越境界”理论开始引人注目。1985年，他的第一本诗集《太阳鸟》由广西民族出版社出版，1990年又出版了《图腾的困惑》《向日葵和夏时制》两本诗集。作品曾获首届广西文艺创作铜鼓奖、台湾第二届石韵新诗奖第一名。杨克1991年调到广州，任广东省作家协会《作品》副主编，继续写作和发表大量诗作。

7.李建平

李建平，文艺理论家，文化学者。广西陆川人，1952年生于桂林。1968年由广西师范大学附中初中毕业，1969年2月到兴安县金石公社中洞大队鳌头小队插队，至1974年12月，前后将近6年，后到地质队工作3年。1977年底恢复高考，他考入广西大学中文系，1982年毕业。后历任《广西文学》编辑部编辑，广西社会科学院文学研究所副所长、所长，研究员，广西文艺理论家协会副主席，广西抗战文化研究会会长、广西桂学研究会副会长、广西知青文化研究会副会长。在农村时，他大量阅读中国古典文学和现代文学著作，一边阅读，一边尝试写作。1976年开始发表作品，《新党员与老支书》是他知青时期的代表作。该诗1976年7月发表于桂林市革命委员会文化局文艺创作办公室编《红花烂漫》，后在《广西文艺》1976年第4期发表，那时他已到广西建材工业地质队工作。这首诗代表了李建平的乡村情结，反映了他们当时的精神面貌。知青情结，也许在李建平心中，是难以磨灭的。

李建平于1999年加入中国作家协会，80年代以来，著有专著《新潮：中国文坛奇异景观》《桂林抗战文艺概观》《大地之子的眷恋身影——论端木蕻良的小说艺术》，并与人合著《广西文学50年》《文学桂军论》《广西文化图史》《桂林抗战艺术史》《广西抗战文化史》等（均为第一作者），并出版评论集《理性的艺术》《广西当代文艺评论家选集·李建平集》，主编2005—2013年《广西文化发展报告》9本、《抗战文化研究》第1—10辑，编著《抗战时期桂林文学活动》《抗战时期文化名人在桂林》等。作品获广西文艺铜鼓奖2次、广西社科优秀成果一等奖、二等奖共5次，被评为广西首届中青年德艺双馨文艺家50杰之一，系广西优秀专家、享受政府特殊津贴。

8.黄琼柳

黄琼柳，女，诗人，壮族，广西田阳人。1956年出生于广西柳州市一个有浓郁艺术气氛的家庭中，其父黄勇刹是广西著名诗人、民间文艺家，壮族人民喜爱的歌手。在父亲艺术气质的熏陶下，黄琼柳早早地就以诗的眼光探视着周围的世界。1974 年，她高中毕业到灵山县农村插队，在那里，她就开始写作和发表诗作了，在《广西文艺》1974 年第 1 期上发表了《收果图》组诗，后又在该刊 1975 年第 5 期发表了诗作《民兵的眼睛》。80 年代以前，她遵循父亲所走过的民歌体创作路子，写出了“明月跃山梁，/晚风拂面庞，/大队会一散，/踏月把路上……”(《踏月行》)一类民歌体诗作。思想单纯、情绪明朗、手法单调、民歌痕迹浓重是这一时期诗作的特点。黄琼柳大量写诗并取得较大影响与成就是在 80 年代以后。至今，她已在《人民日报》《诗刊》《中国作家》《北京文艺》《当代》《诗歌报》等报刊发表诗作 100 多首，被收入多种诗集，有的在国外发表和出版。1985 年，她出版了诗集《望月》，后又出版了第二本诗集《蝴蝶，蝴蝶》。

9.麦春芳

麦春芳，女，诗人，桂林人，16 岁初中毕业后由桂林到广西军区生产师务农。她出生于高级知识分子家庭，生长在美丽的漓江边，有较好的文学素养。来到边疆的橡胶园里，艰苦的劳动没有冲刷掉她的诗情，她逐渐写出了一批反映胶园生活的诗作在《广西文艺》《玉林文艺》发表，如《好呵！我亲爱的三叶宝树》《春姑娘来到胶园》《写在广阔的天地——插队诗抄》《五彩的诗页》《胶林夜曲》《大学——写在胶园里》和儿歌《绘画》等，发表在《广西文学》1974 年第 5 期上的组诗《胶园来信》是其代表作。麦春芳的诗，饱含青春气息，富于生活情意，风格清新活泼，充满理想主义和浪漫主义色彩。1992 年，广西民族出版社为她出版了诗集《三叶花》，其中收有不少这类清新纯净的“胶园诗”，诗人柯枳在《三叶花·序》中称她的诗为“一簇清新的三叶花”。

10.罗传洲

罗传洲，文学编辑，1950 年 11 月生。1968 年 12 月，他从南宁四中初中毕业后到南宁市郊石埠公社上灵大队插队。罗传洲从小就热爱美术，6 岁时即在《南宁晚报》发表美术作品，15 岁时在上海《少年文艺》发表版画作品《上阵之前》。插队期间，他一边劳动，一边写作、绘画。1976 年，他在《广西文艺》第 1 期发表散文《心中的歌》，并在《南宁晚报》《广西日报》《广西文艺》等报刊上发表插图、连环画等。70 年代，他还创作知青题材独幕话剧《峻岭飞鹰》(合作)，参加广西全区戏剧会演。“文革”结束后，他于 1978 年在人民日报社《战地》增刊发表散文《桂花歌》，在《邕江》《漓江》《广西文艺》等杂志发表《金色塑像》《愿望》《大杂院里的人们》《晚霞在燃烧》等作品。1998 年，他担任总撰稿和参与导演的 11 集电视纪实政论片《人性的较量》在国内 100 多家电视台播放，并由中央电视台选播。他还在中央及各省市报刊上发表文艺评论，有小说、散文和文艺评论作品收入各种选本，有的作品获奖。

罗传洲1983年起曾任南宁市文联《红豆》杂志副主编、南宁市文联党组成员。1993年调广西文联工作，曾任《广西文学》主编、广西文联副秘书长兼广西文艺理论研究室主任、组联部主任、第六届广西作家协会副主席、第七届广西作家协会常务副主席。

11.董永佳

董永佳，诗人，1971年8月中学毕业到桂平县大湾公社插队。插队期间，勤于写作，写作多首诗作发表，其中，发表于《广西文艺》1973年第4期的诗作《在康庄的大道上》创作于“文革”期间。1973年4月广西首次举办桂平西山文艺创作学习班，会议期间，董永佳写了上百行的长诗《在宽广的道路上》得到主办会议的广西文艺创作办公室黄勇刹的赞赏，当时参加学习班的孙步康回忆说：“（董永佳）当年是桂平县一名插队青年，也参加了西山文艺创作学习班，在西山脚下有感而发，写了首洋洋洒洒上百行的抒情诗。初稿出来后，主持学习班的黄勇刹慧眼识珠，对此诗的真情实感极为欣赏，几次找董永佳面谈，帮助他修改诗稿。经过三番四次修改后，在学习班结束酒会上，董永佳登台朗诵了这首诗，博得了热烈的掌声。”[①]1977年，董永佳到中山大学读书，1980年大学毕业后到《广西文艺》编辑部担任诗歌编辑。80年代在《广西文学》发表《风雨桥》（组诗）等诗作，并在《广西日报》《广西文学》《广西文艺评论》发表评莎红、韦革新、农冠品诗歌创作的评论文章多篇，2006年出版散文集《没有云彩的地方》。1986年到中国社会科学院文学研究所进修一年。1987年调广西文联办公室工作，先后担任办公室秘书、副主任、主任、秘书长。2012年担任广西文联副巡视员。

12.黄乃康

黄乃康，诗人，传记文学作家，1950年生于广西南宁。黄乃康1969年由南宁到大新县插队，1971年转到广西军区生产师到龙州农场务农。在龙州农场时，黄乃康开始写诗，他写的两首诗《世界屋脊飘红旗》《绿海“银泉”》发表在1975年的《广西日报》和《广西文艺》上。

黄乃康1977年12月参加高考，1978年2月入广西大学中文系读书。

---

① 孙步康：《回眸西山一段云》，《广西文艺报》2002年3月28日。

1982年毕业分配到广西文化厅《广西群众文艺》编辑，历任《广西日报》文艺部编辑，广东省《东莞日报》文艺部编辑、副主任、主任编辑。2005年加入中国作家协会。著有传记文学《莎红传》，报告文学、散文集《热土小蕾》，报告文学《龙魂》《边关神剑》（合作），合编《广西报告文学选》。《龙魂》获第十四届中国新闻奖报纸副刊作品复评暨2003全国报纸副刊年赛银奖，《边关神剑》获中国报纸副刊好作品一等奖，《从城门跳回农门的秀才们》获第十三届中国新闻奖报纸副刊作品暨2002全国报纸副刊年赛铜奖，编辑出版的作品有的在省级或全国性获奖。由他撰写的传记文学《莎红传》1991年在漓江出版社出版，这是广西第一部当代少数民族作家长篇文学传记，黄乃康用朴实、深情的笔调写出了著名壮族诗人莎红富于传奇色彩的一生。

13.彭洋

彭洋，诗人，书法家，1953出生，祖籍广东顺德。1969年随父母下放到广西马山插队，1975年开始文学创作，1976年入马山县农机校读书，1978年参加高考考入广西大学，1982年大学毕业分配到广西文联。系中国作家协会会员、中国书法家协会会员、广西文化产业协会常务副会长、广西收藏协会会长，曾任广西区文联《南方文坛》杂志社社长和主编，广西文联文艺理论研究室主任，广西文艺理论家协会常务副主席、研究员。现任广西纵横文化发展有限责任公司董事长、南宁国际民歌艺术研究院院长。彭洋出版著作有散文集《圣堂山圣典》、诗集《二十岁的谎言》、评论集《视野与选择》等13部，发表的散文、诗歌、报告文学等文学作品及文艺评论文章两百多万字，曾多次举办个人书法篆刻展览，如《彭洋行草书法展览》《彭洋书法篆刻作品展》等，书法专著有《书》以及数本硬笔字帖。

14.林冬

林冬，女，诗人，1956年12月生。1974年7月从广西栗木锡矿子弟中学高中毕业，到恭城县栗木公社高岭大队13生产队插队，1975年6月加入中国共产党，1976年3月任高岭大队党支部不脱产的副书记，1976年6月被选为自治区知识青年上山下乡积极分子代表大会代表。林冬1975年开始写作诗歌和向报刊投稿，处女作《山村妹仔家》发表在《广西日报》1975年6月15日第三版《朝晖》副刊。插队期间，她还创作了《山乡春来早》《大道金光》《誓叫壮乡换新颜》《知识青年豪情壮》《斗争换来新天地》等歌唱知青生活的诗歌，《桂林文艺》向她约稿。1976年11月调到恭城县糖业烟酒公司工作，1977年底全国恢复高考后第一批考上大学，成为广西大学中文系文学专业七七级学生。大学毕业后，到《柳州日报》工作，后任总编辑。80 年代末出版诗集《温柔的怀想》（1989 年广西人民出版社）、《两个人的时候》（1990 年广西人民出版社）和散文诗集《湖吻》（广西民族出版社），1997 年出版《林冬诗歌散文集》（广西民族出版社）。1994 年加入中国作家协会，系广西作协理事，柳州市作协副主席，柳州市九届、十届文联兼职副主席。

15.张兴劲

张兴劲，诗人，1958 年生，广西合浦人。1974 年 9 月由合浦廉州第三中学初中毕业后到合浦县福成公社三河口大队红环生产队插队，一直到 1978 年 2 月上大学才离开。插队期间，他在从事繁重体力劳动等艰苦生活之余，刻苦自学，并开始写作诗歌。知青三年中，除了与村队农民一样干农活外，还先后当过大队学校临时代课老师，在大队、生产队干过写写画画的“宣传员”杂活，直至抽调到公社宣传队、县知青办等单位，专门做创作节目、写材料等文字工作。1975 年，他写了诗作《共产主义是不可战胜的——读列宁〈伟大的创举〉》发表在《广西文艺》1975 年第 4 期，1977 年写了《雷锋，我亲爱的兄长》发表在《合浦文艺》1977 年第 12 期，还创作了《花开三春回山来》《广阔天地》《我们知识青年多豪迈》等一批歌词作品，在公社业余文艺宣传队和知识青年业余学校宣传队上演。1977 年，张兴劲与知青谭华孚和当地文友一起自办了《浪花》文艺刊物（内部出版），刊登知青们的文艺作品。他在《浪花》上发表了《怀念周总理　学习周总理》《中南海的灯光》《学习鲁迅　永远进击》《为真理而斗争》《走向困难重重的遥远途程》《这才是生活呢》等诗文。张兴劲的诗词创作在当时受到广西壮族自治区文艺创作办公室的关注，两次邀请出席广西全区工农兵业余作者文艺创作会议，并参加了广西文化局举办的歌词评选工作会议。1977 年，他参加高考，1978 年 2 月进入广西大学中文系学习，大学毕业后，他留校任教。1984 年考入中国社会科学院研究生院中国现代文学专业研究生，1987 年获硕士学位，师从文学研究所张炯所长，从事当代文学评论。90 年代初期到广东省人大工作至今。

16.蒋咸美

蒋咸美，儿童文学作家，1949 年生，广西全州人，回乡知青，1968 年高中毕业后回乡参加劳动。蒋咸美是在作家潘荣才的影响下开始文学创作的。1969 年，蒋咸美家中来了位同吃同住的下乡干部，这就是后来成为《广西文艺》编辑、作家的潘荣才。半年后，潘荣才返城了。蒋咸美说："我很喜欢看书，但从未写过小说。不久，潘老师连稿纸都寄给了我。我一感动，便动手写'小说'，洋洋万言，常常一挥而就，并且三两天便有'小说'出笼，初学者粗制滥造的毛病，在我身上表现得特别充分，读书笔记、'小说稿'雪片似的飞向南宁。潘老师仍然每信必复，每稿都有点评，时时鼓励我要'到达胜利的彼岸'。潘老师寄给我许多书，其中不少在当时还是'禁书'，如《老人与海》《这里的黎明静悄悄》《契诃夫中短篇小说集》等。这些书，有的是潘老师的藏书，有的是他特意为我从图书馆借来的。广西文学编辑部有一帮热心扶植作者的编辑，如仁慈宽厚的李宝靖，笑容可掬的梁发源，耿直实在的凌渡，正气浩然的李竑。他们与作者的关系淡泊如水，却又浓香如酒。后来我的处女作发表了，此后我还在《人民文学》等区内外报刊发表了小说。"① 蒋咸美的小说《包谷胡须红》发表于1974 年 1 月号的《广西文艺》，这个儿童题材的小说叙写五年级学生小东、石头他们热爱科学，在农科站张站长的支持下，进行玉米"晋杂一号"和本地种"血里红"杂交试验，从失败到成功的故事。小说《火上添柴》发表于《广西文艺》1977 年 1 月号，后被 1978 年出版的《广西短篇小说选》收入。以后他还发表了《红苗苗》《从天上飞下来的花皮球》《宝贝蛋》等作品。至 1990 年时，他说"我总共写作八十余万字，算不得大数，也不是个小数"②。蒋咸美后加入广西作家协会，到全州县党史办公室工作。

17. 龙鸣

龙鸣，小说家，壮族，1949 年 10 月生于广西防城县东兴镇。1965 年初中毕业后到农村插队，曾干过挖土方、挑夫、搬运、开矿、捞砂石等活。1973 年在《广西文艺》上发表短篇小说处女作《老哨兵》，小说《海石花》被收入 1978 年出版的《广西短篇小说选》。1975 年被招为水产部门国家职工，曾任总务员、施工员、仓库保管员等职。1978 年考上广西钦州地区师范学校中文科大专班，1981到防城各族自治县实验学校任高中语文教师。1987 年春加入中国作家协会广西分会。1989 年与别人合集的寓言集《得意的狐狸》获 1980—1981 年全国优秀少年儿童读物奖。2011 年，他与作家邓向农合著的大型报告文学《云水激荡——2008 广西北部湾》获广西文学创作最高奖——铜鼓奖。2011 年出版散

---

① 蒋咸美：《小说人生》，《广西文学》2001 年第 5 期。

② 《蒋咸美》，载中国作家协会广西分会编、包玉堂主编《广西当代作家传略》，漓江出版社，1991 年，第 434 页。

文集《大海的另一种风情》，与邓向农合著历史小说《西海斜阳》。

18.祝子杰

祝子杰，诗人，1951 年生，广西融安县长安镇人。1969 年下乡插队在农村时开始文学创作，他说："坎坷的人生、多彩的经历、沸腾的生活，激起了我业余文学创作的欲望。于是 1973 年春天，《广西文艺》采用了我在山乡土房的油灯下苦吟而生的短诗处女作《迎春图》《栽柑苗》。"[①]至 1990 年时，发表了各种体裁、题材的文学作品 150 多篇，诗作曾被收入《广西诗选》《中国散文诗大系·广西卷》等文学作品专集，刊发于《工人日报》的散文《勘探生活短篇》获得 1983 年全国地质题材文学创作奖。现为广西《地质矿产报》记者，中国地质作家协会会员，中国作家协会广西分会会员。

19.麦永雄

麦永雄，文学理论家。1955 年生，汉族，祖籍广东鹤山，广西桂林市人。1971 年到广西边境的东兴参加广西军区生产师二团二营（后为国有荣光农场）军垦生产。1971 年创作朗诵诗《我爱南疆》，抒发知青的理想主义情怀，这首诗 1971 年国庆节时在该团演出时朗诵，后发表于桂林市《上山下乡报》。麦永雄 1978 年考入广西师范大学中文系 77 级，1982 年 1 月毕业后考入暨南大学，1985 年获文学硕士学位，2003 年获北京师范大学文艺学博士。著有文学专著《德勒兹与当代性：西方后结构主义思潮研究》（2007）、《文学领域的思想游牧：文学理论与批评实践》（2002）、《多维视野中的东西方文学》（2001），译著《赛博空间的奥德赛：走向虚拟本体论与人类学》（2007）、《重组话语频道：电视与当代批评》（2000）、《后理论：重建电影研究》（2000）等。现为广西师范大学文学院教授、博士生导师，广西师范大学中国语言文学研究所所长、比较文学与世界文学学术带头人，广西师范大学"外国文学史"精品课程主持人。曾任《东方丛刊》主编（2006—2010）。2010 年获广西壮族自治区优秀专家称号。

20.雷锐

雷锐，1947 年 2 月生于广西南宁，文学理论家。1965 年到来宾县长岭公社插队，1970 年开始从事小学、中学教师工作，1972 年被招工到工厂职工子弟学校当教师，从小学教到高中。1973 年在《柳州文艺》第 1、2 期发表散文《鲁迅的塑像》和《火》，前文为对鲁迅精神的阐扬，后文为对革命之火的礼赞。1979

---

① 《蒋咸美》，载中国作家协会广西分会编、包玉堂主编《广西当代作家传略》，第 324 页。

年以同等学力考取广西师范大学中文系研究生，1982 年毕业，获硕士学位。从 1982 年起留校工作，任教授，后又获南京大学文学博士学位。参与主持广西重点科研项目《桂林文化城大全》，主持国家社会科学基金项目《壮族文学现代化的历程》，发表论文 130 余篇，约 200 万字，著作 18 种（含合作），约 500 万字，两次获广西社科优秀成果二等奖，一次获三等奖。曾任广西中国文学学会理事，广西中国现代文学研究会理事、秘书长，广西抗战文化研究会副会长，广西作家协会会员，广西儒学学会副会长。1991 年获国务院学位委员会、国家教委授予“做出突出贡献的硕士学位获得者”称号。曾出版过文学研究专著多部，论文数十篇。2007 年退休，2009 年到美国居住。退休后写作回忆录《我们也都年轻过》，2011 年 9 月由香港远东文化艺术交流中心出版。作者说：“出此小书，意为自己人生印迹浅浅留痕，也兼为知青历史大潮记下几点浪花。”

21.潘茨宣

潘茨宣，作家，广西都安人，生长于书香家庭，父亲为地区重点中学校长，母亲为中学教员。1964 年 9 月，潘茨宣自愿报名和百色城一百多名初高中毕业生一起到百色县那毕公社七塘大队下乡插队。插队期间，他没日没夜地阅读从家里带来的两个小木箱里的文学名著，看得多了，他感到自己也能写一些东西。他学着把一些农村的生活和见闻用诗歌和散文记下来，送给县文化馆的墙报及县文化馆的刊物《工农兵文艺》，一些作品刊登出来后，更激发了他的写作兴趣。他写作多篇文章在《右江文艺》刊登，后来又给《广西文艺》投稿。他的散文《凤凰花开》发表于《广西文艺》1974 年第 2、3 期合刊，小说《放电影的时候》发表于《广西文艺》1974 年第 10 期。1974 年，他被招工到百色地区东笋煤矿当工人，1976 年调百色县文化馆工作。1977 年以后，广西军区开展“广西民兵革命斗争故事”的征集整理工作，潘茨宣被抽到写作组，这项工作一直进行到 1978 年才结束，他参与了其中《追穷寇》《壮乡少年》等书的写作。1981 年，潘茨宣调到《右江日报》社当编辑。1983 年，经广西壮族自治区党委组织部考核，他通过考试被录取进入广西大学新闻干部专修科学习。1985 年回《右江日报》工作，1990 年调《广西工人报》，1994 年调广西日报社，担任副刊《花山》编辑。从 20 世纪 70 年代起，潘茨宣共创作发表文学作品 200 多万字，1988 年加入广西作家协会。近年来，他又撰写出版了《中华文明史上的广西人》《八桂古代廉吏》等学术著作，主编了《广西历史名人》《历史名人在广西》《历史名人写广西》（合作），在学界形成一定影响。

(二)知青艺术家

1.张达平

张达平,画家,1945年生,广西博白人。1965年,他高中毕业后到广西来宾县插队。张达平从小习画,颇有艺术天分,在农村插队时,仍时常绘画,被县文化馆借调搞美术创作。1973年,他以知青身份创作的中国画《苗山新绣》入选全国美展,并入选国务院文化小组美术作品征集小组举办的文化交流美术展,巡展于日本、意大利等国。该画后来入选人民美术出版社出版的《中国画选集》,并先后在《光明日报》《中国文学》(外文版)、《广西画报》等报刊刊载,成为"文革"十年广西美术的代表作之一,是知青美术创作的佳作,形成较大影响。此外,他在插队期间,还发表了《课余》《团结战斗谱新歌》《好闺女》等十多幅作品。

张达平的国画《好闺女》发表于《广西文艺》1974年第6期封面

1976年10月粉碎"四人帮"后,张达平于年底调入广西人民出版社任美编。1980年创作中国画《未来从这里开始》《又是一百分》两幅参加全国第二届青年美展。他创作的连环画《狼孩》也入选全国连环画展,连环画《木偶奇遇记》1982年2月送意大利参展,并于1983年6月送香港参展"中国连环画展览"。1983年至1984年,他师从著名岭南派画家黄独峰就读中国画研究生。1990年组建广西美术出版社并任书记兼副总编,直至2005年退休前,主要是从事行政工作。张达平是中国美术家协会会员，现任广西书画研究会副会长、广西艺术品收藏协会副会长、广西文物收藏家协会副会长。

2.郑军里

郑军里，画家，1957 年生于广西南宁。他出生在一个知识分子家庭，父亲郑金农是一名财经学院的教师，母亲郑祖国则是一名音乐老师和语文老师。父母的共同爱好就是文学、中国历史和书法，母亲从小给孩子讲诗歌、讲书法，这对小时郑军里的中国传统文化教育起到了潜移默化的作用，也造就了如今郑教授的儒雅性格。

1974 年，郑军里和同学们来到南宁市郊区的上尧公社插队。他们与农民在一起干活，种菜，插秧，犁田，收菜，手上起茧磨破了肩，但他不为当时的条件所局限，在做好农活的同时，不放弃自己的理想。他常常请那里的农民作为他画画的模特，当时没有照相机，郑军里给农民画肖像画，农民也高兴，为此他还得到了热心为贫下中农服务的美誉。郑军里还积极为生产队出墙报抄写毛主席语录，画毛主席头像，借此机会练习书画。就这样，他的绘画水平不仅没有受影响，反而在人物造型上有了很大的进步，练就了他几笔就能勾勒人物的绘画基本功。郑军里刻苦学画，不断取得创作佳绩，还是在知青时的郑军里，他的作品就有两次入选省级展览，得到美术界的好评。1977 年 12 月，他以扎实的艺术功底迎来了十年动乱之后的高考，他凭着过硬的基本功与创作水平，以优异的成绩被广西艺术学院录取，从此走上专业画家的道路。1986 年以来，他先后在北京中国美术馆、香港艺术中心以及美国、新加坡、日本举办画展。作品参加文化部、中国美协举办的全国第六、第七、第八、第九、第十届美术展览，并被中国美术馆、中国画研究院、人民大会堂、天安门城楼等机构收藏与陈列。他先后获广西政府艺术最高奖——“铜鼓奖”及“有突出贡献的优秀专家”称号，获俄罗斯苏里科夫荣誉勋章，当选 2008 年当代 30 位最具学术价值的人物画家。郑军里现为全国政协常委、中国美术家协会会员、广西美协副主席、广西书画院常务副院长、漓江画派促进会副会长、联合国文化总署国际美术家联合总会副主席，广西艺术学院副院长、中国画教授、硕士研究生导师，成为广西美术界的领军人物。

3.阳山

阳山，画家，1951 年生，广西桂林人。阳山从小喜欢绘画，他自幼跟随在已是著名画家的父亲身边学习绘画，时常跟着父亲外出写生，画些小花小草，在父亲的耳濡目染之下，他开始走上绘画之路。1969 年 1 月，阳山到宾阳县和吉公社大邦大队大吉村插队。在农村劳动之余，他坚持作画，他为农民画肖像画，画农村生活速写，还为公社和大队绘公社史、大队史、村史图片，为阶级斗争展览绘展品。他还被抽调到县文化馆搞创作两个多月，期间创作的《知青向老农学插秧》《机械化插秧到田头》等作品参加了南宁地区和宾阳县美术展。1974年，他考入广西艺术学院美术系，毕业后分配到广西工艺美术研究所从事工艺美术设计和工艺品绘画，1983年调到广西艺术学院任教。插队生活的体验使他的艺术创作更加贴近大自然的山山水水，他从事山水画教学研究与创作近三十年，擅长中国山水画，国画《秋韵》入选全国首届中国山水画展，《春雨润壮乡》入选第十届全国美展，《苗岭情韵》获1998年中国美术金彩奖牡丹杯优秀奖。巨幅山水画《漓江烟云》在人民大会堂全国人大常委厅悬挂，多幅作品被中国美术馆、国家博物馆、广州美术馆、广西博物馆、江西博物馆、桂林博物馆、广西人民大会堂悬挂、收藏。出版《阳太阳、阳山画集》《阳山画集》《阳山国画作品选集》《阳山山水画集》等。阳山现任广西艺术学院中国画学院副院长、阳太阳艺术研究中心主任、教授、硕士研究生导师、中国美术家协会会员，他是取得较高成就的知青美术家。

4.余永健

余永健，画家，1957年生，福建漳州人。1966年，“文化大革命”开始时，他父亲受到批判。当时刚上小学的他，因学校停课，没有书读，他就经常跑到图书馆看书，在图书馆里，他看到了各种画册，充满兴趣，也开始弄笔涂鸦，心里埋下了绘画的种子。1974年11月，他高中毕业后，与全国绝大多数的青年学生一样，到广阔的农村去接受贫下中农的再教育，来到了广西邕宁县坛洛公社一个生产队插队。劳动之余，想学画画的念头冒了出来，没有纸和笔，他就在地上画，或用手沾上水在玻璃上画，倒也越画越上瘾，成为生活中的一种爱好。1976年，广西人民出版社到邕宁县招工时，贫下中农和农村干部推荐了他。进到出版社工作后，他在美术编辑室里见到了雷时圣、甘武炎、张达平、刘宇一等知名画家，雷时圣成了他的老师。他一边看稿选稿，一边自学绘画，在名师身边，受益匪浅，他的画技提高很快，1982年，他听从雷时圣老师的劝说，报考了大学，一举成功，考进了广西艺术学院美术系国画专业。毕业后，他留校任教，正式开始了他的艺术生涯，后来在桂林雁山创办广西艺术学院中国画学院，成为中国第一个中国画学院院长。他的作品，也频频获奖。1994年，他的作品《溢香图》获第8届全国美术作品展优秀作品奖，1997年，《大凉又至》获世界华人书画大展铜奖，1999年，《春风掠过》获“建国50周年优秀中国画作品展”优秀奖。如今，他担任广西艺术学院桂林中国画学院院长、教授、硕士研究生导师,广西高等院校艺术类招生考试专家组成员、漓江画派促进会常务理事、中国美术家协会会员、广西美术家协会副主席,获得国家教育部授予的“全国优秀教师”称号。

5.张冬峰

张冬峰是一个在农村插队时就刻苦学画的知青画家。幼年时,张冬峰随父母来到了中国大陆架最南端的北仑河入海口处——东兴县城,在这里,他开始了美术启蒙。当时住在张冬峰家隔壁的是一个刚从广西艺术学院美术系毕业名叫曾令威的大学生,分到县文化馆工作,当时他常常为配合政治运动画些宣传画,画一些样板戏里的人物形象,这把9岁的张冬峰看得直羡慕。受这位曾叔叔的影响,刚9岁的张冬峰就开始找一些连环画来,蹲在一边,边看书,边跟叔叔学运笔,学涂色,这位“曾叔叔”,成了张冬峰走上绘画之路的启蒙老师。

1974年,16岁的张冬峰高中毕业,他来到离家70多公里处的东兴县华石公社那湾山下的那湾村插队。在农村,张冬峰一直坚持画画。有一次,他爬到当地最高的山顶,往下一看,绵延的山峰,阡陌的田野,恬静的家舍,南疆的风光真美啊,当时他就想,什么时候一定把它画出来。雨天假日,同伴们都休息了,他利用这点时间练习画画。为培养群众文化,县文化馆决定为美术培训班的人提供学画画的场所和一些基本的颜料和画纸,张冬峰参加了培训班,改善了绘画条件。在农村插队的几年,他没有因在农村劳动荒废自己的业余时间,而是坚持练习画画的基本功。广阔的田野,他认真地观察大自然的各种形态,由于长年累月坚持磨炼,他成了当地有名的青年画家。1980年,他以综合成绩第三名考入了广西艺术学院,大学毕业后分配到广西画报社工作。一年过后,广西艺术学院又把他招回学校当老师,他又回到了广西艺术学院,当了一名大学老师。1987年,他又报考中央美院油画助教进修班,1989年,张冬峰从中央美院油画助教进修班毕业后,还是回到了广西艺术学院当老师。他从北京学习回来后创作的第一张画《菠萝蜜》,进入了每五年举行一次的全国美术展,收入联合国教科文组织编撰的大型画册。1999年,在第九届全国美展中,他画南宁郊区的《家园》荣获银奖。在第十届全国美展中,他画南宁郊区的又一幅作品《山镇》获优秀奖。张冬峰的作品,来自于大自然,成功于大自然,他从插队时开始探索的“南方风景”画风,这使他的作品连续三次在五年一届的全国美术展览上获奖,两次荣获广西铜鼓奖。有人评论说:“张冬峰,中国最好的南方风景画家……”①

---

① 张冬峰:《南方的风景·风景中的生命2003展》,广西美术出版社,2004年。

6～7.谢森与谢麟

谢森和谢麟两兄弟均为画家，广西贺州人。母亲在县文化馆工作。当时文化馆里有一位毕业于广西艺术学院的绘画老师，哥哥谢森喜欢跟着他，看他画画，慢慢地也学着画，画小人书的人物。上学后，就在学校里画画板报、宣传画，弟弟谢麟也跟着哥哥，喜欢上了绘画。家庭和生活的文化氛围再加上个人的绘画天赋，兄弟俩很快就在学校里受到美术老师的青睐，开始参加学校和县里组织的各种宣传、展览活动。“文革”开始后，两兄弟都先后下乡当插队知青。他们在农场里，当过农民，当过搬运工，去修过铁路，在劳累工作之余，一有时间，他们仍然拿起画笔继续学画。两人的绘画才能渐渐显现，因此也常常被领导指派离开劳动岗位，去为一些宣传毛泽东思想或阶级教育展览画宣传画。谢麟回忆说：“我们当过农民，当过铁路工人，当过百货公司售货员、仓库管理员，返乡后还从事过最苦最累的搬运工等职业，但即使在最难甚至看不到希望的情况下，我们也没有停止过对绘画的热爱和追求。”“我们很感激画画，因为它在困境之中一直给我们带来新的希望。”谢森也说：“如果不是画画，我们也不够条件返城，返城后也还会继续从事搬运工工作，也不会有我们的今天。”

由于他们在农场工作努力，得到领导的赏识，1973 年，谢森被推荐考入广西艺术学院，毕业后留校任教至今。谢麟走上专业美术创作之路，两兄弟在广西艺坛创作出了许多好作品。2003 年，在“西部大地情——全国山水风景画展”上，谢森的油画作品《山间流云》荣获金奖。谢麟重在追求油画的“民族性”，力求画出东方神韵，他认为，中国油画应该形成民族特色。他深入广西少数民族南丹白裤瑶山寨，了解他们的文化和习俗。南丹白裤瑶的审美观念和中国传统文化的精神契合，使谢麟感悟甚多，随即完成了系列油画《南丹组画》的创作，荣获了第四届广西文艺创作最高奖——铜鼓奖。2005 年 10 月，谢麟的油画《山村印象》入选法国国家沙龙展，并获“特别荣誉奖”。法国国家沙龙展由法国国家美术协会主办，是世界影响最大的美术展览之一，谢麟是入选这届展览的唯一的中国油画家。

8.陈中华

陈中华，画家，1958 年生，广西合浦人。陈中华出生于艺术之家，从小受到艺术的熏陶。父亲母亲均为美术教师，一个教授水彩，一个教授版画。10 岁开始，陈中华随父亲正规学画，一开始就从石膏像素描学起。在父亲的严格指导下，到下乡插队前的中学阶段里，他已整整画了 5 年多，在临摹、素描、速写、色彩、透视等绘画基本功方面打下了坚实的基础。在学校文艺宣传队的活动中，他经常在出墙报、绘黑板报上大显身手。16 岁那年，他的《青年头像》被选入《广西中小学生美术教材》，《人民的重托》被广西人民出版社单幅发行，一时被誉为“红色小画家”。

1976 年 6 月，陈中华高中毕业了，他也成为一名知识青年。8 月 10 日，他坐上了专门运送知青下乡的班车，开车前，父亲靠着车窗边对他说：“不管条件如何艰苦，都要坚持画点画……”班车把他送到了合浦县沙岗公社浦江大队，开始了他终生难忘的艰苦岁月。在那里，他跟农民一起种田、插秧、挑大粪、筑海堤，还要到海边养猪，吃不饱饭，常常没有菜吃，“吃盐泡稀饭”是常事，身心历经了苦难的磨炼。陈中华曾这样回忆知青生活：“我们知青是集体住一起的，是用猪栏改造的平房，里面是一张床连一张床，一排过去。上工是集体上，轮流做饭吃，下雨天买不到菜就吃盐泡稀饭，生活条件极其艰苦。我每天出工，早出晚归，晚上回房已 8 点半还没得吃饭，我借助微弱的黄色油灯，有时用手电筒对着速写本，记忆着画下当天田间地头的劳动场面。”①有一天，他托去公社办事的大队支书邮寄一幅农村劳动速写画到《广西日报》，没想到几天后便在报纸上看到他的速写画发表了，心中不禁欣喜若狂。他开始了由简单的速写到色彩创作，在农村这片充满勃勃生机的土地上，挥笔画出了一幅幅作品。他这样记载了当时的美术创作经历：“我每天早早出工，望着一片绿色秧田连着视平线的蓝色大海，心中燃烧起用油画色彩来画下这美丽的景象，于是我又托其他知青回城时帮我带上我父亲用的油画颜料和父亲自制的油画纸，就这样，我画下了无数的激情燃烧的岁月一幅幅记载着我们这一代的青春印记。”②

2013 年 12 月 21 日，陈中华在广西知青文化研究会召开的纪念毛泽东同志“知识青年到农村去”指示发表 45 周年暨《广阔天地　难忘岁月——政协委员中知识青年上山下乡亲历实录》出版座谈会上，回忆了他当年在农村一边劳动一边绘画的生活，并展示了保存至今的当年的油画作品《我送哥哥下乡去》，把当年欢送知青下乡的离别场面鲜活地展现了出来。他动情地说：“下乡插队的经历，使我感受到农民身上的淳朴，看到了大自然的美。它们进入到我的生命中，长久地激发着我的艺术灵感。”③

---

① 陈中华：《坚持就是胜利》，中国人民政治协商会议广西壮族自治区委员会编《广阔天地　难忘岁月——政协委员中知识青年上山下乡亲历实录》，第 84 页。

② 同上书，第 85 页。

③ 李建平：《上山下乡历史的深入解读》，黄少雄主编《难忘的知青岁月》，第 699 页。

陈中华插队期间创作的版画《丰收场上学理论》，发表于《广西文艺》1975 年第 6 期

陈中华在农村的绘画经历，使他在 1977 年的高考中脱颖而出，顺利考上广西艺术学院美术系绘画科，1982 年毕业。他的作品曾在全国美展、全军美展、海峡两岸书画名家大展、中国美协会员作品展、广西美展中获金、银、铜奖，代表作油画《抗洪图》曾在《美术》杂志、《人民日报》《解放军画报》《光明日报》等报刊发表并配专题评论文章，新华社、中央电视台、《半月谈》杂志、《中国青年报》《人民日报一海外版》《求是》杂志、《广西日报》、广西电视台均播发其作品和专访，陈中华并在北京、深圳、南宁、北海等地举办个人画展。他是中国民主建国会中央文化委员会委员、广西政协委员、中国美术家协会会员、中国版画家协会理事、广西美术家协会理事，是有成就的知青画家。

9.雷务武

雷务武也是由知青时代就开始美术活动的知青画家。他出生于画家世家，父亲雷时康在广西艺术学院任教，雷务武从小就开始跟随父亲学画，以至于 1969 年 7 月由南宁九中初中毕业时，还被学校留下为中国共产党第九次全国代表大会的宣传活动作画，推迟到 10 月 10 日才下到百色县四塘公社新明大队砦马生产队插队。尽管从城市来到农村生活不习惯，劳动强度大，但雷务武在业余时间里仍手握画笔，坚持习画，并为生产队、大队写标语、画墙报报头和插图，其画技得到农村干部和农民们的大力赞赏。1970 年，田阳县绢纺厂到农村招工，雷务武因为有绘画特长，得以招工进厂。在工厂里，除了画画、出墙报外，他还参加了厂里的文艺宣传队，拉手风琴、编舞、作曲，十分活跃，随队每年参加百色地区文艺调演，还参加过广西全区文艺会演，艺术素养不断提升。

由于有良好的家庭教育和在农村及工厂的文艺活动磨炼，加上自己的刻苦钻研，在1977年恢复高考时，他轻松考上了广西艺术学院美术系版画专业。

10.苏旅

苏旅，画家，曾用名苏小里、苏万里，斋名大岭草堂主人、石板峒樵夫，祖籍广东顺德，生于广西博白。15岁下乡插队务农，20岁到矿山当矿工。在农村和矿山工作时，尽管生活环境是那么艰苦，他仍不时拿起画笔，勾勒人物形象，描绘山川美景。1977年恢复高考后，他考入广西艺术学院美术师范系，以后又就读于中央美术学院民间美术系和广西师范大学研究生课程班。他擅长油画、国画、连环画、书籍装帧、插图、设计以及美术理论、散文、诗歌等，作品曾入选第六届、第七届全国美展和第四、第五届全国书籍装帧展、“平面设计在中国”展等国内外大展，并先后获银奖、铜奖及广西壮族自治区美展一、二、三等奖等多个国内外奖项。策划和设计了“异质的书写方式——当代艺术家图文志(南京)”“未来的几种生活方式——斜阳岛前卫艺术活动”“新时代·新广西·新画派——漓江画派作品大展(中国美术馆)”“南方的风景”“南方花鸟画展”“一频道——广西前卫艺术展”等一系列有影响的学术活动。长期从事美术编辑工作，策划、统筹、责编、设计了一批在国内美术出版界有影响的学术图书：《中国美术全集》《中国民间美术全集》《中国油画百年图史》《中国山水画》《中国花鸟画》《中国人物画》《中国美术学博士文库(5册)》《中国第三代油画家——苏天赐、靳尚谊、詹建俊、闻立鹏、朱乃正、韦启美、钟涵、罗尔纯、全山石、蔡亮(10册)》《20世纪中国油画作品集》《吴冠中艺术年鉴》《广西民族风俗艺术丛书》《抗美援朝战争画史》等。有数十篇美术论文和作品发表于《美术》《美术观察》《中国美术报》《文汇月刊》《艺术世界》《美术潮流》《当代艺术》《美术界》《艺术探索》《人民文学》《青年文学》《南方文坛》《美术报》等学术杂志。作品和名录被载入《中国美术年鉴》《中国现代美术全集·书籍装帧卷》《新中国书籍装帧精粹》《中国设计年鉴》《中国美术家大辞典》《世界华人名人辞典》等大型图书。散文入选新浪网十周年纪念文集。先后获中国国家图书奖荣誉奖、提名奖，中国图书奖，广西“五个一”桂花奖和广西图书奖一、二、三等奖项。

苏旅历任柳州市美术家协会常务副主席兼秘书长，中国美术家协会会员，中国艺术批评家网学术委员，广西美术家协会副主席，漓江画派促进会秘书长、副会长，广西文艺理论家协会理事，广西文艺系列高级职称评委，广西文艺“铜鼓奖”评委，广西艺术学院客座教授，广西艺术学院硕士论文答辩会主席，中央美术学院“学院之光”评委，《南方文坛》美术总监，广西美术出版社副总编辑、编审等职。

11.张国权

张国权，1947年4月生，广西北海人，画家，擅长水粉画。张国权学生时代就喜爱绘画，作品多次入选市、地区美展并获奖。1966年，他在北海中学高中毕业。“文革”时期，学校停课，他加入到绘“红海洋”的行列，成天爬在北海街头的竹架上，精心绘制毛主席肖像，写毛主席语录。1969年，在锣鼓喧天的“上山下乡”热潮中，他和同学们到北海市地角公社插队。他曾随渔民下海捕鱼，此后又当搬运工，也当过民办教师。劳动之余，他没有放弃对美术的爱好，仍然拿起画笔绘画。1973年，他根据作家谈庆麟创作“脚本”绘制的《海伯》在全国性美术刊物《连环画报》刊出，在全国连环画界引起关注。张国权1985年考入广西艺术学院美术大专班，毕业后在北海市群众艺术馆工作。张国权至今已出版20多套连环画册，印数达几百万册，他的版画《大海乐章》参加全国开放城市美展后发表于《人民日报》，水粉画《老屋》入选全国水彩、粉画展，宣传画《不要毁灭自己》入选第七届全国美展，漫画《谨防假冒》入选第八届全国美展，7幅作品出国展出，1幅被中国美术馆收藏。张国权现任北海市群众艺术馆馆长兼北海市文联副主席，二级美术师，北海市美术家协会主席，北海市画院院长。

12.杨步云

杨步云，表演艺术家，一级演员。原籍湖南省湘阴，生于广西融安。1971年7月，他由柳州高中初中毕业后即报名加入广西军区生产师，在六团一营十连做了一名军垦知青，来到陆川县一个橡胶农场工作。在起早摸黑的胶园劳作里，他仍然坚持读书学习，他最爱读的两本书是《钢铁是怎样炼成的》和《欧阳海之歌》，英雄形象与英勇精神激励他在困苦的环境里坚强成长。他积极参加团部的各种文艺活动，表现出机敏灵巧的素质和一定的表演才能，被师部抽调去培训半个月后，参加了话剧《一锅煳饭》的演出。

1975年，他被抽调到广西彩调团当演员。自1976年以来共参加了40余出大小剧目的排演，饰演了几十个不同类型性格各异的角色，多次荣获国家级和省级优秀表演奖，1996年荣获广西“有突出贡献的科技人员”光荣称号。1989年以彩调传统剧《双黄旦》的出色演技荣获广西首届青年演员大奖赛表演二等奖。1991年以大型现代彩调剧《苗山妹子》饰吴三步、独幕彩调剧《得寸进尺》饰劳益发在第三届广西戏剧展演中双获优秀表演奖。1993年在广西首届戏剧小品大赛中以《杜鹃》中饰刘波荣获优秀表演奖。1995年在第四届中国戏剧节以大型彩调剧《哪嗬咿嗬嗨》饰李阿三获优秀表演奖。1996 年全国现代戏交流演出获优秀表演奖，并于当年荣获中国文化部第六届“文华表演奖”。1999 年获广西首届中青年“德艺双馨”戏剧家称号。杨步云曾任广西彩调剧团团长，现任广西戏剧院党委书记，广西壮族自治区级非物质文化遗产名录项目（彩调）代表性传承人

13.万立仁

万立仁，表演艺术家，一级演员。原籍江苏，生于贵州。原广西群众艺术馆馆长，国家群众文化系列研究馆员（正高）。1960 年高中毕业后到南宁蔬菜总场就业，1963 年转入南宁市园艺场。在园艺场期间，一边劳动，一边参加业余文艺宣传队的演出，同时开始曲艺创作。他作为知青在园艺场创作和演出的剧目有：1964 年创作小歌剧《双送肥》，作者陈尚卓、万奇仁，演员万立广、蔡肖群；1975 年创作表演唱《青山渡》，作者万立仁，演员廖红、柳妍、陈礼秋、程小静；1977 年创作南宁春锣《老李师傅“坐禁闭”》，作者万立仁，演员万立仁、柳妍；1977 年创作白话木鱼《农有福和摸索六》，作者万立仁，演员万立仁；1974 年创作独幕话剧《倔姑娘》，作者万立仁，演员柳妍等；1977 年创作小彩调剧《开车之前》，作者万奇仁，演员万立仁、柳妍、苏永松；1977 年创作小演唱《姐妹双双送宝书》，作者万立仁、郑际浩、商驰凤，演员商驰凤、柳妍。

万立仁的曲艺表演诙谐幽默，动作夸张，演出中效果极佳，广得赞誉，多次获得南宁市和广西文艺会演奖项。1976 年，其创作和演出的南宁春锣《一个梨》还作为广西的代表作品参加全国曲艺调演。1979 年，万立仁由园艺场调到南宁市群众艺术馆工作，以后成为广西曲艺界的重要表演艺术家，并参与筹备广西曲艺家协会，其导演、主演的小品《竞选》、辅导的小品《冤家路宽》曾获全国第十一届“群星奖”金奖，并应国家文化部之邀，进京参加全国“群星奖”获奖优秀节目献礼演出。他创作的南宁春锣《电灯泡巧胜马夜草》，曾获广西文艺创作政府最高奖——铜鼓奖。

14.韦克义

韦克义，书法家，1969 年 1 月由广西宜山县第三中学毕业后，在宜山县插队。韦克义自幼习字，早早就练就一手好字，为此，他到农村插队 6 年时间，有 5 年半时间是靠“写字”“教书”挣工分过日子的。他回忆说：“1969 年，全国上下掀起写毛主席语录的热潮，当时叫‘红海洋’，就是在农户、大队部、公社圩镇的房屋墙壁上用红油漆写上毛主席语录。公社领导在插青中了解到我的书法写得好就指示我所在的大队和生产队，把我抽到公社去脱产写毛主席语录，这

是政治任务，由生产队记工分。同年夏收过后，全县开展了兴修水利的‘人民战争’，生产水利工地指挥部又把我抽了宣传组，负责编写、刻印《战三滩》工地战报。当时，全县各个公社的水利工地战报评比，我编印的《战三滩》获第一名。在水利工程编印战报，一干就是 5 年时间。1970 年，《宜山文艺》创刊，由县文化馆的韦佩红主编。当时，她把我从水利工地借到文化馆帮忙刻印。一本套色刻印，精美的《宜山文艺》问世了。”[①]韦克义的农村插队经历，几乎就是写标语、刻钢板、练字的过程。他长期在文化氛围里熏陶，为他后来走上领导岗位和书法艺术生涯打下很好的基础。韦克义是广西书法家协会第六届主席，曾担任广西社会科学院党组书记、院长，广西壮族自治区政协文史和学习委员会主任，现为广西知青文化研究会特邀顾问。

15.何明

何明，画家，二级美术师，1977 年 7 月南宁二十三中毕业，1977 年 9 月至 1979 年 9 月在广西邕宁县伶俐公社独岭大队插队。何明在插队期间，仍然坚持学习绘画。他说：“因我爱好画画，遇到大节日生产队就抽我出来出板报，有时中午或星期天我就以画画来打发日子。平日一些老乡有空时来找我画像，当时到照相馆去照相的费用对农民来说是一笔较大的开支。我对此也乐意，不但能提高我的技艺，也证明我的水平还行，确实有点成就感。”[②]何明喜爱梅花，擅长画梅，何明作诗道：“三十年来写梅痕，最难表现是精神。老瘦简含梅花谱，我爱满园万蕊香。”[③]既介绍了自己画梅三十余年的经历，也表达出自己对梅花高洁、勇敢的精神的崇尚和艺术追求，他于 2013 年举办“何明中国画近作展”，2015 年出版《何明画集——百梅集》。何明现任广西社会科学界联合会秘书长、副巡视员，广西书画艺术研究会会长、广西才智文化艺术研究院名誉院长。

16.戴延兴

戴延兴，画家，1952 年生，广西桂林人。1969 年 2 月，他由桂林市到市郊的朝阳青年农场插场。戴延兴在小学时就参加了桂林市少年宫美术班学画，“文革”停课期间，又跟着一群十四五岁的少年找到一位年轻的美术教师学画。他到农场后，成为农场文艺活动的积极分子，参加了农场的业余文艺宣传队，

---

① 韦克义：《情结知青往事》，中国人民政治协商会议广西壮族自治区委员会编：《广阔天地 难忘岁月——政协委员中知识青年上山下乡亲历实录》，第 132 页。

② 何明：《难忘的风华岁月》，黄少雄主编《难忘的知青岁月》，第 20 页。

③ 何明：《何明画集——百梅集》，广西美术出版社，2015 年，第 34 页。

常常是白天劳动，晚上和雨天时间排练节目。他们排练了《武装起来，夺取政权》《保卫珍宝岛》等舞蹈和一些器乐合奏节目参加桂林市的会演，也不定期到附近村庄里演出。戴延兴还常常为队部和附近村庄的宣传栏绘制毛主席像、写大标语，在政治文化宣传活动中提高了文艺素养和绘画技术。1972 年，他的剪纸作品《丰收》在《广西文艺》第 1 期发表。改革开放以后，戴延兴走上专业美术道路，担任了桂林美术馆馆长。

戴延兴的剪纸作品《丰收》，发表于《广西文艺》1972 年第 1 期

17.容杰

容杰，画家，抗战史研究专家。容杰是南宁二中 1964 届初中毕业生，1964 年 8 月到广西南宁五四青年农场建场，以后到邕宁县伶俐公社武伶坡三组插队，一直到 1975 年 11 月返城。容杰在学校读书时就热爱画画，插队以后，一有机会就拿起画笔，画山画水画人物。他到邕宁县伶俐公社当知青后，在那里听说了昆仑关这场抗战大捷，他为抗日英烈的精神所激励，决心用自己的画笔表现这一振奋民族之心的卫国大战。为此，他迈出了考察战场的脚步。王建平采访他后写道："这一走就走了 50 年。他走遍了昆仑关战区的所有阵地、指挥部、战地医院，边走边看资料，边走边做记录，边走边画地图，跋山涉水，乐此不疲。在考察中，他深切感受到这场战役的悲壮和惨烈，感受到中国军队的英勇和顽强，感受到中华民族的精神和骨气，于是形成强烈的抗战情结。他说：

‘我家里放着 3 个行李包，只要一有抗战遗址的信息，我立马拿包出发。’”[1]容杰经过长期的历史资料和艺术提炼的准备之后，终于在 70 年代后期创作出了反映昆仑关大战的历史画卷《碧血昆仑》。画面上，中国军人冲杀上昆仑关，与日本鬼子殊死拼搏，火光连天、硝烟飞扬。这幅大型油画，1995 年在参加广西壮族自治区博物馆的海峡两岸名家书画展中荣获金奖，得到香港《东方日报》半个版面的重点评介；2005 年参加广西壮族自治区会展中心纪念抗战胜利 60 周年书画展；2014 年 9 月在台湾台北市展出，颇有反响。容杰现为广西疾控中心高级技工，中国美术家协会广西分会会员，国家二级画家。他已 68 岁高龄，仍然时常奔走于原野山乡，既是勘查抗战遗址，也是收集绘画素材。他的身上，融汇着抗战精神和知青精神。

18. 梁耀

梁耀，画家，广西玉林人，1959 年生。1975 年 7 月由玉林高中毕业后被安排到玉林县城均公社安田大队第八生产队插队。梁耀从小爱画画，在农村也坚持了自己的兴趣爱好，在习画的同时，常常为大队的宣传墙报作画和在镇上给公社画“学大寨”的宣传画。他的画形象生动，在街头写标语画宣传画时时常得到路过的老乡的喝彩。1977 年恢复高考时，他如愿地考上了广西艺术学院美术系 1977 级本科班。他后来常说：“农村于我而言更重要的是以至于今后成为我安身立命的专业，农村的山山水水都为我以后的创作提供了宝贵的素材，玉林的六万大山就成为我后来山水画的原型。”[2]大学毕业后，他留校做教师，成为广西艺术学院美术学院教授。他是长篇小说《美丽的南方》的美术设计。

19. 韦雪峰

韦雪峰，国画家，笔名泥壶，1958 年生，广西柳州市柳城县凤山镇人。高中毕业后他到农村插队，受爱好美术的父亲的影响，他在农村期间开始学习国画。由于画作成绩突出，回城后先后进长虹机械厂、柳州微型汽车厂等单位做美术老师，1982 年结业于广西艺术学院美术系，1990 年毕业于中央美术学院国画系。后调入柳州市教育学院任专职画家，如今是柳州职业技术学院艺术学院美术师、中国美术家协会会员、柳州市美协副主席、柳州国画研究院院长，

---

① 王建平：《重返历史现场　记锲而不舍寻访抗战遗址的广西学者》，《广西日报》2015 年 9 月 4 日。

② 梁耀：《农村——我生活的拐点》，中国人民政治协商会议广西壮族自治区委员会编《广阔天地 难忘岁月——政协委员中知识青年上山下乡亲历实录》，第 262 页。

作品多次入选全国美展并获奖，作品《金秋》入选文化部中国美术家协会第八届全国美展；《清风古韵》获中国美术家协会92国际水墨画大赛铜奖，《苗山清明》入选文化部中国美术家协会第九届全国美展；1995年作品在泰国举办的“澜沧江—湄公河风情艺术联展”展出并被收入活动结束后出版的画册中。2005年应中泰艺术家联合会邀请赴泰国与泰国、缅甸、老挝、越南等美术家一起联合作画，是“漓江画派”的重要画家。

20.麦展穗

麦展穗，歌词作家，国家一级编剧，南宁人。1968年，麦展穗毕业于南宁七中，1969年1月14日，到广西上林县白圩公社文岭大队十八生产队插队落户。麦展穗从小跟父亲学习弹秦琴，后学习小提琴，积累了一定的艺术修养。到农村插队后，他写了一首歌曲《难忘的1·14》，纪念下乡插队的日子，曾在知青中传唱，还创作了一首题为《暴风雨》弦乐曲。他的小提琴演奏技巧让他在乡间远近闻名，曾代表文岭大队参加白圩公社文艺会演，表演小提琴独奏，演奏样板戏《白毛女》选曲。麦展穗还常在公社的水利工地等场合演奏。1970年12月，在一次参加地区抽调各县文艺骨干到南宁观摩学习的时候，其演奏才华被南宁地区文工团（后改名为南宁地区民族歌舞团，2002年合并到南宁市艺术剧院）发现，不久就将他调入地区文工团，一年后就成为文工团乐队的首席小提琴手。1978—1979年，他到广州乐团学习。1979年起，发表音乐评论。80年代以后，创作和发表歌词1000余首，歌曲代表作有《壮家妹》《瑶山青》《摆呀摆》《捶苗布》《你来我往有情缘》等。已出版歌词专集《一架古老的水车》《麦展穗歌词选集》，CD专辑《壮家妹——麦展穗作词歌曲选》。麦展穗还创作出版长篇纪实文学《昆仑关大战》《天朝基石杨秀清》《李正海》《兵妈妈》《走进东巴风》及《飞鹰下的中国人——麦展穗中短篇报告文学选集》等文学作品，创作并摄制完成《五色场》《野战医院》《苏三娘》等电视连续剧及《葫芦妹的故事》《最后的雷场》《阳朔情缘》等20多部广播剧。系中国音乐家协会会员，曾担任广西音乐家协会第七届主席团副主席、中国音乐文学学会常务理事、广西音乐文学学会常务副主席、《词海》杂志常务副主编，成为广西著名歌词作家。

综合上述，我们把广西知青文艺家群的主要代表作家的现状以及他们的文艺作品展现在了读者面前。他们四十年的风雨人生，像流水般过滤了沉淀的历史，让我们感觉到他们的人生观与他们的文学作品不仅是那个时代所需要的，也是现实社会必不可少。诚然，那是一个作家的责任感，随着时代的变化而改变。

知青文艺家是新时期文艺中富有特色的一部分,它的精神特征深刻地联系着知青作家们的生活与文化历史,坎坷的生活经历促成了知青作家们超于同时代人的精神成熟。我想,曲折的生活道路和文化感受赋予知青作家多元的文化立场,使他们生发出对传统、农民文化和民间文化新的思考,促进了新时期文化新的转型。

当然,知青文艺家的作品也存在一定的局限,但我们更应该看到这些局限与历史之间的密切关系,给予知青文艺家更多的理解和同情。

知青文艺家在当代文坛艺苑里,可以说并不是一个热点,但却是一个文艺重镇。它是以整整一代人戏剧性的遭遇为母题,来展现"文革"那个荒谬的时代中的个体命运。总体来说,广西知青文艺家群的出现,给广西乃至全国人民输送了丰富的精神食粮,广西知青文艺家群生产的精神财富,不但养育了当代,也影响了未来。

第九章　广西知青文学研究

自20世纪50年代出现描写回乡知青建设社会主义新农村的文学作品之后，知青题材创作几乎贯穿了整个当代文学史，知青作家队伍庞大，知青文学作品精彩纷呈、蔚为大观，在中国当代文学史上谱写了浓墨重彩的篇章。张承志、梁晓声、郑义、孔捷生、阿城、韩少功、李杭育、王安忆、陈村、王小鹰、张抗抗、史铁生、陶正、叶辛、马原、张炜、卢新华、李晓、柯云路、李锐、老鬼(马波)、邓贤、朱晓平、乔瑜、郭小东等，他们的作品在中国当代文坛树立了一座特殊的纪念碑——“知青文学”。

当下广西文坛的作家也有不少人有过上山下乡的经历，知青作家有聂震宁、林白、陈敦德、孙步康、冯艺、李建平、杨克、韦俊海、彭洋、黄琼柳、罗传洲、董永佳、麦春芳、黄乃康、林冬、张兴劲、鲍学谦、王杰、雷锐、麦永雄、潘茨宣等。那段坎坷曲折的知青人生经历给他们留下了刻骨铭心的记忆，他们都在不同程度地用自己的内心感受去书写那个历史时期的社会和生活，从“文革”时期表现在广阔天地里战天斗地，在艰难困苦中坚持斗争，在贫下中农的再教育下成长为一代新人的知青文本，到新时期或诉说“伤痕”，或表现“青春无悔”“悲壮的青春”“劫后辉煌”等叙事主题，再到新世纪个性化的“私人叙事”，广西知青作家的创作热度始终不减，他们的作品营造了广西文坛的一道风景。

一、“文革”时期的知青题材作品

“文革”时期的知青文学是在一种幽闭的环境中进行创作的，其主题思想和写作内容比较复杂，有少量的作品跟随当时的政治思潮，与“文革”文学并无二致，但更多的是结合知青特殊的成长经历和思想观念，在革命英雄主义和革命浪漫主义相结合的创作原则的指导下，创作出一批追求理想，表达思绪，反映激情燃烧的知青岁月的作品，还有的叙写孤独处境下的思念与愁绪，这一时期的广西知青题材作品具有鲜明的时代特征和青春特色。

1.弘扬革命理想

知青一代是在新中国诞生的胜利歌声中成长起来的，他们深受革命传统

1986 年，广西知青作家聂震宁（右三）、孙步康（左三）、杨克（右二）、黄琼柳（右一）等出席全国青年作家代表大会时摄影于北京

教育，备受革命伟大胜利的鼓舞，对未来充满憧憬。青年一代被毛泽东喻为"早晨八九点钟的太阳"，是社会主义社会未来的建设者和接班人，他们义不容辞地接过革命前辈的扁担，肩负起建设社会主义新中国、实现四个现代化的重任。这是他们的革命理想。即使是在偏僻的山村、农场，生活条件极其艰苦，他们也不是那么轻易动摇自己的理想信念，深信通过自己勤劳的双手能够改变祖国贫穷落后的面貌，甘愿为社会主义新农村建设奉献自己的青春热血。在这种时代氛围的影响下，70 年代的广西知青作品，深情描绘知识青年在农村的广阔天地里自觉接受贫下中农再教育，改造思想，改天造地的雄心壮志。如广西军区生产师知青麦春芳的组诗《胶园来信》[①]第二封信这样写道：

头戴一顶军帽，
帽徽是闪闪的灯火；
披星载露"出击"，
多像革命前辈的游击生活。

---

① 该诗发表于《广西文艺》1974 年第 5 期。

上山下乡的道路广阔，
是毛主席为我们开拓；
我们前进在这战斗的征途上，
昂首吹响继续革命的号角。

诗歌采用的是革命战争式的宏大叙事，热情洋溢地歌颂毛主席，歌唱我们美好的祖国，直抒胸臆地表达了知青一代将继续沿着革命前辈开创的道路奋勇前进的豪迈气概。

广西军区生产师二营二团知青麦永雄和马之芹合作的朗诵诗《我爱南疆》也具有这种理想主义情怀，诗中写道：

一轮红日喷薄而出万道金光，
我们来到了日夜向往的祖国南疆。
火热的红心激烈地动荡，
军垦新兵与老战士欢聚一堂。

我爱南疆，更爱南疆歌声朗，
我爱桂林山水美，
更爱南疆的战斗风光。
为祖国的橡胶早日自给，
我摩拳擦掌上战场。

这首诗 1971 年国庆节时在该团演出时朗诵，后发表于桂林市《上山下乡报》。

知识青年上山下乡运动是毛主席的召唤。因此，这一时期的知青文学作品，突出表现了知识青年不畏艰难险阻、革命到底的英雄气概。塑造英雄人物、讴歌英雄主义精神成为 20 世纪 70 年代广西知青文学作品的重要内容，如农文扬的《写在广阔的天地——插队诗抄》[①]颂扬了知青要在深山里开创新的奇迹的雄心壮志：

① 该诗发表于《广西文艺》1976 年第 4 期。

生产队里有我们温暖的家
我们却驻扎在深山的茅屋里。
这是当年红军长征的营盘，
在这里我们开创新的奇迹！

诗作表达了大无畏的革命乐观主义精神和英雄主义情怀。受“文革”政治风云的影响，像这样抒发豪情的诗作，在当时的文坛是大量存在的，知青创作也受到很大影响。

2.歌颂祖国建设和劳动光荣

知青们由学校走向社会，由拿笔杆到拿锄头，换了生活环境，换了生命姿态。农村里农民的劳作和果园、橡胶林里农场员工们的工作，艰辛中有欢乐，春播后有秋收，改天换地的劳作换来了生命新鲜的感受，自然会写下欢乐的歌。在广西军区生产师橡胶林工作的南宁知青黄乃康，写了一首反映收胶喜悦的《绿海“银泉”》，诗中写道：

彤红的旭日露出欢乐的笑脸，
金色的朝霞抹亮林海的浪尖。
收胶的号角震荡幽深的密林，
无数的胶桶盛满乳白的“银泉”。

看，我们的“银泉”化作汽车的胶轮，
遵照人民的嘱托奔驰在千里高原。
看，我们的“银泉”化作战鹰的胶轮，
听从革命的需要翱翔在万里蓝天。[①]

这首诗作，清楚地表露出知青在劳动中的喜悦，为自己在祖国建设中出力奉献后的自豪。陆川县回乡知青陈耀松，1968年初中毕业后回到家乡城厢公社万丈大队悦利塘生产队劳动，当时写的一首诗《出击》[②]，描绘了广袤田野里热火朝天的劳动场景，诗中写道：

---

① 黄乃康：《绿海“银泉”》，《广西文艺》1975年第6期。
② 陈耀松：《出击》，《玉林文艺》1976年第1期。

从北京传来了新的号令，
看南疆飘动着火红的战旗，
机关、厂矿、学校、门市……
四面八方，人流滚滚，出击！出击！

枪——锄头、扁担、锤子、车子，
目标——水利工程、造田工地，
奔向战场，深入前线，
参加伟大的革命新战役。

…………

与此类似的还有柳州知青黄琼柳写的《收果图》和融安县知青祝子杰写的《欢腾的桔乡》。前一首描绘了柑橙丰收的果园里热火朝天、欢声笑语的劳动画面，展现知识青年在老队长的带领下，辛勤耕耘，喜获丰收。诗歌以果实的丰收来象征知识青年的成熟，表达了他们将不负党和人民的重托，肩负起建设祖国美好明天的信心和勇气，写得十分活泼，透出劳动的欢乐。祝子杰的诗作《欢腾的桔乡》将丰收的喜悦描写得淋漓尽致，全诗如下：

象开屏的孔雀，
织成一幅绚丽的云锦，
象黄金的波涛，
汇成一片金色的海洋。

呵，丰收的桔林！
呵，欢腾的桔乡！

喜笑的脸，在硕果累累的桔树出现，
恰似一朵朵金灿灿的向阳花；
清脆的歌，缠满浓密的枝头，
就象桔果一般又甜又香。

灵巧的手，象彩蝶曼舞花丛，
飞遍一枝又一枝；
送桔的担，象长河奔流不息，
——一浪高过一浪！

呵，丰收的桔林！
呵，欢腾的桔乡！
要真正品尝这丰收的喜悦哟，
更需理解毛主席革命路线的情深意长……[①]

到邕宁县五塘公社插队的知青雷士楦在《沙坪诗草》里写了一组诗，其中《沸腾的田野》赞美劳动的“姿容”和“雄壮”：

昨晚队队灯火亮到深夜，
今早春耕战斗全乡开展；
拖拉机马达声声吼叫，
将春耕战鼓咚咚擂响。

人流、牛群，送肥、耙田……
织出比柳絮、桃花更美的景象；
笑语、歌声，朗朗悠扬，
回荡在万千气象的田野上。

啊！沸腾的公社土地，
多少胶卷才能将你的姿容摄藏？
呵！春天的声音，
一切交响乐都比不上你的嘹亮雄壮！[②]

知青投身到生产实践之中，感受到了劳动之美、丰收之乐，油然而歌，这是

① 祝子杰：《欢腾的桔乡》，《广西文艺》1973 年第 9 期。

② 雷士楦：《沙坪诗草 · 沸腾的田野》，陈敦德、周向东、黄仁伟主编《热土真情：南宁五塘插队知青回忆录》，第 587 页。

这类赞美诗产生之根源，这是青春诗的表现。

3.描写农村新景与风情

虽然这一时期的知青文学不可避免地受到政治主流话语的影响，但是在知青们的眼中，不少人是看见了乡野中的美的，正如作家王安忆所认为的："城市是一个人造的环境，而农村是一个很感性的、审美化的世界。"[①]一些知青在写作文学作品中，是带着亲近爱恋的情感描写田园淳朴自然的美和农村新貌的，富有自然美与生活气息。

百色知青潘茨宣的散文《凤凰花开》生动描写了南国特有的凤凰树在花开时节的繁荣景象："南国的初夏，凤凰树燃起了漫天大火。呵！凤凰花开了。你看，团团簇簇的鲜花像滚滚的浪涛，从四面八方涌向天际，和天边的彩云连在一起，红艳艳的，像当年红军举起的千面红旗，又像赤卫队的万杆红缨枪。炽热的火焰映红了山城，烧沸了一江秀水，把整个右江两岸都染红了。"[②]作者描写独具南疆风情的凤凰花，形象生动，具有鲜明的地域特色。

到邕宁县五塘公社插队的南宁知青吴洪海爱写日记，在当时的一篇日记里，保留了他当天写的一首诗，诗赞美了他插队的地方：

(1964年)10月21日　　星期三　　阴转晴

我喜欢农村，从我刚来到现在，已有一个月了。在这短短的时间里，农村的远景，农村的风光，农村的社员，我对这些有了深厚的感情。这种感情是说不出的，它总是蕴藏在内心中。不过，它也会从心中迸发出来，因此，我挥笔写出了"我的新家乡"这首诗，写得不好，只作习作来看看而已。

我爱美丽的新家乡，
山川环绕着中青庄。
春风跟着社员跑，
田间泛起绿禾浪。
我的新家乡春最早，

---

① 转引自王雪瑛《农村：影响了我的审美方式——王安忆谈知青文学》，《解放日报》1998年9月2日。

② 潘茨宣：《凤凰花开》，《广西文艺》1974年第2、3期合刊。

今年丰收谷满仓。[1]

吴洪海还写有一首《回城——一个插队青年代表的话》，写他离开乡村对农村的不舍："田头学犁处，稻穗迎风摆；渠边汗洒处，水响鲜花开！蓝天云如带，青山松成排。家乡无限好，越看心越爱。"上下两首诗，情感连贯，心境相似，看得出作者对农村的真心的爱。

麦春芳在诗歌《寄桂林》中这样描绘她劳动的地方："机房抽水灌胶园，好似象鼻汲水漓江边；我手中的胶刀亮弯弯，多像秀丽的月牙山；加工胶乳的大烟囱，威严矗立像独秀峰；边疆一幅绚丽景呀，比'芦笛''七星'还迷人。故乡桂林呵我爱你，更爱这边疆红千里。"诗歌通过比兴手法描绘了祖国南疆的秀丽风光，展现了一幅生机勃勃的知青生活图景。她的三首组诗《胶园来信》同样是热情洋溢地描绘了自己在南疆橡胶园里劳动、生活的图景。其中第三封信这样写道：

桔黄干胶一箱箱，
就像匹匹花布待出厂；
纺织工人用万紫千红装缀祖国，
我们把胶片献上。

没有五彩纱线、银梭奔忙，
我们用胶槽烘房纺织胶浆，
我们的工作平凡而又伟大，
织出的"花布"用途多广；

……

"花布"上没有斑斓的牡丹、凤凰，
我们却看到它的花朵是那么壮美漂亮，
工业、农业、科研、国防，

① 吴洪海：《足迹——插队日记选》，陈敦德、周向东、黄仁伟主编《热土真情：南宁五塘插队知青回忆录》，第563页。

都用它的花纹装扮社会主义的春光。

做一名纺织女工装扮祖国，
曾经是我们的美好理想；
如今我们战斗在边疆胶园，
难道不正是实现这个美好的理想?!

——制胶手写[1]

她的诗，生动展现了南国橡胶园的风景风情，饱含青春气息，富于生活情意。可以看出，当时作为千千万万个下乡插队知青中的一员，麦春芳对生活充满热爱，对未来充满希望。1992 年，广西民族出版社为她出版了诗集《三叶花》，其中收有不少这类清新纯净的“胶园诗”。

4.塑造知青形象

当时的知青创作，不少写自己在农村里成长的生活与体会，一些作品较好地塑造了知青形象。如麦春芳的诗《穿云破雾的山鹰》生动塑造了担任了赤脚医生的知青形象，诗作写道：

暴雨狂倾，沟满渠平
夜幕笼罩，山路泥泞。
电闪闪，芒草伏地，
雨滚滚，百鸟敛声。
呵，脚印！谁的脚印？
这么矫健，这么清新——
泥水里，印壮锦之花，
山路上，将坎坷踏平——
山中草木都认识你呵，
——我们的赤脚医生。
看呵，你飞峰跨谷，
似掠涛展翅的海燕；
瞧呵，你穿云破雾，

① 该诗发表于《广西文艺》1974 年第 5 期。

如长空翱翔的山鹰。
……
虽不晓，今晚的脚印何处停，
却深知，你步步都是继续革命的长征！
……

在俄国文学作品《海燕》中，高尔基饱含深情地讴歌了那在苍茫的大海上、在闪电雷鸣间高傲飞翔的海燕，"海燕"的形象深入人心，它是英勇的革命者和英雄的象征。《穿云破雾的山鹰》这首诗，以"掠涛展翅的海燕""长空翱翔的山鹰"来比喻在山路上风雨兼程的赤脚医生，突出表现赤脚医生的崇高理想和顽强的革命斗争精神，生动塑造了一个坚定勇敢、兢兢业业的知青形象，热情讴歌了英勇无畏的英雄主义精神和无私奉献的高尚品格。

桂林市知青李建平的诗《新党员与老支书》[①]描绘了年轻的知青新党员在党旗下认真聆听老支书的谆谆教诲的情景，抒发了新党员入党后的激动和喜悦心情和为实现革命理想的信心和决心，塑造了一个朝气蓬勃的知青形象，全诗如下：

更深人静，夜风阵阵吹拂，
星光月影，跃进山乡的一幢"长工屋"。

屋边，一条长年潺潺的流水，
门前，几簇拔节吐翠的新竹。

此刻，党支部大会刚刚结束，
屋内，党旗下还坐着新党员和老支书。

六十挂零的老支书呵，
白发下现出风霜镌刻的纹路。

二十出头的新党员呵，

---

① 该诗发表于桂林市文艺创作办公室编《红花烂漫》(内部刊物)，1976年。

喜悦的脸上滚着激动的泪珠。

山静村静心怎能静呵，
心潮澎湃似倾泻的飞瀑。

“忘不了刚来时的不眠夜呵，
谈论怎样迈出生活的第一步。

批林批孔战斗硝烟滚呵，
火线上向党交了入党申请书。”

“三年前你们来到这山乡‘长工屋’，
拿起了战天斗地的枪和锄。

今天你成了光荣的共产党员，
革命路还长，需要我们加快脚步。

人生就是战斗！斗争就是幸福！
共产主义是我们的理想和前途。

革命需要我们冲破无数的艰难险阻，
革命需要我们把旧基地彻底清除。”

听！冲锋的号角响彻大地，
看！火红的战旗辉映征途。

月光久久地照着这“长工屋”，
党旗下两辈人的心贴在一起，手紧紧握住。

彩霞映红长年潺潺的流水，
阳光照彻拔节吐翠的新竹。

这首诗书写了满怀革命理想的知识青年在上山下乡运动中，自觉改造思想，不断提高自身的思想政治觉悟，在老支书的带领和帮助下，在农村广阔天地里茁壮成长，光荣地加入了中国共产党。通过对朝气蓬勃的年轻党员和白发苍苍的老支书形象的刻画，讴歌革命薪火代代相传，革命事业后继有人，展现了共产党人的远大理想和坚定信念。

柳州知青林冬创作的小诗《山村妹仔家》，生动表现了女知青形象，诗作写道：

花衣裳上沾有泥巴，
挽起裤腿光着脚丫。
“广阔天地炼红心”，
草帽上有她清秀的笔划。

红扑扑的脸上汗珠洒，
却顾不上抹一抹。
把碧绿的秧苗一兜兜栽下，
让它深深把根扎。

过路的大娘把姑娘夸，
“这是谁家妹仔呀？
插秧赛画画，
手巧似绣花。”

姑娘抬头含笑把话答：
“为了缩小三大差别到乡下，
贫下中农是我好爹妈，
我是山村妹仔家！”[①]

袁凤英的《战友》抒写知青扎根农村九年，最终从“嫩苗苗长成了擎天的杉”，担任了党支部书记，热情讴歌了她胸怀大志、艰苦奋斗的高尚品格。这些

① 林冬：《我是山村妹仔家》，《广西日报》1975 年 6 月 15 日第 3 版。

诗作，写出了知青的青春形象和远大志向。知青写知青，颇为亲切真实。平南县知青赵辛予的一篇文章直抒胸臆地赞美知青形象，“脸膛黝黑红润润，手板硬茧厚巴巴，高卷裤脚，光着脚丫——问他干的啥，头一昂，胸一挺：‘为革命种庄稼！’话音满豪情，笑脸泛红花……”[①]写得更是直接干脆。这些带着历史痕迹的作品，虽说带有时代的影响，但对于今天的人们了解知青，了解知识青年上山下乡运动，还是具有一定的历史佐证作用的。

5.叙写个人思绪

进入 20 世纪 70 年代以后，知青生活困境的加剧、理想的破灭，特别是光明与希望越来越渺茫的现实，使不少知青陷入苦闷与彷徨，内心的痛苦在加重，对亲人的思念，对自己前途的迷茫，给一些诗作带上了忧愁与哀伤，叙写个人的思绪，也是知青文学的一个重要内容与特征。

南宁知青冯放在 1969 年 2 月写的一首诗表达了这种思绪：

夜　路

漫漫的长路，
是那样崎岖、那样难走，
茫茫的黑暗，没有尽头。
管它呢，继续吧，
迈着艰难的步子，
朝前走！

只有那几个古老的噩梦，
不堪回首的痛苦回忆。
这是黑夜中的幽灵，
紧紧将我束缚，
让我倍受煎熬。

不要踌躇，不要畏缩，
哪怕前头是人间地狱，
只要还没倒下，

① 赵辛予：《插队知识青年赞》，《玉林文艺》1974 年第 2 期。

就要走到黎明——
朝阳升起的时候!①

对爱情的向往,也是个人思绪的一种。在那个个人生存都没有保障的岁月,爱情哪有附着之处,大多以悲剧告终。南宁知青黄剑平有一首《我不知道怎样爱上她》很能代表这种特征:

我不知道怎样爱上她,
当她被朝霞的光辉照亮,
用那轻捷的步伐向田间走去,
我的眼光就一刻也离不开她。

当她全神贯注地学"毛选",
像暴风雨里的舵手朝着灯塔,
要掌握正确的方向,
我的眼光就一刻也离不开她。

当太阳和风给她金色的肌肤,
劳动塑造她健美的体形,
秋季的波涛留住在她的眼里,
她用银铃般的歌声颂扬山村的美景,
我的眼光就一刻也离不开她。

我不知道怎样爱上她,
她说自己是一棵禾苗,
在贫下中农的培育下成长,
她爱山村胜过爱自己的生命,
我爱她就像她爱山村一样忠诚!②

---

① 冯放:《插队旧诗五首·夜路》,陈敦德、周向东、黄仁伟主编《热土真情:南宁五塘插队知青回忆录》,第603页。

② 黄剑平:《我不知道怎样爱上她》,同上书,第590页。

当时在农村从事文学创作活动并在 20 世纪 70 年代的《广西文艺》《广西日报》《玉林文艺》《柳州文艺》等报刊发表文艺作品的知青还有赵辛予、张兴劲、陈耀松、周广生、祝子杰、邓小飞、孙如容、黄正业、曾继能、李升等，数量是不少的。

时代的严酷，僻远乡村的纯净，知青遭遇的不一，给那一时代的知青文学赋予了不同的内涵和多样的格调与色彩。广西的知青文学，或许由于所处的地域僻远，民族传统比较淳朴，因而带理想主义和青春激情的作品尤其是诗歌作品更多一些，这是研究知青文学的地域性影响应当注意的一点。

二、新时期以来的知青题材作品

1978 年 12 月，中国共产党第十一届三中全会的召开拉开了改革开放的伟大序幕，我国经济、社会、文化建设走上健康快速发展轨道。在“百花齐放、百家争鸣”文艺方针的正确指导下，广西文学迎来了繁花似锦的春天。新时期的知青文学，以全新的精神气质凸显于文坛，奉献了一批精品佳作，令人耳目一新。此时期知青题材的诗歌、散文、小说作品齐头并进，共同营造文学园地百花争奇斗艳的美丽图景。

新时期的知青题材作品较之“文革”时期的知青文学作品，发生了翻天覆地的变化，表现出不同的思想主题和特征。这些作品，有的对“文革”前后知青的心理变化及前途和命运进行了深刻对比，表现了恢复高考后知青开始新人生和新生活的激动和喜悦之情。如麦春芳的《流云岁月记阴晴》(诗日记)，采用日记体的形式对 1975 年和 1977 年的知青命运进行了对比。“一九七五年某月某日　阴”，运用乌云笼罩等意象来表现知青内心的失落和迷茫。到了“一九七七年某月某日　晴”，“十月金风传喜讯，入学通知双手擎。经霜枯枝图新绿，冰心回暖迷新景”。1977 年的高考改变了一部分知青的命运，他们从战天斗地的知青华丽转身成为人人羡慕的一代天之骄子，翻开了人生的新篇章。杨克发表于《广西文艺》1978 年第 8 期的诗歌《笑》(二首)，也是表现了恢复高考后，收到大学录取通知书的知青终于历经风雨之后见彩虹，表达了他们的喜悦之情。

黄乃康在 1977 年考入广西大学中文系，以后继续写诗。他在《广西文学》《南宁晚报》等报刊继续发表写农村变化的诗。他的一首《金色的春雨》写得较好：

沉睡的草莞还未抽出嫩芽，
落叶的繁枝还未吐出绿茵，
拔春的鸟儿还未放开歌喉，
飞来了……剪破蓝天的银鹰！

晴空里喷吐洁白的云雾，
蓝天下飞洒如雨的甘霖，
不，不是甘霖哟胜似甘霖，
那是金色的种子撒向千山万岭！

飘洒吧，金色的“春雨”，
吐绿吧，光秃的山岭，
今天，缭绕群山的是雪白的云彩，
明天，涌向天际的将是碧绿的彩“云”！

感谢你，空降绿色的使者，
感谢你，天播春潮的神鹰！
每当听到你那吉祥的声音，
谁不想到未来更美的新春！[①]

这里既是描写原野上的春景，赞美春雨的可贵，也是在感激改革开放的时代春风给中国洒下甘霖。诗人仍在吟唱动人的诗句。

而更多的作品则是“追忆青春”，回忆那段刻骨铭心的青春岁月，表达青春无悔也有悔的复杂情怀。如李建平的散文《断粮时节》[②]真实再现了自己下乡插队时饱受饥饿的威胁，在断粮时节“飞车”回家的情形，将知青生活的酸甜苦辣娓娓道来，情感真挚朴实。他的散文《光阴倏忽四十年——记渐行渐远的知青生活》，用质朴平实的语言追忆了那段难以忘怀的知青生活，描写自己在物质和精神的双重压力下，仍然在苦境、逆境中坚持学习，永不言弃。他说：“它(知青生活和经历)磨炼了我们的意志，使我们懂得光明与黑暗，懂得珍惜机会、珍惜时光，努力拼搏。我深深体会到，能从最黑暗最无望的境地和年代里

① 黄乃康:《金色的春雨》,《广西文学》1983 年第 11 期。
② 发表于《“老插”风云》,广西民族出版社,1994 年。

走出来的人们，眼前的种种困难，咬咬牙，拼把力，莫消沉，不偷懒，总是能冲破它，迎来成功的喜悦的。这就是我们这一代人所获得的人生财富。”[①]作者对知青上山下乡插队锻炼对青年人的成长成材给了一定的肯定。在经历了无数的苦难和磨炼之后，无数有作为的知青终于“破茧化蝶”，成长为栋梁之材。

还有的作品在思考现实发展的问题和远去历史的教训。孙步康的小说《遥远的桄榔树》探讨的是知青返城上大学后，在“爱情”与“现实”之间的取舍问题。小说以第一人称的叙述方式描写“我”大学毕业后当上了记者，来到当年下乡插队的桄榔村进行采访。这次采访的对象不是别人，而是当年插队时与自己有一段不解之缘的甜妹。甜妹高中毕业那年把上大学的唯一名额让给“我”，自己留在村里当民办教师。甜妹 24 岁了却至今未嫁，一直等着“我”回来。然而此时此刻的“我”已经是一名骄傲的大学生，在城里有一份稳定的工作，有社会地位，有大好的锦绣前程，还有与自己“门当户对”的她。重新面对与自己身份地位差距悬殊的甜妹，“我”的内心充满了矛盾、愧疚和困惑。从情感上说，“我”是喜欢甜妹的，但在现实生活里，“我”不能爱她。经过一番痛苦的挣扎，最终，“我”还是带着无比内疚和矛盾的心情离开了桄榔村，离开了甜妹。在现实面前，爱情是如此不堪一击。知青返城之后，他们的爱情观和价值观会发生怎样的变化，这是一个普遍性的问题。小说深入剖析返城知青复杂矛盾的心理，深刻揭示了“爱情”与“现实”的矛盾冲突，客观反映了他们在爱情观和价值观上的巨大变化，这篇小说是返城知青情感生活的真实写照。孙步康 1979 年以后还著有长篇小说《黑旗虎影》、诗集《苦楝树》、短篇小说集《遥远的桄榔树》《白罂粟》、报告文学集《穿越死亡海峡》、随笔集《为人处世(水浒传)》《紧跟老板之后》等。他的小说多以“小城镇”“小人物”为描写对象，洋溢着南国小市井的民俗风情，故被称之为“平民小说”“市井小说”。

林白也是一位在新时期里崭露头角的知青作家。她在 90 年代初以《一个人的战争》震惊文坛，开创了中国女性文学的先河。她于 2005 年出版的长篇小说《致一九七五》，已不再是局限于表现个人内心的世界，而是走向历史，走向乡村。她不仅仅是叙述知青们在广阔天地里的革命激情或者是坎坷遭遇，更是以其鲜明的个性化表达，将知青的生活场景和表现空间大大拓展，体现出了迥异于传统知青小说的宽广度和丰富性。虽然小说的主人公“我”是知青身份，文中对于“上山下乡”的知青生活也有大量描写，但是个性化的“私人叙

① 李建平：《光阴倏忽四十年——记渐行渐远的知青生活》，黄少雄主编《难忘的知青岁月》，第 29 页。

事”、对知青背景的“淡化”等，都明显表现出了迥异于传统知青小说的创作新变。

《致一九七五》这样的名字很容易让人联想到“文革”、政治，但其实林白笔下的“一九七五”无关政治，它只是一段交织着狂想与惆怅的青春回忆，只是闪现于个体生命历程里的一块碎片而已。小说既不是政治文本，也不是“文革”题材，“一九七五”揭示的只是革命年代的日常生活和个人生活。

1975 年对与林白来说是一个特殊的年份，因为在那一年，她下乡插队，开始了知青生活。小说以“我”的回忆开始进入 1975 年那个特殊的年代，回忆成了小说基本的叙事方式。小说以 1975 年为界分为上下两部：上部《时光》以一种欢快、明丽的散文化语言回忆了主人公李飘扬的童年时代和中学时代，带有一种明显的自传色彩，众多的人和事漂浮在时光中，展现了那个年代南流镇上人们的日常生活，情感真诚而饱满；下部《在六感那边》描写了女知青对爱情和未来的狂想，具有强烈的浪漫主义色彩。

这部小说侧重表现的是女知青个人的成长史和真实体验，而不是对宏大经验的表述。因此，林白通过《致一九七五》中表现出的，这种以个人化写作与青春想象视角的讲述“女知青”的新方式，就成了新世纪“知青小说”叙事的新亮点。

广西知青作家是一个不小的群体，研究他们的知青文学作品，是广西当代文学研究的新课题。相信随着研究的深入，将有更新的发现、更大的收获。

第十章　广西后知青文化现象述评

1979 年知青返城后，知青精神、知青文化依然在知青一代身上延续弥散，知青情结在知青心胸长期萦怀。1979 年以后的种种与知青相关的文化活动，构成了后知青文化现象。广西后知青文化现象也相当丰富。

一、返乡与联谊活动

（一）返乡活动

改革开放以来，尤其是进入新世纪后，一大批老知青重返当年插队的农村，看望老房东，追忆劳动往昔，为“第二故乡”的发展捐款捐物，出谋划策，贡献新力量。这种活动频率随着知青们的逐渐退休而越来越大，是后期知青文化最有代表性的文化现象之一。诚如叶永生、黄慧锦、陈念昆为黄少雄主编的《难忘的知青岁月》“故乡情结”这一栏目写的栏目词所说的：“知青的每一个返乡行为，都包含着中国现代化转型过程中的丰富故事，交织着传统与现代、乡村与城市、个人与社会的复杂情结，成为中国当代文化的一个镜像。而让这一镜像和情感的力量获得更多的认同感，需要我们每个人从中读懂‘故乡’的文化内涵，需要我们进一步探索老知青、新作为的可行路子，把同心共筑中国梦这一礼物献给‘生活过的土地和岁月’。”①

知青返乡的活动和情景有不少报道。例如，2009 年 2 月 8 日，桂林市广西师范大学附中知青返回 40 年前插队的兴安县的返乡活动，被记者详细记载：

> 2 月 8 日上午 8 点 30 分，500 多名 1966 年至 1968 年毕业的广西师范大学附中的老知青，聚集到广西师范大学正门，他们以原来班级为单位，打起班旗，拉起横幅，听候出发的号令。
>
> 老知青的优秀代表，现任自治区党委委员、广西大学党委书记阳国亮，登上师大正门的台阶，对即将出发的老知青作了简短动员。

---

① 黄少雄主编：《难忘的知青岁月》，第 555 页。

他说："40年前，大家响应党中央、毛主席的号召下乡插队，与农民群众打成一片，现在，党中央要把经济工作重点向农村转移。我们老知青这次将以关注新农村建设为主题，回到曾经插过队的兴安农村看看，了解那里的农村发展和农民收入情况，发扬知青精神，以实际行动为新农村建设出谋划策、尽心尽力。"

参加这次回乡看看活动的老知青，有大量的党政干部，有著名学者和文学艺术家，有企业家，有普通工人和下岗人员。他们以班级为单位乘车，带上给农村捐赠的图书、电脑、电视机、音响设备、体育文化用品等新农村建设急需物资，浩浩荡荡开赴兴安各乡镇、各村民小组。

听说老知青要回来看看，各村村民自发组织起来，用不同形式热烈欢迎他们。

在溶江镇的塔边村，数百村民和他们自己组织的文艺队，舞狮子、扭秧歌、敲锣打鼓迎接附中66班的30多名老知青归来。看到这么热烈的场面，老知青们顿时热血沸腾，也扭起秧歌走进欢迎他们的农民群众中。

66班的吴洛丹告诉记者，他们班的同学在塔边村插队的艰苦岁月里，同那里的农民群众结下了深厚情谊，农民群众把他们当作亲生子女或兄弟姐妹看待、照顾、爱护，让他们终身感激不尽，念念不忘要回报、要感恩。因而，还在插队时，他们就教农民子女学文化、教农民群众学习唱歌跳舞。离开以后，他们班的许多同学长年坚持回乡看望村里的农民朋友，就像走亲戚一样。发现村里的农民群众有什么困难了，他们全班人都想方设法帮助解决。1999年，塔边村的一条入村主干道被泥石流冲毁，66班的曾秋莲两次通过有关部门筹集了近10万元，帮助村民修复道路。这次，专程从南宁赶来的曾秋莲又和66班的同学筹集了2万多元的音响设备、道具服装、体育用具等，帮助村民建设文化站，并自编自演文艺节目，与村民的演出队伍同台演出，庆祝文化站成立。

兴安镇董田村的群众听说刘明昱副市长、余桂平夫妇回乡看看，纷纷走到村口迎接。知道村里正在修建道路，余桂平当即就捐了1万元修路资金。刘明昱伉俪共同在董田村插队奋斗了6年，每年他们都要回村看看。

老知青刘良黔、徐梅林夫妇在插队时，经常帮助农民学文化，回城后他们常常到插队的高尚镇，看望乡亲们，这次他们和同学们共同捐助电脑给所在插队的乡政府。

63 班的 30 多名老知青来到五里峡水库，回想起当年参加建设水库的情景，缅怀在水库工地上牺牲的一位知青战友，豪情满怀地唱起了当年传唱的歌曲。[①]

2009 年 2 月 8 日，广西师范大学附中部分知青返回兴安县插队点出发前的合影

知青的返乡活动，包容了丰富的历史内容和充沛的情感。原南宁二中 1968 年毕业生、到大新县插队的知青黄少雄在一次返乡活动后写下一篇文章，记叙了自己复杂的情感和激动的心情：

1972 年 12 月 12 日，我和谭若苹、张焰、王瑞光等同学被抽调进了大型一档企业广西维尼纶厂。至此，继张行、张丹江早先抽调后，我们终于又一批告别了由国家掏钱、生产队赶建的简陋平房——“知青宿舍”。看看那建房用的红砖，还是我们和社员一块一块锻造出来的，真要离开了，我竟然抚摸着“红墙”半天说不出话来。

临行时，我们把喂养的 10 多只鸡全宰了，招待朝夕相处的父老乡亲。离开第二故乡时，农民们倾村相送——跨过我为之付出汗水和鲜血的“恩城桥”，经过大队、公社，一直送到山口。

① 孙敏、黄政、李王君：《重聚首　澎湃激情　穿越悠悠岁月》，《桂林日报》2009 年 2 月 12 日。

匆匆地我走了，正如我匆匆地来，我挥一挥衣袖，不带走大新的一片云彩。可是，那一片云彩却始终伴随着我，不离不弃。1995年7月22日，我怀着依恋泥土的思乡别愁重返那浸透知青气息的第二故乡，回到了阔别23年的生产队——这是一个夏的季节，一个成熟的季节，有最炽烈最无私的阳光，有最晴朗最静谧的天空，有一朵朵安详的白云在看着故乡的儿子归来。夏，意味着刚毅，意味着健康，意味着含辛茹苦的耕耘者的希望。我又一次被金黄烫眼的稻谷拥抱着，被枝头累累的龙眼诱惑着。

在故乡的怀抱里，激情岁月中的故事全部清晰地出现了。乡亲们不顾正在陶醉的我如何感受，只管围着我打听谭若苹、张行、张丹江的消息。我连连说"他们很好，都很好！"[①]

知青返乡活动的盛况和知青为第二故乡所做的贡献得到了许多媒体的报道。从黄少雄主编的《难忘的知青岁月》所收录的报道题目，就可以看到知青返乡活动的文化现象及其内容。例如，《花山儿女回故乡》(《南国早报》1998年11月7日)、《央务知青捐款捐物情溢山村》(《左江日报》2000年5月12日)、《老知青回'家'探亲》(《玉林日报》2004年12月6日)、《知青魂　黑水情——南宁二中老知青重返大新访问侧记》(《法治快报》2007年7月4日)、《南宁二中知青为第二故乡引来幸福水——大新人饮工程受益群众喜笑颜开》(《广西日报》2008年1月17日)、《老知青引进"幸福果"　全村人品尝"甜滋味"》(《南宁日报》2008年9月4日)、《重聚首　澎湃激情　穿越悠悠岁月——桂林知青下乡40周年纪念活动侧记》(《桂林日报》2009年2月12日)、《感恩捐助　真诚回报那片热土》(《桂林日报》2009年2月12日)、《知青重返杨柳村　专家群众面对面》(《柳州日报》2009年6月14日)、《罗城近百名知青重返青明山林场》(《河池日报》2010年9月4日)、《董事长的知青情结》(《梧州日报》2010年9月12日)、《46年后北海知青再聚林场　欢声笑语感谢母恩》(北海电视台《晚间播报》2011年5月14日)、《东山顶上"知青亭"》(《钦州日报》2011年4月20日)。可以说，知青返乡是后期知青文化的一大景观。

知青的返乡活动，不仅仅是追回青春、维系情谊的自身情感活动，也是回报乡亲、再建家园的行动。知青们把插队之地看作第二故乡，以各种方式回报故土。正如知青文化研究学者王建平所说："那段苦难的经历成了知青的精神

---

① 黄少雄：《难忘！那激情燃烧的岁月》，《南国早报》2003年11月27日，转引自黄少雄《学海春秋——同一代人同一首歌》，2006年，第53－54页。

家园，为第二故乡做出新贡献是重要的知青情结。他们过去是被动下去，如今是主动回去，积极帮助第二故乡更好地建设社会主义新农村。”[①]2007 年，南宁二中知青访问团重返 39 年前插队的第二故乡大新县左安村考察，了解到曾经朝夕相处的父老乡亲仍然望天吃水，“他们看在眼里，急在心上，回南宁后立即多方联系，下情上报。南疆边陲的群众疾苦和呼声引起自治区政府有关部门的高度重视。在调查研究与综合平衡的基础上，自治区水利厅和财政厅于 8 月 28 日联合下发通知，调拨大新弄卡人畜饮水工程项目专用资金九万元。从当年的知青考察汇报、县一级政府立项报告到自治区有关部门调研批复，仅用了不到两个月时间。……2008 年一开年，工程项目顺利通过了自治区水利厅的验收，村民们从此告别盼天供水的历史。[②] 村民们激动地打出了“感谢南宁二中知青为弄卡屯引来幸福水”的长条标语。还有柳州市知青的捐书行动。2009 年 6 月 13 日，广西新闻出版局副局长黄健带领一群知青朋友回到柳州市沙塘镇杨柳村，当年，黄健在这里插队生活了四年。他在南宁，募集了价值五万元的科技图书和报刊，赠送给由插队知青捐建的杨柳村“新农村书屋”，该书屋当天揭牌，正式投入使用。[③]

知青的返乡活动，不仅在老一辈知青和插队当地的村民中颇得共鸣，广有影响，也推动了城市市民支援农村建设的行动和激励新一代青年上山下乡，建设社会主义新农村的激情，近几年，形成了一股大学生村官的热潮。2008 年 5 月 5 日，时任中共中央政治局委员、中央书记处书记、中组部部长李源潮在写给大学生村官的回信中说：“看到新一代大学生响应党和国家的号召，胸怀祖国，立足农村，服务农民，奉献社会，发展农业、促进和谐，为建设社会主义新农村贡献青春、智慧和力量，我感到由衷的高兴和鼓舞。”“你们现在是新时期大学生村官的先行者，国家已经决定，五年内还要招聘 10 万至 20 万名高校毕业生当村官。希望更多的大学生像你们一样把理想付诸行动，到农村去，到基层去，到祖国和人民最需要的地方去，磨炼意志，增长才干，更好地成长为中国特色社会主义事业的合格建设者和可靠接班人。”[④]

---

① 王建平在纪念毛泽东同志“知识青年到农村去”指示发表 45 周年暨《广阔天地　难忘岁月——政协委员中知识青年上山下乡亲历实录》出版座谈会上的发言，见黄少雄主编《难忘的知青岁月》，第 702 页。

② 黄秉新、厉永嘉、隋胜利：《南宁二中知青为第二故乡引来幸福水——大新人饮工程受益群众喜笑颜开》，《广西日报》2008 年 1 月 17 日。

③ 李岚：《知青重返杨柳村　专家群众面对面》，《柳州日报》2009 年 6 月 14 日。

④ 《李源潮给大学生村官回信：先当“村民”后当“村官”》，中青网，2008 年 5 月 8 日。

南宁二中知青返回插队的大新县左安村为弄卡屯引来幸福水

(二)联谊活动

联谊活动是后知青文化的主要活动形式之一。南宁知青、现为广西知青文化研究会副会长的潘海深说:“我们还有一种说不清道不明的知青情结,因为命运的安排,使得我们有着共同的经历,共同度过了那难忘的岁月,结下深厚的兄弟般的情谊。且越来越浓烈,越来越淳厚。”这种知青情结,将知青们扭结在一起,自然有了不间断的联谊活动。潘海深说:“从 1988 年我们成立南宁四中 73 届高中班联谊会活动到今天,开展各种活动的过程就是播撒爱的过程。……人生的有些经历是能随着岁月淡去的,但我们的友谊却无法忘却,因为我们曾经共患难、同欢笑。联谊会就像一条美丽的丝带,把我们紧紧地连在一起;联谊会是一个港湾,无论我们的生活多么颠簸、艰辛,它永远张开双臂,让我们停靠在它的怀抱。”①

① 潘海深:《同续知青情　共圆中国梦》,黄少雄主编《难忘的知青岁月》,第 675 页。

进入 21 世纪以后，知青联谊活动开展热烈，各个知青群体都开展形式多样的联谊活动，加强联络，增进友谊。原广西军区生产师知青群体的联谊活动尤为丰富。2010 年 11 月 7 日，广西军区生产师一团二营(现先锋农场)知青在南宁举办知青大联欢，共有 514 名知青、场友参加了这次活动，已定居桂林、广州、深圳、宾阳、扶绥、隆安等地的知青闻讯纷纷赶来。活动中，大家演节目、谈往事、叙旧情、合影留念等。近几年，先锋农场知青共组织群友、场友开展形式多样的联谊活动 30 多次，其中 500 人以上的联谊活动两次，100 人以上的活动 5 次。2012 年 11 月 18 日，原广西军区生产师一团、现属先锋农场、龙北农场、北耀农场和橡胶所的 678 名知青，在南宁共同举办了“广西军区生产师一团战友大联欢”，共庆赴生产师屯垦戍边 41 周年。这次活动举行了文艺会演，共演出了 16 个精彩的节目。其中不少节目是自编自演的，深受大家欢迎。联谊活动还组织了气排球友谊赛，共有 8 个球队参加。桂林广西师范学院(今广西师范大学)附中知青于 2004 年和 2009 年两次举行插队 35 周年和 40 周年返乡联欢活动，白天返回插队村寨看望房东和乡村新貌，晚上聚集在兴安县礼堂举行知青文艺晚会。每次活动都不少于 500 名知青参加。柳州的知青也组织柳州知青联谊会开展活动。活动起源于 2012 年 3 月 28 日广西政协国史委知青文化研究中心(现在为广西知青文化研究会)在柳州召开的一次柳州知青座谈会，会后，与会朋友联合成立了柳州知青联谊会。柳州知青联谊会成立以后，组委会的成员们克服了无资金、无活动场地、无固定办公场所等困难，用辛勤的劳动和汗水，成功举办了全市性的知青联谊、慰问社会福利院、庆祝重阳节、春节团拜会、纪念毛泽东诞辰 120 周年和“12・22”指示发表 45 周年等一系列联谊活动，给广大知青朋友提供了一个交流的平台。

广西知青在开展内部联谊活动的同时，还积极参与全国各地的知青文化活动，柳州知青联谊会是外出开展联谊活动较多的团体。在成功举办本地知青活动的基础上，柳州知青联谊会各艺术团相继走出柳州参加全区乃至全国的知青活动并且都取得了良好的成绩和反响。柳州知青云雀艺术团为了把柳州知青推向全国，展示柳州知青的风采，全团队员自费北上哈尔滨、内蒙古、天津、北京，南下深圳、南宁，西进贵州，参加各地知青活动，可圈可点的表演给全国知青朋友留下了深刻的印象。由于该团的上乘表演，得到了中国知青演艺联盟的认可，被中国知青演艺联盟总部批准成立了中国知青演艺联盟柳州演艺中心。

2015 年，柳州市知青联谊会参加了由老知青网、中国知青网在北京朝阳区工美大厦共同举办的《老知青才艺展》，柳州知青书画作品及文学作品《梦想与拼搏》《龙凤寨》《先锋之歌》都进入了展台，展台前面悬挂着“柳州知青向全国知青学习致敬”的横幅，柳州知青联谊会的旗子也在展出飘扬，这是这次展出唯一一个市级知青联谊会的横幅和会旗。[①]

二、文艺与体育活动

（一）会演活动

广西知青在进入21世纪后多次举行广西知青文艺会演活动。2005年9月24、25日，广西首届知青文艺会演在南宁举行，参与演出的演员、观众绝大多数都是知青及知青家属，而活动经费亦由知青自发筹措。这是一场以知青一代特殊人生为主线的纪念性主题晚会。知青们在开幕式第一个节目登台演唱《革命青年志在四方》《天上没有北大荒》歌曲，用动人的旋律重温属于几代

2013年10月26日，南宁四中73届高中班知青在南宁举行插队40周年纪念会，图为四班知青的节目演出

① 根据“枪神的博客”摘编。

人的难忘历史，其精湛的艺术和磅礴的气势博得全场的热烈掌声。此后每年，广西都会举办大型的知青文艺会演，表演形式有歌舞、乐器演奏、朗诵、小品、戏剧戏曲选段等。2010 年 11 月 28 日，广西知青在南宁知青乐园剧场举行“我和我的祖国——2010 年广西知青文艺展演”，桂林、柳州、百色、钦州以及龙州、邕宁等地近 2000 名各界知青参加了活动，再现了当年上山下乡的激情，尤为隆重，《广西日报》2010 年 11 月 29 日作了报道。2011 年广西知青举行庆祝中国共产党成立 90 周年“三丰杯”广西第五届知青文艺会演，把知青文艺演出与纪念建党 90 周年联系在一起，因而意义重大。这样的知青文艺会演，几乎每年一次，至 2014 年，已经坚持举办了七届。2014 年的“三丰杯”广西第七届知青文艺会演歌咏比赛于 9 月 28 日在广西幼儿师范学校礼堂举行，共有南宁、柳州、桂林、梧州、贵港等地 12 支团队 660 名演员参加，十分隆重，广西电视台、广西日报等广西主要媒体都作了报道。这种会演凝聚了广西老知青的人心，增进了友谊和团结，激发了再有作为的豪情，也是广西知青文化的重要部分。

（二）体育活动

广西知青朝气蓬勃，当年在农村劳动之余，常常打篮球、掰手腕、比担重。如今虽然进入了老年，仍保持良好的体育锻炼习惯。“昔日广阔天地献青春，

2000 年，广西首届首府知识青年上山下乡运动会在南宁举行，图为气排球比赛

2015 年 11 月 27 日，第五届广西知识青年上山下乡运动会在南宁市南湖公园举行，图为知青们开展徒步走运动

今朝健身快乐度晚年”成了这些老知青们的快乐口号。2000 年以来，广西知青自发组织举行了多次运动会。广西知青文化研究会成立后，每年举行一次运动会，很受知青们的欢迎。2000 年 10 月 18 日至 19 日广西首届首府知识青年上山下乡运动会在广西体育局的支持下在南宁举行，开展了气排球、象棋、拖拉机(扑克牌)等比赛项目。2014 年 12 月 30 日，广西知青文化研究会和广西社会体育运动发展中心共同主办知青气排球赛。2015 年 11 月 27 日，第五届广西知识青年上山下乡运动会在南宁市南湖公园举行，运动会内容为健身徒步走，行程 2 公里，展现了老知青的活力。

三、展览与知青文化园建设活动

(一)展览活动

知青返城后，为了纪念这一段上山下乡的青春岁月，多次举行了知青展览活动。许多知青把自己珍藏的照片和物件，拿出来进行展示，回顾峥嵘岁月，展望美好未来，在社会上产生较大的影响。例如 1998 年桂林知青在阳朔举办知青小屋展览，张贴知青的老照片，展示知青用过的农具、生活用品，以及床铺物件等，并使之成为一个景点。2009 年 9 月，由广西新闻网、自治区群众艺术馆主办，广西北部湾文化传媒有限公司承办了庆祝新中国成立60周年“广西知青艺术作品和史料展览”。这是广西最大的一次知青文化展览，展览围绕“喜迎新中国60华诞”这一主题，共展出当年上山下乡的知识青年近50幅美术作品、500张当年的老照片以及一批知青用过的器物、奖状、老照片等史料与文物，从不同角度反映了一代人上山下乡的生活、工作、学习的难忘情景和精神风貌，以及他们回城后积极投身改革开放伟业和为第二故乡做好事、办实事的感人事迹。[①] 2010年春节，南宁二中老三届举办了“抹不去的青春记忆图片展览”。2013年5月，柳州知青举办了柳州知青图片展览。这些展览活动所展示的物品和图片，形象地记叙广西知青在农村广阔天地里艰苦奋斗的历程，为知青文化留下了许多珍贵的史料。

（二）知青文化园建设

1960年初夏，柳城县洛崖迎来第一批上山下乡的知识青年，随后共有400余名知识青年曾在此生活、劳作，给当地遗留下独特的知青文化和建筑，柳城县结合这一特点，于2009年开始着手打造“知青城”。该“知青城”坐落于柳城县洛崖——中寨景区内，景区占地面积约1.5平方公里。

这是全国第一个开放式、互动性的知青文化公园，既增加了新农村建设的途径，又拓宽了农村基层集体经济的渠道，也是柳城县积极主动融入柳州市“百里柳江”风情旅游和“一小时经济圈”，打造“桂中、桂北假日休闲旅游重要节点”的行动。

2011年10月2日，柳城县在洛崖知青城广场隆重举行“走进后花园·柳城知青文化狂欢节”，各级领导和几百名老知青和众多慕名而来的游客参加了当天的柳城知青文化狂欢节开幕式。既让老知青们重温那段激情燃烧的岁月，又让年轻一辈回顾知青历史，了解知青文化，同时进一步推动柳城县旅游与文化的融合发展，提升“休闲柳城”的形象。目前，到柳州去“游融江，观崖山，逛知青城，回味激情燃烧岁月，体验休闲乡村生活”已经成为柳州的“知青文化”旅游品牌和柳州市十大旅游精品线路，洛崖知青城成为广大游客特别是年轻一代了解知青生活的特别基地。柳城县还在大埔镇中寨村打造知青文化街，建成全国引人注目的知青文化长廊！

---

① 秦雯：《广西首届知青艺术作品、历史资料展览在邕举行》，《广西日报》2009年9月11日。

柳州知青重返柳城县洛崖“知青城”合影

四、写作与学术研究活动

(一)回忆录写作

回忆录写作是1980年以后的后知青文化时代的主要内容之一。随着时间的推移,在农村插队的生活成为知青们刻骨铭心的记忆,于是在知青文化的后期,步入老年的知青们写下的回忆录不但充满了真挚的感情,而且还成为那段历史的真实写照,使知青文化在新的时代里得到了升华。这种写作活动与前期的写作,虽然在感情基调、语言风格、表达方式等方面有着不同的面貌,但是其精神是一贯相通的。较早的广西知青回忆录有广西民族出版社1994年出版的《“老插”风云》。2000年以后,知青编写出版的回忆录文集更多,主要有:2011年樊克宁、周向东、农以宁主编的《军垦之梦·生产师——荣光农场知青回忆录》,选编知青回忆文章128篇;2012年广西壮族自治区政协选编的《广阔天地　难忘岁月——政协委员中知识青年上山下乡亲历实录》,收集50位知青的回忆录;以及南宁市政协编印的《南宁知识青年上山下乡专辑》、贵港市政协编印的《知青足迹》、柳州知青的回忆文集《希望的田野》等。曾在大新县插队的南宁知青黄少雄在这方面所做的贡献尤其突出。他不但在自己的著作

《学海春秋——同一代人同一首歌》记叙了自己与同学们的知青岁月，而且还主编了100万字的《难忘的知青岁月》，搜集了广西各地知青的大批回忆篇什和珍贵照片，是现今见到的内容最丰硕、篇幅最大的广西知青回忆录文集。另外，还有不少知青群体和个人编写了回忆录公开出版或内部印刷发行，如南宁五塘知青编写的《热土真情——南宁五塘插队知青回忆录》，广西壮族自治区政协编印的《峥嵘岁月》，南宁市知青梁岳生的《梦想与拼搏》，雷锐的《我们也都年轻过》等，散篇的回忆录更多，散见各时期广西各地的报刊，并开始进入网络平台。现在广州工作的贺州知青李希跃，2016年2月返回贺州插队知青点探访故人，归来写就的《青春的岁月像条河——丙申年春节重返知青点记》[①]，朴实感人，100天内点击量达到15000多次，知青文化通过这些回忆录有了生活的质感和历史的内涵，且成为有文字的载体，传播于知青群体间并留存于图书馆、档案馆。

（二）诗词写作

知青中的不少人在插队时就开始写旧体诗，这在第一章第五节作了一些介绍，但那个年代旧体诗是不能发表的，大多只留存在自己的日记本里。知青进入中老年尤其是退休后，写旧体诗的人就更多了，有的发表在各地的诗词刊物上，有的是随着回忆录的写作发表了出来，更多的是发在网络上，因而数量极大。南宁知青、后做了广西师范大学文学院教授的雷锐，他的回忆录《我们也都年轻过》里就收录了2000年以后写的300多首旧体诗。后知青时期知青写的诗词，与几十年前在插队时写的相比，风格和内涵有所不同。有的多写感慨追忆，如原广西军区生产师二团二营（后改为国有荣光农场）知青周向东1980年返城时写的《七律·别那良》："此别何时再返来？那良桥上久徘徊。模糊泪眼西山绿，十里胶裙手自裁。"[②]有的重在反思批判，如南宁知青何小原2009年写的《忆知青生活诗——为插队40周年纪念知青团聚而作》："四十载后忆当年，何处寻觅少年颜。空有壮志换天地，乌托邦里梦连篇。一片贫乡真广阔，六亿饥民更可怜。历史沉重须真语，莫使猴戏再开演。"[③]桂林知青李建平接着写了一首《和何小原〈忆知青生活诗〉》："光阴倏忽四十年，回首往事不

---

① 李希跃：《青春的岁月像条河——丙申年春节重返知青点记》，发表于网络"美篇·随笔"，2016年2月12日。

② 周向东：《"屯垦戍边"诗词选》，阳榕英：《我的"当兵"梦》，樊克宁、周向东、麦永雄、农以宁主编《军垦之梦·生产师——荣光农场知青回忆录》，第441页。

③ 何小原赠李建平诗。

汗颜。白日苦耕红土地，黑夜恋翻旧诗篇。九载蹉跎终有限，一声高考入校园。如今岁月翻新页，各自珍重看人间。”①还有的在回顾历史中依然憧憬未来，如南宁市知青雷锐 2010 年写的《满江红》：“莽莽长岭，曾鏖战，知青八百。创大业，锤劳骨筋，锉饿肤脉。沐雨栉风写寻常，披星铺野书豪迈。东南亚，第一大果园，何气派！//龙洞曲，狮山矮；乌云卷，红河窄。冰雹横扫荒原，新绿殆。青春虚掷黄土褐，热血空流白石黛。待重挽，龙洞河中水，掀澎湃！”②

贺州知青李希跃，2009 年春节期间返回知青点，写下《重返知青点寻集体户不见》一首：

风尘契阔逢春归，
用舍行藏时难违。
旧庐无痕苦寻觅，
村童有趣紧相随。
黄犊已非昨日伴，
红叶犹染今朝晖。
岁月蹉跎成一梦，
青春岂可言无悔。③

该诗追忆青春岁月，感慨历史变迁，评说人生际遇，包容思绪万千，读来令人动容。

总体上看，20 世纪六七十年代的知青诗词，多为纪实和抒情，风格豪放虚妄；后知青时代的知青诗词，添加了哲思和批判，风格沉郁凝重，多染沧桑。

（三）学术研究

广西知青文化在近年来得到升华的标志是展开知青文化的学术研究，主要表现在以下四个方面。

一是创建学术团体，组织研究队伍。2012 年 11 月 6 日，广西一些老知青发起成立广西知青文化研究会，建立起广西第一个全面研究知青文化的学术团体，致力于搜集整理并研究知青历史文化，同时展开多种知青文化交流活

---

① 李建平：《光阴倏忽四十年》，覃瑞强主编《重返故乡》，广西人民出版社，2011 年，第 410 页。

② 雷锐：《我们也都年青过》，香港远东文化艺术交流中心，2011 年，第 279 页。

③ 李希跃：《青春的岁月像条河——丙申年春节重返知青点记》，发表于网络“美篇 · 随笔”2016 年 2 月 12 日。

动，推进广西知青文化的发展。《广西日报》等媒体给予报道。阳国亮当选会长，范伯群、潘海森、李建平、黄少雄、徐文标、周文力、章崇廉等当选副会长，以后几年，又增补潘荣生、潘慧斌、黄健、陈中华为副会长。广西知青开始以正式的学术团体形式开展活动，提升了知青文化的影响力与文化能量。

2016 年 3 月 26 日，广西知青文化研究会召开会长办公会情景

二是召开学术研讨会，把知青文化纳入学术研究范围。第一次会议是广西壮族自治区政协文史和学习委员会、广西社会科学院国史学会 2012 年 5 月 11 日在南宁市召开的“广西知青文史工作研讨会”，以“展开知青文史研究，推动民族文化发展”为主题，广西壮族自治区有关高校、研究机构、学术团体的专家学者和当年南宁、柳州、桂林等地的先进知青代表 60 余人与会。广西壮族自治区政协文史和学习委员会联合广西社会科学院面向社会征集知识青年上山下乡史料，并决定编纂出版《广西知识青年上山下乡始末》《广西知识青年上山下乡纪实》《广西知识青年上山下乡老照片》等书籍。《广西日报》《南国早报》《南宁日报》以及南宁电视台对此进行报道。第二次会议是广西知青文化研究会 2013 年 9 月 25 日在南宁市举行的“2013 广西首届知青文化学术研讨会”，南宁、柳州、桂林、贵港、玉林等地的 60 多位知青代表和相关专家、学者与会，提交论文 28 篇（含提纲）和回忆录 9 篇。会议由李建平副会长主持，钟启

2013 年 1 月 26 日清华大学教授、广西知青秦晖在广西壮族自治区图书馆做知青讲座

泉、黄少雄、韦俊海、王建平等 13 位专家围绕“知识青年上山下乡与人才成长”的主题进行研讨发言，阳国亮会长作总结。《广西日报》等媒体给予报道。第三次会议是 2014 年 10 月 31 日在南宁举行的“弘扬知青文化正能量——广西知青文化研究会第二次(2014)学术研讨会”，会议收到论文 15 篇，书评、综述等 4 篇，黄少雄主持会议，阳国亮会长在会上作总结。第四次会议是 2015 年 12 月 12 日在南宁举行的“广西知青文化研究会第三次(2015)学术研讨会”，会议以“知青文化与社会主义核心价值观”为主题，潘荣生主持会议，十多名专家在会上发言，阳国亮会长在会上作总结。

三是设立学术课题，启动知青文化研究。2013 年，广西社会科学院正式将《广西知青文化研究》课题立项为院级科研项目，由文史研究所李建平研究员主持，邀请广西知青文化研究会副会长黄少雄为顾问，该院研究人员王建平、卢芳明、黄璐、任旭彬、程启原等学者参与，并邀请了几个 80、90 后研究生参与课题调研和写作。2014 年，广西知青文化研究会设立《广西知青史》课题，由副会长黄少雄负责，展开对广西知青的历史研究，这意味着广西知青文化研究已经上升到理性层面，正在逐步深化。

四是编辑出版论文集。2015 年，广西知青文化研究会将 2013 年和 2014

2013 年 6 月 13 日，李建平主持召开"《广西知青文化研究》课题开题会"

年两年召开的两次学术研讨会论文编辑成册，辑为《知青文化的历史思考》一书，由会长阳国亮主编并撰写序言，收入论文 25 篇，附录 4 篇，交广西人民出版社于 2016 年出版。

知青文化研究正在深入开展，知青文化的正能量正在传播。知青文化正由一代知识青年心中，撒播到整个社会，在新时代里发挥积极的作用。

结语：知识青年上山下乡运动评价

知识青年上山下乡作为一场运动，已经结束30多年，但是它的影响远远没有结束。它作为我国长期实行过的一项重要策略措施，在劳动力就业、人口与计划生育、政治思想教育、培养接班人、加强农业、垦荒屯边等方面，给我们留下了许多思考，也有若干经验教训值得认真总结。

一、知识青年上山下乡是中国史无前例的一次移民运动

几千年来，由于战乱、洪水或饥荒，中华民族曾有过无数次的人口迁徙活动。这些活动促成了人种血脉的交融与族群文化的互补，并由此形成了中华文明的一统多元格局，也使更多的土地得到充分的开垦与利用，客观上有利于经济的增长。从20世纪50年代开始持续多年的波澜壮阔的知识青年上山下乡运动，也可以说是一场规模空前的人口大迁徙。这场人口迁徙具有如下一些特点：首先，迁移者是清一色的"知识青年"，这与举家老小的移民不同，他们大多是在城市生长大，下乡时年龄一般15—20周岁，正是接受中高等教育的年龄；其次，此事发生于和平年代，并无天灾人祸的胁逼；第三，它是有组织、有计划的政府行为，而不是老百姓的分散行动；第四，它从兴起到结束，持续的时间长达20多年，涉及全国千万个家庭，牵涉的人数之多、地域之广，可谓举世罕见。

二、知识青年上山下乡运动是国家为探索在农村、边疆解决城镇剩余劳动力问题而采取的一项非常措施，在当时起到了"社会稳定器"的作用

知识青年上山下乡运动是当时我国人口发展与经济发展不相适应的产物，是党中央结合国情探索的一条就业门路。我们从《广西知识青年上山下乡历史回顾》[①]中不难发现，三个不同阶段的上山下乡，始终贯穿着解决城镇劳动力过剩的因素。知识青年上山下乡运动在减轻城镇就业压力，促进国民经济的调整和良性发展等方面，都起到了积极的作用；另外，将过剩的城镇劳动力

---

① 请参见第七章。

疏散到广阔的农村，在相当一段时期内成为社会稳定的重要因素，尤其是到了中后期，“红卫兵运动”席卷全国，已经严重扰乱了社会秩序，威胁到共和国的前途。全国城镇大中学生以及毕业生，构成了千百万红卫兵的主体，将他们输送到农村和边疆，特别是在当时北方边境压力重重的情况下，上百万作为国防战略的后备兵团（预备役部队）的支边知青队伍布置在边疆，从这个意义上来说，客观上形成了对国家安全的有力保障。

必须指出的是，我们应当把“文革”前与“文革”后的知青上山下乡运动区分开来，二者存在质的差别。前者是解决就业问题的一场试验，虽然后期带有了一些政治色彩，但总体上主要是对就业途径的一种探索。而后者完全是在“左”的理论指导下的一场政治运动，带有强烈政治化倾向的强制性人口迁移的非常措施，其不考虑知识青年个人和家庭的实际状况，强迫一律下乡。这种完全从政治任务的角度着眼，不考虑各种实际情况的做法，给知识青年个人、家庭和地方组织造成了巨大困难和损失。也正因为如此，这场知识青年上山下乡运动给国家和社会带来许多难题和“后遗症”。

三、知识青年上山下乡运动在密切城乡关系、知识青年与工农相结合等方面，进行了积极的探索

首先，知识青年上山下乡，一定程度上缓解了国家的就业压力。其次，知识青年上山下乡，在思想和体质上也得到不同程度的锻炼。他们在艰难困苦中砥砺了意志，丰富了人生。广大知识青年在农村和社员一起生产劳动艰苦创业，在边疆垦荒造田，开路建场，在落后山区办起许多林场、牧场，发展多种经营，他们用辛勤的汗水为我国边远落后地区农业的发展做出了贡献。知识青年上山下乡形成的爱国奉献、艰苦创业、不怕困难、坚韧不拔的知青精神，在今天仍值得我们大力推广和学习。第三，知青在传播文化科学知识、推广生产技术、改变农村社会风尚、改变农村和落后地区的面貌方面，都做出了一定贡献。知识青年上山下乡实际上是将生产力重新进行配置，客观上促进了农村经济的发展。在当时经济落后信息闭塞的农村，城里来的有文化有知识的年轻人是农业技术革新的有力推动者，给当地输进了新的思想和观念，为广大农民率先进入改革行列打下了基础。一批知青担任了各级领导干部和各种文化技术工作，许多人成为农村中的各种专门人才，他们是农业技术革新的重要力量。第四，知识青年上山下乡促进了民族关系的融合，稳定了边疆，并在一定程度上缓和了城乡关系和工农关系。许多知青插队后，担任记工员、会计、医

生,办扫盲夜校,帮助农民学习文化和生产技术,受到了广大农民的欢迎。

四、知识青年上山下乡运动,采用政治运动方式解决城市就业问题,以经济角度来看,是"治标不治本"的权宜之计

劳动就业问题终究是一个经济问题,应当采用综合的经济的方法而不应单纯依赖行政手段来解决。在今天看来,将波及 1/3 以上城市家庭的 1700 万知识青年送往农村以解决城镇青年就业问题的做法,总的来说都是一次失败的尝试,中国为知识青年的上山下乡运动付出了巨大的代价。

首先,知识青年上山下乡运动加重了国家的负担。在旷日持久的上山下乡运动中,国家投入了大量的人力、物力和财力,却未能真正解决劳动力就业问题。据概算,仅 20 世纪 60 年代中期至 70 年代中期的 10 年内国家共拨出安置费近 100 亿元,约占国家总支出的 1.2%,仅广西,从 1962 年至 1979 年,中央拨给安置知青的专款合计 16888.8 万元。这还不包括知青探亲报销的路费、口粮及生活困难补助,因病伤给予补助的医疗费用,每年举办的各级各类知青会议及培训班的支出,以及各级知青机构的开支,等等。在当时这账只能从政治意义上去考虑,随着知青大举返城,这笔开支大部分付诸东流。其次,破坏了正常的学校教育,很多有条件接受正规教育或在城市就业的青年学生,迫于形势不得已去从事简单的农业生产,青年们接受的锻炼,是以丧失正规教育和正常就业为代价的,对国家来说,"再教育"出来了大量简单劳动者,而失去了整整一代专业技术人才,这其中的得失是显见的。据统计,仅 10 年"文革"就少培养了 100 多万大专毕业生和 200 万以上的中专毕业生,造成我国在较长的一个时期出现了"人才低谷"和"人才断层"的现象。后来虽然一小部分知青重新获得了学习机会,但是,由于基础较差,错过了受教育的最佳年龄,很难达到预期的效果。虽然,也有的人在某些领域或某一方面工作中有所建树,然而就这一代人应该给国家和社会所做的贡献来讲,是大打了折扣的。第三,从某种意义上说,知识青年上山下乡是将城市工业无法解决剩余劳动力问题,转嫁给农村、农民来负担,对于大量的知青下乡,各地农村是当作一项政治任务来接受的。在那些人多地少的地区,由于安置人数过多,形成了与农民争土地、争工分、争口粮的状况,损害了农民的利益。第四,片面强调艰苦环境可以锻炼人,在知识青年下乡地点的选择上,不考虑知识青年的实际情况和生活能力,一些插队知青,特别是一些到贫困偏远地区插队的知青,在生活上不能完全自食其力,大部分要依靠家庭的补贴,给许多城市家庭带来沉重的负担。有的知识青年对国家对社会因此产生不满情绪，酿成一些社会问题，造成了不良的后果。第五，知识青年由于上山下乡而耽误了接受正规教育的机会，造成了文化、专业和学识上准备不足的一代人，这既为国家造成损失，也给个人带来不幸，在返城后正是年龄和文化这两大障碍使众多的知青在社会竞争中显得力不从心。知识青年在简单重复的农村作业中，度过了自己的青春岁月，物质与精神的双重艰苦与贫困，给他们造成了一时难以平复的心灵创伤，这种消极的影响持续至今。

已成为历史的知识青年上山下乡运动，对人们的影响是长远的，我们吸取的东西也必将长期服务于社会。一方面，知识青年上山下乡运动中出现的一些强制性做法以及带来的负面影响，是值得汲取的历史教训；另一方面，知识青年上山下乡运动出现的许多经验，如农工贸一体化、科技兴农、文化下乡，知识青年上山下乡走与工农相结合的道路对青年人才成长的积极作用，等等，都是不宜一概否定的。尤其是当年千千万万下乡知青在报效祖国、奉献社会，创造正能量的社会实践中熔铸而成的知青精神，更是在新世纪中值得很好提倡和进一步发扬的。客观评价其历史作用，对于我们解决现实社会经济生活中的诸多新情况、新问题，无疑有着积极的意义。

附录一

广西知青回忆录简介

有人说："仅在自治区首府南宁一地，近年结集出版的知青文集已经超过 10 种。"[①]这里，笔者就收集到的知青回忆录著作和所掌握的信息资讯，对一些回忆录做个介绍，以供大家了解广西知青文化及其研究情况。

一、公开出版物

1.《"老插"风云——广西知青回忆录》

潘云柱主编，广西民族出版社 1994 年出版，402 页。该书分为"真情篇""泪血篇""无悔篇"三部分，收入广西各地 67 名知青撰写的 68 篇关于知青生活的回忆。主要作者有孙步康、林凯、李建平、蒋宏林、李建森等。

2.《军垦之梦·生产师——荣光农场知青回忆录》

樊克宁、周向东、麦永雄、农以宁主编，广西人民出版社 2011 年出版，503 页，65 万字。全书分为"青葱岁月""历史钩沉""时代足迹"三大部分，收录了原广西军区生产师二团二营（国有荣光农场）110 位知青和 5 位场领导老工人撰写的 142 篇回忆文章，另有 16 篇历史文字资料和 372 幅图片（其中 90%以上为三四十年前的老照片）。这是反映 20 世纪 70 年代广西军垦农垦知青史的书籍，从一个营（场）的角度反映了当年广西四市三地区的 14374 位知青，奔赴 23 个军垦农场和 6 个军垦管辖的站、所、厂，参加了开垦祖国南陲荒山、发展橡胶事业以粉碎帝修反封锁，参加援越抗美、中越边境自卫反击战等重大事件的珍贵史实，填补了对这段历史记载的空白。主要作者有樊克宁、周向东、麦永雄、农以宁、蒋桂兰、韦启珠、王红、阳榕英等。

3.《广阔天地　难忘岁月——政协委员中知识青年上山下乡亲历实录》

中国人民政治协商会议广西壮族自治区委员会编，广西人民出版社 2012 年出版，272 页。广西壮族自治区政协以"存史、资政、团结、育人"为宗旨，以征

---

① 黄敬佳、柯生：《学习力：广西知青奋进的引擎》，载《弘扬知青文化正能量——广西知青文化研究会第二次(2014)学术研讨会论文选辑》，内部资料，2014 年，第 48 页。

文形式组织发动全区历届政协委员中(含驻桂全国政协委员)当年的知识青年撰文回忆了上山下乡的亲身经历。并通过他们的手笔,从不同侧面、不同视角、不同经历,以实录的形式,以叙述(讲述)为主,反映“亲历、亲见、亲闻”。书中的每一篇文章都坚持尊重历史、尊重民族风俗习惯、尊重事实,突出知青的生活和经历,突出知青的特殊时代背景,突出知青生活对人生的影响。浓郁的生活气息,感人的人生经历,珍贵的历史图片,使该书具有较高的史料价值和深刻的人生启迪。主要作者有刘新文、林国强、阳国亮、杜新、韦克义、苏新生、戴保清、陈中华等。

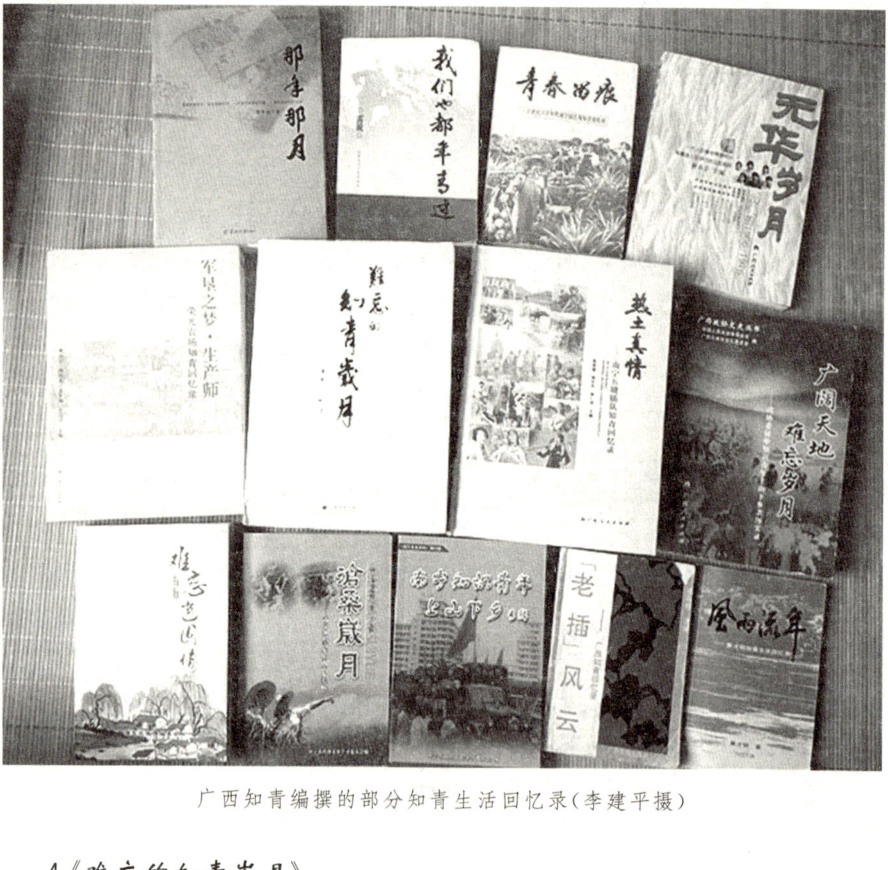

广西知青编撰的部分知青生活回忆录(李建平摄)

4.《难忘的知青岁月》

黄健名誉主编,黄少雄主编,广西民族出版社 2014 年 9 月出版,754 页,图片 64 幅,104 万字,奉恒高、张文学、罗殿龙、于起峰等省军级领导任总顾问,自治区党委原副书记潘琦题签书名,自治区政协原副主席林国强作序。这部 100 多万字的大型纪实图书,面向广西全区知青征稿,其动员面之广、参与者之多、内容范围之宽、时空跨越之大、发掘程度之深,前所未有。它由200多名有知青履历的作者撰写,以史载人,以人述史,220余篇文稿配以60多幅纪实照片和插图,真实再现广西上山下乡的历史,深刻蕴含广西民族文化的特色。编撰者在主题开掘、人物刻画、情节结构、语言提炼等方面,都表现出一种逐渐成熟的状态。文艺评论家陈学璞教授认为,这是一部里程碑式的史学与文学交融的著作,显示了广西知青文化的深厚根基和最新认识水平,具有一定的文献价值和现实意义。主要作者有阳国亮、黄健、黄少雄、秦汉武、华芝和、崔忠仁、陈小建、李建平、秦晖、区向明、吴学东、李航等。

5.《热土真情——南宁五塘插知青回忆录》

陈敦德、周向东、黄仁伟主编,广西人民出版社2014年出版。这是一部为纪念南宁市1290名知青到南宁地区邕宁县五塘实验区插队务农50周年而编写的回忆录。全书分三个部分——“岁月回眸”“历史珍藏”和“时代爪泥”,收入各种文章和历史材料273篇、新旧照片850多幅,计70多万字。第一部分是全书的主体,收入155篇回忆文章;第二部分收入四五十年前形成的有关五塘知青插队务农、五塘实验区和五塘耕读大学的98篇历史材料;第三部分收入五塘知青回城后新闻信息媒体关于五塘知青先进事迹和重大活动的20篇报道。

6.《梦想与拼搏》

梁岳生著,社会科学文献出版社2012年出版。该书分第一卷和第二卷,第一卷又分为“知青篇”“探索篇”“引资篇”“智勇篇”和“附录篇”五部分,“知青篇”是第一篇,约6万字,记录作者由1965年到广西柳州郊区上垌建队,直到1971年12月被上调回城这6年的知青生活。

7.《那年那月》

曾平标著,羊城晚报出版社2014年4月出版。1972年和1973年,广西田阳县有200多个知青先后到田阳县青年农场下场插队,该书以一个个真实的小故事记载期间的生活和劳动情景。

8.《峥嵘岁月》

广西政协文史丛书,中国人民政治协商会议广西壮族自治区委员会编,彭钊主编、黄健常务副主编。全书324页,收入文章70篇,图片100多幅。主要作者有:林国强、黄健、曾宁、何明、李建平、黄少雄、秦汉武、区向明、陈敦德、吴学东、陈中华、章崇廉、潘荣生、周向东、江国枢等。广西人民出版社2016年出版。

9.《我们也都年轻过》

雷锐著，香港远东文化艺术交流中心 2011 年 9 月出版，319 页。作者 1965 年到广西来宾县长岭公社插队，该书收入作者的长岭生活散文 7 篇，记叙插队期间的生活与劳动经历。主要文章有《回望长岭》《长岭人不相信眼泪》《我们也都年轻过》《后长岭时期》《“我系(是)来奔(宾)的!”——忆继起》《生命作笔写丹青——记好友杨永琚的青春岁月与艺术途程》《云贵磅礴走串联》等，另有青少年时期旧忆 2 篇、悼恩师文 3 篇和 21 世纪以来写的旧体诗 300 余首。作者在该书“序言”中说：“出此小书，意为自己人生印迹浅浅留痕，也兼为知青历史大潮记下几点浪花。”

10.《竹语随风——生命中那一丛绿》

龙家泰著，广西民族出版社 2008 年 7 月出版。作者为柳州市知青，退休后回顾一生写下的散文随笔，其中，第五辑“难忘那时”写知青生活，包括“挑水”“沙牛‘飞鸽’”“知青屋”“木匠”“阿姨”“老马”等十多篇文章记载下乡插队时的生活情景和难忘的人物。

11.《苦楝树》

林杰(万石堂)编著，香港天马图书有限公司 2009 年 8 月出版。

二、内部出版物和自印书籍

12.《沧桑岁月》

南宁市政协文史学习委员会编，2004 年印刷发行，广西壮族自治区内部资料出版物准印证号：0019694。该书为《南宁文史资料》第 25 辑，收录南宁知青撰写的回忆录、日记、诗歌等各类文章 51 篇，有关上山下乡的旧资料 18 篇，采用知青老照片 30 多幅，全书约 32 万字。时任南宁市政协副主席林明任主编，梁坤养、陆益斌任副主编。

13.《南宁知识青年上山下乡专辑》

南宁市政协文史学习委员会编，2008 年印刷发行，广西壮族自治区内部资料出版物准印证号：0003094。该书为《南宁文史资料》第 27 辑，收录南宁知青撰写的回忆录、日记、诗歌等各类文章 63 篇、资料 3 篇、旧照片 100 多幅，全书约 30 万字。时任南宁市政协主席黄家仁任编委会主任、时任南宁市政协副主席唐济武任主编，梁正荣、刘银宾任副主编。

14.《知青足迹》

贵港市政协文史学习委员会编，2011 年印刷发行，为《贵港文史》第 9 辑，收录贵港市知青撰写的回忆录、日记、通讯报道等各类文章 53 篇，全书约 30 万字。廖毅民任编委会主任。

15.《青春留痕——上世纪六十年代南宁园艺场知青追忆录》

南宁园艺场老知青们集体编写，2014 年编辑印刷。该书记载南宁市园艺场知青上世纪六七十年代在厂里的劳动和生活情景，分为图片、诗词、回忆录三大部分，图片收入历史图片 59 张，近期联谊彩色图片 12 张，诗词收入 12 人的 20 多首诗词作品。回忆录为主体部分，分为“那人　那事　那情”“缅怀”两个部分，共收入文章 39 篇，并附有手绘的《南宁市园艺场示意地图》。主要作者有万立仁、崔注中、陈尚卓、刘子林等。

16.《岁月如歌》

《岁月如歌》编委会编辑，2012 年 10 月印刷发行。该书为博白林场上山知青回忆录，由 1963 年至 1976 年到博白林场工作的老知青亲自执笔撰写，收集了 57 篇老知青个人回忆录、75 首诗歌、4 幅书法、4 幅国画和 3 首歌曲，还收集了一批弥足珍贵的知青历史照片，记录了知青工作、生活、学习、友情、爱情和磨难的真实故事，歌颂和赞美了青山绿水、风土人情，是知青们和老工人共同“植树造林，绿化荒山”艰苦创业和友谊的缩影，也是对已故知青的深切怀念，更是对林场干部职工的激励。博白林场为该回忆录的出版拨出专项经费 3 万元，共印刷 1000 册。

17.《知青风云 1962》

张丹洋著，张丹江抄写，2012 年 8 月彩页印刷。张丹洋是南宁先锋青年农场知青，该书是为了纪念南宁先锋青年农场建场 50 周年，怀念青春岁月而作。作者决意用诗歌的形式抒发感情表达心意，写成长诗。其胞弟张丹江是大新县插队知青，自幼勤习书法，乐意用小楷书法抄写，达到既是知青诗集又是知青书法集的双重效果。于是，知青兄弟俩共同完成了这部别具特色的作品。书印刷 400 册，分送有关知青朋友。

18.《蓦然回首》

钟志雄、张荣新、王小志、练亚萍、万季芳等 23 位梧州一中老知青撰写，于 2010 年印刷发行。书中的作者都是 1969 年 2 月 4 日同时奔赴梧州市苍梧县大坡公社贫困乡村插队的，该书记录了他们在农村的劳动和生活情景以及复杂的心情感受。该书共印刷 300 册，分送有关知青朋友。

19.《盘古岭放歌》

南宁市五四青年农业科学试验场的插场知青编写。他们从不同视角，用简练、朴实的真切感人的文字去回忆、描写、展示当年在农场的生活感受，诉述了各自的农场经历，涉及人生、人性、人情的各个方面。回忆录共收录文章55篇(含容杰2篇)、日记2组、诗词15篇、历史照片近百幅，是一本知青群体追忆青春岁月的作品，有着一定的历史内涵和现实意义。

20.《先锋人之歌》

20世纪60年代，南宁一中、二中33位初、高中毕业生创办南宁先锋青年农场，得到各级政府的重视和肯定，也受到社会的广泛赞誉。本书由两个部分构成：一部分是根据精心保存下来的原始资料整理的历史记录，堪称南宁先锋青年农场的历史文献；另一部分是从原场员撰写的回忆文章或感言中精选出来的近百篇作品，生动再现了先锋人当年的劳动、学习和生活情景。

21.《长岭岁月》及《长岭岁月·续篇》

广西来宾县长岭公社知青编印，2005年印刷发行。1965年，有800多名南宁知识青年到来宾县长岭公社插队落户。为纪念到来宾县长岭公社插队40周年，长岭知青编写了《长岭岁月》，全书约30万字，收录各类回忆录、诗歌等50多篇文章和旧照片及当年有关新闻报道。为纪念南宁知青到来宾长岭公社插队45周年，长岭知青又于2009年编印《长岭岁月·续篇》，全书40多万字，汇集50余篇文章、照片及书画作品200多幅。

22.《蔗海情深》

严伟康主编，作者是在广西南宁跃进农场插场10年的知青。该书是一部由插场知青用血汗与情感书写的文集，通过回忆当年的蹉跎岁月，以记叙文、诗歌等形式和老照片、日记、创作的相声等文艺作品，图文并茂地真实记录了40多年前在南宁跃进农场(现罗文园艺场)插场的知青艰苦奋斗的工作、生活情景和无私奉献的精神风貌。

23.《苏梁》

梁誉声主编，南宁九中65(9)班到武鸣仙湖公社苏梁大队插队的南宁知青为纪念上山下乡40周年撰写。全书近30篇文章，约10万字，记录了南宁知青当年到苏梁大队插队的实际情况。

24.《红蜻蜓》

李凯南著，作者为南宁二中1968年高中毕业赴大新县插队知青。以诗歌、散文、随笔等形式描笔绘染当年知青生活的点点滴滴，共收入诗歌207首、散文27篇，2007年印制分发。

25.《风雨流年》

黄才明著，9万字，2012年印刷分送。黄才明，南宁市知青，1965年小学毕业后到广西来宾县(今来宾市兴宾区)长岭公社建场,1969年1月到来宾县南泗公社插队,后被招工到柳州铁路东站当工人。该书记录作者从到长岭公社建农场到来宾县南泗公社插队这10多年的生活,“那里头有儿女情长,泪水欢歌,更有撕心裂肺的故事”[①]。全书分42个小节记录当时的事件、故事,内容丰富,故事生动,人物刻画形象,可读性强。

26.《难忘那片热土——知识青年上山下乡西林专辑》

广西政协西林县委员会编,韦振英主编,2015年11月印刷分发,准印证:0026868。全书266页,西林县政协主席农建华作序,收入知青文章40篇,领导文章1篇,图片150幅。主要作者为江国枢、王珮玲、潘荣生等。

27.《难忘芭围情》

扶绥县首批芭围知青《难忘芭围情》编委会编,左年秋、韦绥概主编,2013年7月印发分送。该书为1965年首批到扶绥县扶南公社充禾大队插队,后到芭围单独建队的52名知青和6位带队干部的共同回忆之作。书中记载当年他们来到芭围山下,在上无片瓦,下无寸砖的荒野里,白手起家,从住山洞到垦荒种地,单独建立了芭围知青大队的5年创业经历。内容独特,情景感人,精神高贵。

28.《广西知青真情录》

《广西知青真情录》编写组编,2016年7月印刷分送知青。全书562页,收入广西各地知青的文章120篇,历史图片220多幅。主要作者有:江国枢、秦晖、黄少雄、潘荣生、陈红、覃杰、林凯、章崇廉等。

三、影视作品

29.《共命运——南宁二中老三届》

这是由时任广西社会科学院院长韦克义题签片名,以老三届传体著作《学海春秋——同一代人同一首歌》为主线,李凯南、黄少雄等南宁二中老三届同学于2007年组织创作的影视片。这部文史片通过大量珍贵的老照片、录像资料、实物和众多人物采访,以影视制作手段链接,成为校园生活和上山下乡的青春记忆、教育子孙后代的宝贵财富。

---

① 崔注中:《风雨流年·代前言》。

附录二

上山下乡历史的深入解读

——纪念毛泽东同志“知识青年到农村去”指示发表45周年暨《广阔天地　难忘岁月——政协委员中知识青年上山下乡亲历实录》出版座谈会侧记

45年前，毛泽东同志发表“知识青年到农村去”的指示，中国大地形成了知识青年大规模上山下乡的热潮。2013年12月21日，来自广西壮族自治区直属机关、科研机构、高等院校的专家学者和南宁市的部分老知识青年聚集在广西壮族自治区政协大厦，召开“纪念毛泽东同志‘知识青年到农村去’指示发表45周年暨《广阔天地　难忘岁月——政协委员中知识青年上山下乡亲历实录》出版座谈会”。

座谈会由广西知青文化研究会、广西北部湾书画院、广西壮族自治区政协文史和学习委员会联合主办。座谈会上，大家回顾青春岁月，畅谈当年深入农村，与农民群众同心建设家园的经历和感想，并对那一段历史和为此形成的知青精神、知青文化，进行了深切的回忆和深刻的反思。

原南宁二中知青、广西知青文化研究会副会长、广西壮族自治区工业和信息化委员会研究员黄少雄主持座谈会。他说：“今年12月26日是毛泽东同志诞辰120周年纪念日。毛泽东同志与知识青年之间有着特殊的无法分割的历史联系，知识青年是因毛泽东同志亲手发动的上山下乡运动而形成的特殊群体。回顾1968年12月22日，《人民日报》发表了毛泽东同志的指示‘知识青年到农村去，接受贫下中农的再教育，很有必要’，随即在全国范围内持续了近十年的上山下乡运动。知青一代积极响应党的号召，在‘广阔天地’为改变落后的农村面貌付出了艰辛的劳动，为共和国的建设发展做出了不可磨灭的重要贡献。追忆知青历程、弘扬知青精神、研究知青文化，对于增强一代知青的历史责任感，实现中国梦想具有重要意义。政协广西壮族自治区文史丛书《广阔天地　难忘岁月——政协委员中知识青年上山下乡亲历实录》（以下简称《知青亲历实录》），以知青亲历、亲见、亲闻的客观叙述，追忆和记载了这一段特殊历史，有助于我们从历史的视角加深对中国特色社会主义理论的理解与把握。”

广西壮族自治区政协原常务副主席、广西知青文化研究会名誉会长、原柳州知青林国强说：“插队经历，现在已经上升到了一种文化，知青生涯，酸甜苦辣，这段经历，磨炼了意志，提高了见识，是青年时代难得的一课。我在回忆录中提到，劳动锻炼了身体，磨炼了心志。但从今天培养人的角度来说，我们似乎浪费了时间，走了弯路。历史用这种方式来磨炼我们这一代，古今中外，空前绝后。但我们不后悔，我们顺应了时代，走了一条古今中外前人没有走过、后人也不会走的路。既然是历史的宿命，我们就坦然勇敢地接受，面对现实，我们为自己经受了时代的考验而自豪，我们要挖掘知青精神和知青文化的正能量。知青上山下乡是治理国家的需要，当时国民经济到了崩溃的边缘，我们读高中，有的读了五年，我读了四年半，无法安排就业，工厂不开工。国家的困难摊在了农民身上，农村接纳了千万名城市青年，我们中国的农民真是很伟大。作为知青一代人，也确实为国家分担了困难，做出了贡献。那段经历浸透着我们在‘广阔天地’付出的青春和汗水，记录着我们面对困难不屈不挠的奋斗历程，承载着我们的苦乐年华。正是这段经历，锤炼了我们的意志，造就了我们的艰苦奋斗、自强不息的精神。千百万知青用青春和热血铸就的‘知青精神’是中华民族精神的重要组成部分。发掘知青文化，应该发扬其正能量，使其成为共和国的一笔宝贵财富。”

原广西师范学院附中知青、广西知青文化研究会会长、广西大学原党委书记阳国亮教授说，到农村去插队的收获之一就是“融入了农村社会，了解了国情”，“农村社情是中国的基本国情，了解了农村社会就了解了中国国情”。他说：“知识青年上山下乡是共和国历史上重大的事件，我们要用历史唯物主义的观点，从深层次文化来进行研究。人民日报出版社出了三部书，《中国知识青年上山下乡大事记》《中国知识青年上山下乡始末》和一部大型画册，记录了知识青年上山下乡的整个历史过程。我们研究知青上山下乡，这是个基本线索。上山下乡有复杂的政治、经济背景，在纷繁复杂的历史中如何看到它的本质，我觉得这是知青文化研究会要研究的。广西《知青亲历实录》这部书的作者主体是广西壮族自治区政协委员、知青中的精英，他们回忆当年，有很多感慨，特别是广西壮族自治区政协原副主席林国强的文章，从历史的高度进行思考，有积极的意义。这部书是广西区政协文史丛书中较好的一部书，符合文史‘三亲’的要求，具有实事求是的史实性和积极向上的思想性。同时，它帮助我们充分认识知识青年上山下乡是我国在特定历史条件下发生的特殊的史无前例的历史现象，具有重要的史料价值和积极意义。”

广西北部湾书画院院长、广西壮族自治区文史研究馆馆员陈中华在会上讲述了他当年在桂南农村一边劳动一边绘画的生活，并展示了保存至今的当年的油画作品，把当年的场景鲜活地展现了出来。他动情地说："下乡插队的经历，使我感受到农民身上的淳朴，看到了大自然的美。它们进入到我的生命中，长久地激发着我的艺术灵感。"

陈中华在座谈会上展示了保存至今的当年的油画作品《哥哥戴上大红花》

原广西师范学院附中知青、广西社会科学院研究员、广西知青文化研究会副会长李建平认为："'文化大革命'十年中，全国约有1700多万知识青年下乡插队，涉及城市家庭人口近1亿人。这么大的群体和这么特殊的时段，沉淀在共和国历史上形成一种特殊的文化——知青文化。1979年中国改革开放以后，知青下乡插队落户政策停止，上山下乡运动结束，但文化不会消亡，它沉淀在共和国的历史中，沉淀在社会环境和社会结构中，影响着当代社会的进程和中国的未来。对知青上山下乡作为一个运动、作为一个方向、作为战略任务是错误的，但这段历史，千百万知青参与农村建设的事实不能否认，这是中国社会主义发展过程中的一段历史。对知青为农村建设的贡献是不应该否认的，这段历史要记载下来。知青在农村的这段历史，留下的印迹已经融化在其性格之中、秉性之中和灵魂之中，构成一生成长的基因，这是更不能轻视的。从当今知青在各领域、各行业做出的重要贡献都能体现出来，要很好地弘扬知青精神、传承知青文化，要把这个概念提出来，形成正能量。”

广西电视台台长周文力在发言中说：“我是原南宁地委党群战线子弟，于1976年到邕宁县那龙公社插队，1978年考上大学。我们插队时已经有知青带队干部管理知识青年了。那龙公社插队知青拿工分最少，干活最辛苦，‘双抢’农忙时从早到晚劳动，收工了还要去浇知青自留地。我当知青组组长，被评为先进知青，其实付出了许多代价。南宁市组织过先进知青和当地领导干部一起到大寨参观，我还获奖一台9寸黑白电视机，一到晚上，全村男女老少挤在一起看电视，不亦乐乎。插队经历体会真的是深刻，当年那龙农村是‘宁要社会主义的草，不要资本主义的苗’，禁止种香蕉。知青的到来给农民带来了知识和机会，他们以知青名义给公社打报告，搞香蕉实验基地，那是农民搞多种经营的苗头。如今，那龙已成为香蕉种植基地。”

《广西监察》原主编杨炳忠研究员说：“《知青亲历实录》这部书是知青生活的真实写照，启发后人吸取历史经验教训，为进一步深入研究中国当代历史和知青文化提供史料，有收藏价值。我们体察知青生活，不能停留在怀旧层面，应当往前看，深入研究知青文化，要从哲学、社会学、历史学、人才学甚至心理学等学科来进行综合研究。我认为影响当代中国的三件事，是‘文化大革命’、知识青年上山下乡和改革开放。历史阶段性的前两件事已经过去，进行改革开放是长久的。我们深入研究知青文化，与其他学科不同，要把知青文化真正研究透不是一件容易的事，作为知青文化研究会，我们有责任担当这个任务。”

广西壮族自治区党委党校教授陈学璞在座谈会上展示一件“文物”，说：“我找来了一本当年的‘红宝书’——《毛主席语录》。书中有一段毛主席语录，就是1968年12月22日《人民日报》发表的毛泽东‘知识青年到农村去’的指示。按照当时的说法，知识青年上山下乡，‘经受大风大浪考验’，目的是‘反修防修’，培养‘无产阶级革命事业接班人’。这曾经让千千万万的知识青年热血沸腾、豪情万丈，但是这在‘文革’中，知识青年上山下乡成了政治运动的组成部分，这场运动剥夺了青少年读中学、上大学受教育的权利，他们未成年就离开父母‘被下乡’，‘接受再教育’变异为劳动惩罚，给他们造成了想象不到的精神和肉体的痛苦，回城以后也遇到了不少困难。至于知青在农村得到的教育和锻炼，是由于有农民的无私相助和农村文化与劳动优良传统的影响，是青年们互相取暖、艰苦磨炼带来的。知青的崇高与贡献是令人钦佩的，应当看到有知青经历的人群中出现了大批杰出人才，但这些不能归功于‘以阶级斗争为纲’的上山下乡政治运动。从‘文革’浩劫的历史背景和严重后果来看，上山下乡运动耽误了整整一代人。因此，要全面分析和正确看待知识青年上山下乡运动，从中总结历史经验教训，才能在改革开放的新时代凝聚和传播正能量。”

广西大学王建平教授在发言中谈到读《知青亲历实录》一书的感受：“一是知青文化的重要载体，内涵丰富，有深刻的时代烙印。二是创作的角度独特，不只是站在当年的时代背景，而且是站在当下，从两种时空关系、两种参照系的碰撞来反思。三是展望未来，那段苦难的经历成了知青的精神家园，为第二故乡做出新贡献是重要的知青情结。他们过去是被动下去，如今是主动回去，积极帮助第二故乡更好地建设社会主义新农村。现在的年轻人不懂知青，不知道共和国这段特殊历史。读这部书改变了我对知青文化的印象，包括黄少雄主编的《难忘的知青岁月》，可以作为纪实性文学创作的题材，成为知青文化研究的最新成果。”

广西壮族自治区人民政府参事室副主任钟海秋说：“我不是知青，为什么会对知青文化感兴趣呢？是去年被邀出席知青春晚，整台充满时代烙印的节目，开启了我尘封多年来的知青情愫。我 1969 年上小学，参加过无数次欢送知青的活动，对 1969 年欢送知青下乡的情景仍有印象，在我心目中知青是很高大的，当时看到的都是很阳光的一面。看了这本书才了解到知青一代和上山下乡的真实历史，我很喜欢这部书，很长一段时间晚上放床头，白天带上班，有空就看，投入感情来看，这部书填补了我的认知空白。看到这么多大哥哥大姐姐，非常敬佩。真正认识知青，是这本书和今天的会议。”

座谈会主持人黄少雄作了小结，他说：“与会专家学者坚持马克思主义的立场观点方法，坚持全面正确的历史观，在具有历史广度和理论深度的框架下踊跃发言。大家坦陈己见，以史为鉴，深入交流互动，学术气氛活跃，体现了对中国当代历史认识的新水平，无愧今天的使命担当。”

（李建平、黄少雄　整理）

参考文献

一、著作部分

1.《毛泽东选集》第五卷，人民出版社，1977 年。

2.中共中央党史研究室：《中国共产党历史》第二卷，中共党史出版社，2011 年。

3.梁丽芳：《从红卫兵到作家：觉醒一代的声音》，万象图书股份有限公司，1993 年。

4.郭小东：《中国知青文学史稿》，北京十月文艺出版社，2012 年。

5.杨健：《中国知青文学史》，中国工人出版社，2003 年。

6.定宜庄：《中国知青史：初澜（1953－1968）》，中国社会科学出版社，1998 年。

7.刘小萌：《中国知青史：大潮（1966－1980）》，中国社会科学出版社，1998 年。

8.顾洪章主编：《中国知识青年上山下乡大事记》，人民日报出版社，1997 年。

9.华岩主编：《风潮荡落（1955—1979）——中国知识青年上山下乡运动史》，海天出版社，1992 年。

10.史卫民、何岚：《知青备忘录——上山下乡运动中的生产建设兵团》，中国社会科学出版社，1996 年。

11.火木：《光荣与梦想：中国知青二十五年史》，成都出版社，1992 年。

12.托马斯·伯恩斯坦著，李枫等译：《上山下乡》，警官出版社，1993 年。

13.潘鸣啸：《失落的一代：中国的上山下乡运动·1968－1980》，中国大百科全书出版社，2010 年。

14.贾宏图：《我们的故事》，作家出版社，2008 年。

15.金大陆、李光耀主编：《中国知识青年上山下乡研究文集》，上海社会科学院出版社，2009 年。

16.郭小东:《中国叙事:中国知青文学》,花城出版社,2005 年。

17.郭小东:《中国当代知青文学》,广东高等教育出版社,1988 年。

18.南帆:《二十世纪中国文学批评 99 个词》,浙江文艺出版社,2003 年。

19.邓贤:《中国知青梦》,国防大学出版社,1996 年。

20.杨健:《文化大革命中的地下文学》,朝华出版社,1993 年。

21.李建中:《中国知青文化概论》,光明日报出版社,2007 年。

22.顾洪章等:《中国知识青年上山下乡始末》,人民日报出版社,2009 年。

23.吴洵主编:《中国知青总纪实》,中国物资出版社,1998 年。

24.知青日记书信选编委员会编:《知青书信选编》,中国社会科学出版社,1996 年。

25.潘云柱主编:《"老插"风云》,广西民族出版社,1994 年。

26.中国人民政治协商会议广西壮族自治区委员会编:《广阔天地　难忘岁月——政协委员知识青年上山下乡亲历实录》,广西人民出版社,2012 年。

27.樊克宁、周向东、麦永雄、农以宁主编:《军垦之梦·生产师——荣光农场知青回忆录》,广西人民出版社,2012 年。

28.黄少雄主编:《难忘的知青岁月》,广西民族出版社,2014 年。

29.陈敦德、周向东、黄仁伟主编:《热土真情:南宁五塘插队知青回忆录》,广西人民出版社,2014 年。

30.南宁园艺场老知青们集体编写:《青春留痕——上世纪六十年代南宁园艺场知青追忆录》,2014 年。

31.扶绥县首批芭围知青编委会编,左年秋、韦绥概主编:《难忘芭围情》,内部资料,2013 年 7 月印发。

32.雷锐:《我们也都年轻过》,香港远东文化艺术交流中心,2011 年。

33.《一九五六年到一九六七年全国农业发展纲要(修正草案)》(单行本),人民日报出版社,1957 年。

34.《广西通志·共青团志》,广西人民出版社,1993 年。

35.《广西通志·劳动志》,广西人民出版社,1993 年。

36.李建平:《广西文学 50 年》,漓江出版社,2005 年。

37.国务院知青办编:《知青工作文件选编》。

38.广西壮族自治区知识青年上山下乡工作办公室编:《广阔天地　大有作为》(第 4 期),内部资料,1974 年 12 月。

39.广西知青文化研究会编:《2013 年广西首届知青文化学术研讨会论文

选辑》,内部资料,2013 年印发。

40.广西知青文化研究会编:《弘扬知青文化正能量——广西知青文化研究会第二次(2014)学术研讨会论文选辑》,内部资料,2014 年印发。

41.广西知青文化研究会编:《知青文化与社会主义核心价值观——广西知青文化研究会第三次(2015)学术研讨会论文选辑》,内部资料,2015 年印发。

二、文章部分

1.陈思和:《民间的还原》,《文艺争鸣》1994 年第 1 期。

2.南帆:《抗拒遗忘》,《南方文坛》1998 年第 4 期。

3.许纪霖:《另一种理想主义价值、意义、信仰》,《文学界》(专辑版)2001 年第 4 期。

4.郭小东:《中国知青文学——非主流倾向的现状表达》,《汕头大学学报》2005 年第 5 期。

5.陈祖君《"文革"地下诗歌的现代追求》,《当代文坛》2002 年第 4 期。

6.罗丽丽:《论中国知青电影的流程与范式》,广东技术师范学院硕士论文,2010 年 5 月。

7.隋伟:《知青媒体研究》,山东大学硕士学位论文,2011 年 5 月。

8.肖复兴:《后知青时代的文化现象》,《群言》2012 年第 8 期。

9.范志忠:《后知青时代的电视叙事——评电视剧〈北风那个吹〉》,《浙江师范大学学报》2010 年第 2 期。

10.邹菡:《文革文学中的知青文学》,《涪陵师范学院学报》2004 年第 1 期。

11.康长福:《论知青文学的英雄主义精神》,《齐鲁学刊》2000 年第 6 期。

12.吴国华:《新世纪知青长篇小说叙事研究》,上海师范大学硕士学位论文,2012 年。

13.何青:《知青原生态诗歌的人性本原追求》,《西南民族大学学报》2004 年第 7 期。

14.樊星:《知青文化论——中国知青上山下乡三十周年祭》,《文艺评论》1998 年第 6 期。

15.徐春夏:《90 年代国内关于"知青运动"研究综述》,《当代中国史研究》2000 年第 4 期。

16.邬思源:《"知识青年上山下乡"研究综述》,《党史文汇》1996 年第 9 期。

17.罗培兰:《抹不去的知青情结——20 世纪 90 年代知青文化热引发的思

考》,《经济与社会发展》2004 年第 2 期。

18.郭小东:《知青后文学状态》,《南方文坛》1998 年第 4 期。

19.贺绍俊:《绕不开理想情结的知青小说》,《南方文坛》1998 年第 4 期。

20.钟启泉:《知青文化与新时代的中国梦》,广西知青文化研究会编《2013 年广西首届知青文化学术研讨会论文集》(内部文集)。

21 黄少雄:《校园文化与知青文化的历史交融——习近平总书记“五四”青春寄语给我们的启示和思考》,广西知青文化研究会编《2013 年广西首届知青文化学术研讨会论文集》(内部文集)。

22.张化:《试论“文革”中知识青年上山下乡运动》,《党史资料通讯》1987 年第 4 期。

23.崔录春:《论“文化大革命”之前的知识青年上山下乡》,《北京党史》1999 年第 3 期。

24.林蓉、章志红:《知识青年上山下乡的三次最高指示》,《党史文苑》2003 年第 2 期。

后　记

这部书稿是由广西社会科学院2013年院级课题《广西知青文化研究》扩展而成的。2013年5月，该课题获得广西社会科学院2013年院级课题立项。自6月初开始，到11月中旬，在整整五个月时间里，我们课题组的成员对广西区内的南宁、桂林、柳州等市的知青做了大量的采访，参加了广西知青文化研究会首届知青文化研讨会，收集了一批知青回忆录，包括已印刷出版的和知青个人写作后未刊印的，对一批知青档案进行仔细整理和分析，参阅了众多知青文化研究成果，于当年12月完成了六万字的研究报告。

2015年12月12日，李建平携这份研究报告参加了广西知青文化研究会第三届学术研讨会。广西知青文化研究会阳国亮会长，黄少雄、潘荣生副会长等知青朋友对这个研究报告表示肯定，也提出了一些修改意见，并希望我们继续深入研究下去，扩展为一本著作。在听取了众多专家和知青朋友的意见后，李建平开始着手新一轮的调研和写作，从2015年12月下旬开始，经过了半年多时间，又重新调研了几十位知青的经历和事迹并收集了一批新材料后，扩展、修订写成这部约20万字的书稿。

本书由李建平策划并申请项目获得立项，他承担了项目策划、大纲设计、指导调研，撰写主要章节并对全书统稿等工作。参与课题组工作和本书写作的有王建平、卢芳明、任旭彬、黄璐、程启原（以上为广西社会科学院研究员和副研究员）、农燕鹏（广西民族大学讲师）、邢李（齐鲁理工学院讲师）、李闻闻（山东省济宁市嘉祥县人民政府科员），具体写作分工如下：

引论：李建平；第一章：王建平、李建平；第二章：程启原、李建平；第三章：王建平；第四章：李建平；第五章：任旭彬；第六章：邢李、李闻闻、农燕鹏；第七章：卢芳明；第八章：李建平；第九章：黄璐、李建平；第十章：王建平、李建平；结语：卢芳明。

参与本课题和本书写作的九位作者，并非全是知青，而且主要不是知青，有曾是知青的50后，也有1979年高中毕业即将下乡插队后不用再去了的60后“候补知青”，还有70后、80后的青年学者、研究生，还有一位是90后的研究生(现在他们都在高校或政府部门工作了)。这从一个侧面说明了知青文化的影响力,它吸引年轻人加入到这个与他们的生活经历相隔较远的历史研究课题中。

在本课题的调研和写作中,我们得到了广西社会科学院、广西知青文化研究会、广西区图书馆、广西区档案馆、南宁市档案馆等单位的大力支持,提供资料和给予相应的帮助;不少老知青提供了写作的帮助和资料,广西知青文化研究会副会长黄少雄担任顾问,提供了大量的知青资料和图片,并对我们的课题研究提出宝贵意见,广西知青文化研究会顾问钟启泉为本书撰写序言,柳州市作家协会原主席韦俊海为第八章中的“知青作家”一节撰写了部分文稿,广西电视台高级编辑刘乔叶做了校对工作,对此,我们心存感念。

本书的出版,得到广西社会科学院科研经费和广西知青文化研究会经费的资助,我们衷心感谢。

广西知青文化研究会在2012年成立以来,对广西知青文化的研究在全区逐步展开。我们的研究只能算一个初步的成果,相信随着研究的深入开展,广西知青文化的内涵将会逐渐发掘,知青精神将逐步传播,在建设和谐社会中发挥越来越重要的作用。

最后,我想以我尚未认识到的扶绥县创建芭围知青大队的知青们写的一段话为结束语,献给阅读本书的各位读者。它代表了经历几十年岁月风雨后的知青们的心声,也较贴切地表达了我们开展知青文化研究、撰写这本小书的最底层的因缘:

> 我们回忆往事,是对过往岁月的审视和反思。我们不是歌颂这(那)个时代,我们赞美的是那些虽然被迫无奈碰上了这段特殊的岁月,但在逆境中仍自强不息的精神。我们这一代人……不少人都有过知青上山下乡的经历,他们从城市到农村,历经了艰苦磨炼,让苦难转化为精神财富。就像被压抑之后的地火,经过了不断运行而最终迸发出勃勃生机。特别是那些有幸赶上77、78届大学末班车的知青同伴们,很多人后来都成为社会的中坚,在各个领域里影响着中国改革的进程,而大多数没能考上大学的回城返乡知青最终沉淀在社会的底层,承受着改革的阵痛。但无论是浮出水面的幸运者还是沉默的大多数,他们在努力改变个人命运的同时,也在推动着时代的进程,从而改变着国家的命运。

我们经历过上山下乡，我们经历过改革开放，我们正在走向民族的复兴和祖国的富强！中国知青，永远与时代并行，并奉献出自己由青春朝晖到暮年晚霞的所有热力和光华。

作者

2016 年 6 月 12 日